■2025年度中学受験用

聖望学園中学校

3年間スーパー過

●収録内容一覧

入試問題と解説・解答の収録内容

2024年度　１回	算数・社会・理科・国語
2024年度 ２回・適性検査型	適性検査Ⅰ・適性検査Ⅱ・適性検査Ⅲ （解答のみ）
2024年度　４回	英語 （解答のみ）
2023年度　１回	算数・社会・理科・国語
2023年度 ２回・適性検査型	適性検査Ⅰ・適性検査Ⅱ・適性検査Ⅲ （解答のみ）
2023年度　４回	英語 （解答のみ）
2022年度　１回	算数・社会・理科・国語
2022年度 ２回・適性検査型	適性検査Ⅰ・適性検査Ⅱ・適性検査Ⅲ （解答のみ）
2022年度　４回	英語 （解答のみ）

～本書ご利用上の注意～　以下の点について，あらかじめご了承ください。

★別冊解答用紙は巻末にございます。本書に収録している試験の実物解答用紙は，弊社サイトの各校商品情報ページより，一部または全部をダウンロードできます。
★編集の都合上，学校実施のすべての試験を掲載していない場合がございます。
★当問題集のバックナンバーは，弊社には在庫がございません（ネット書店などに一部在庫あり）。

合格を勝ち取るための
『スーパー過去問』の使い方

本書に掲載されている過去問をご覧になって，「難しそう」と感じたかもしれません。でも，多くの受験生が同じように感じているはずです。なぜなら，中学入試で出題される問題は，小学校で習う内容よりも高度なものが多く，たくさんの知識や解き方のコツを身につけることも必要だからです。ですから，初めて本書に取り組むさいには，点数を気にしすぎないようにしましょう。本番でしっかり点数を取れることが大事なのです。

過去問で重要なのは「まちがえること」です。自分の弱点を知るために，過去問に取り組むのです。当然，まちがえた問題をそのままにしておいては意味がありません。

本書には，長年にわたって中学入試にたずさわっているスタッフによるていねいな解説がついています。まちがえた問題はしっかりと解説を読み，できるようになるまで何度も解き直しをしてください。理解できていないと感じた分野については，参考書や資料集などを活用し，改めて整理しておきましょう。

このページも参考にしてみましょう！

◆どの年度から解こうかな　「入試問題と解説・解答の収録内容一覧」

本書のはじめには収録内容が掲載されていますので，収録年度や収録されている入試回などを確認できます。

※著作権上の都合によって掲載できない問題が収録されている場合は，最新年度の問題の前に，ピンク色の紙を差しこんでご案内しています。

◆学校の情報を知ろう!!「学校紹介ページ」

このページのあとに，各学校の基本情報などを掲載しています。問題を解くのに疲れたら息ぬきに読んで，志望校合格への気持ちを新たにし，再び過去問に挑戦してみるのもよいでしょう。なお，最新の情報につきましては，学校のホームページなどでご確認ください。

◆入試に向けてどんな対策をしよう？「出題傾向＆対策」

「学校紹介ページ」に続いて，「出題傾向＆対策」ページがあります。過去にどのような分野の問題が出題され，どのように対策すればよいかをアドバイスしていますので，参考にしてください。

◇別冊「入試問題解答用紙編」

本書の巻末には，ぬき取って使える別冊の解答用紙が収録してあります。解答用紙が非公表の場合などを除き，（注）が記載されたページの指定倍率にしたがって拡大コピーをとれば，実際の入試問題とほぼ同じ解答欄の大きさで，何度でも過去問に取り組むことができます。このように，入試本番に近い条件で練習できるのも，本書の強みです。また，データが公表されている学校は別冊の１ページ目に過去の「入試結果表」を掲載しています。合格に必要な得点の目安として活用してください。

本書がみなさんの志望校合格の助けとなることを，心より願っています。

株式会社　声の教育社　編集部

聖望学園中学校

所在地	〒357-0006 埼玉県飯能市中山292
電　話	042-973-1500
ホームページ	http://www.seibou.ac.jp
交通案内	西武池袋線「飯能駅」より徒歩約15分　JR 八高線，西武池袋線「東飯能駅」より徒歩約13分　坂戸方面，青梅方面，狭山方面のスクールバスあり

くわしい情報はホームページへ

トピックス

★ICT教育は，他校にはない充実した学習環境を実現。
★勉強合宿，部活合宿に使用できる宿泊施設も完備。

創立年 昭和26年　|　男女共学　|　高校募集あり

応募状況

募集数			応募数	受験数	合格数	倍率
①	35名	2科	63名	62名	61名	1.0倍
		4科	74名	74名	74名	1.0倍
②適	5名	男	105名	104名	101名	1.0倍
		女	105名	104名	104名	1.0倍
③	20名	2科	41名	29名	27名	1.1倍
		4科	53名	30名	29名	1.0倍
④※	15名	男	14名	11名	10名	1.1倍
		女	4名	3名	2名	1.5倍
④	5名	2科	24名	12名	10名	1.2倍
		4科	21名	5名	5名	1.0倍
⑤	若干名	2科	7名	0名	0名	—
		4科	6名	1名	1名	1.0倍

※④は英語入試とプレゼンテーション入試の合計。

入試情報（参考：昨年度）

〔第１回〕…一般
2024年１月10日午前(本校)
〔第２回〕…適性検査型
2024年１月11日午前(本校か所沢会場)
〔第３回〕…一般
2024年１月12日午後(本校か所沢会場)
〔第４回〕…英語・プレゼンテーション・一般
2024年１月18日午前(本校)
〔第５回〕…一般
2024年２月３日午前(本校)

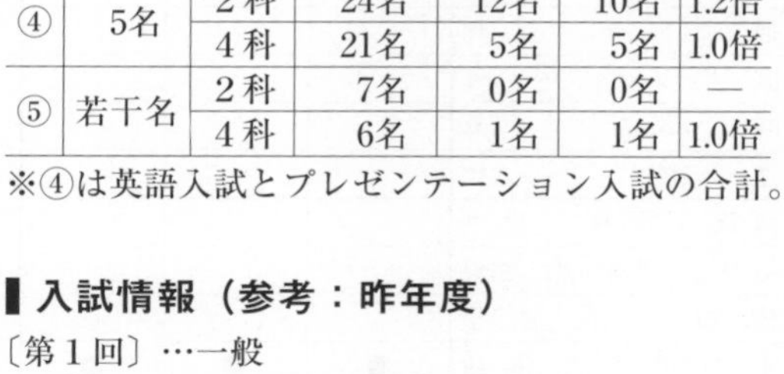

本校の教育

教育理念

聖望学園はわが国における最高の教育を志向する。キリスト教教育の理念に基づき現代の潮流をふまえ，社会を変革せんとする有意・有益なる人物の育成を期する。

教育方針

聖望学園の教育はキリスト教主義教育を通して神を敬い人を愛し，正義を重んじ信仰にたつ人間の形成を目的とする。

教育目標

1．生きた外国語の能力をもち，国際感覚にあふれた世界人。
2．考える力，創造する力に満ちた指導性のある人物。
3．スポーツを愛好し，健康で良識と行動力をそなえた社会人。
4．勤労に誇りをもち，自然に親しみ，すべてのことに感謝し，着実な人生を歩む人物。
5．毎日の生活を大切にして聡明さと協調性とをもって明るく生きる家庭人。

2024年春の主な大学合格実績

＜国公立大学・大学校＞
筑波大，東京学芸大，防衛医科大，防衛大
＜私立大学＞
慶應義塾大，早稲田大，上智大，国際基督教大，東京理科大，明治大，青山学院大，立教大，中央大，法政大，学習院大，成蹊大，成城大，明治学院大，國學院大，獨協大，武蔵大，東京女子大，日本女子大

編集部注一本書の内容は2024年6月現在のものであり，変更されている場合があります。正式な情報は，学校のホームページ等で必ずご確認ください。

算数 出題傾向＆対策

◆基本データ（2024年度１回）

試験時間／満点	50分／100点
問題構成	・大問数…５題 計算１題（４問）／応用小問１題（２問）／応用問題３題 ・小問数…16問
解答形式	解答らんに必要な単位などは印刷されている。式や考え方を書く余白がある。
実際の問題用紙	Ｂ５サイズ，小冊子形式
実際の解答用紙	問題冊子に書き込む形式

◆出題傾向と内容

▶過去３年の出題率トップ３
１位：四則計算・逆算，水の深さと体積25％
３位：場合の数19％
▶今年の出題率トップ３
１位：四則計算・逆算，水の深さと体積25％
３位：方陣算19％

計算問題では，整数・小数・分数の四則計算をメインに，４問ほど出題されます。なかには□を求める計算などもあります。

応用小問は２問です。売買損益や年齢算といった特殊算や，速さ，約数と倍数，角度，面積，体積など図形の問題が取り上げられています。

応用問題では規則性や水の深さと体積が頻出です。グラフもよく取り上げられていて，水位の変化をグラフから読みとったり，グラフにかいたりする問題が出題されています。また，場合の数や，条件を整理して答える問題も出されています。

◆対策～合格点を取るには？～

計算力は算数の基本的な力です。とくに，式や筆算の標準的な正しい書き方を身につけることで，すばやく正確な計算をすることができるようになります。数量分野では，数の性質，規則性，場合の数などに注目しましょう。図形分野では，基本的な考え方や解き方をはば広く身につけ，さらに割合や比を使ってすばやく解けるようになること。また，グラフの問題は，速さ，水の深さの変化，点の移動と面積の変化といったように，いろいろなグラフに接しておきましょう。特殊算も，ひと通りの基本を習得しておいてください。

分野	年度	2024	2023	2022
計算	四則計算・逆算	●	●	●
	計算のくふう			
	単位の計算			
和と差	和差算・分配算			
	消去算			○
	つるかめ算			
	平均とのべ	◎		
	過不足算・差集め算			
	集まり			
	年齢算			○
割合と比	割合と比			
	正比例と反比例			
	還元算・相当算			
	比の性質			
	倍数算			
	売買損益		○	
	濃度			
	仕事算			
	ニュートン算			
速さ	速さ	○		
	旅人算			
	通過算			
	流水算			
	時計算			
	速さと比			
図形	角度・面積・長さ		○	
	辺の比と面積の比・相似			
	体積・表面積			
	水の深さと体積	●	●	●
	展開図			
	構成・分割			
	図形・点の移動			
表とグラフ				
数の性質	約数と倍数	○		
	N進数			
	約束記号・文字式			
	整数・小数・分数の性質			
規則性	植木算			
	周期算			
	数列		●	
	方陣算	●		
	図形と規則			●
場合の数			●	●
調べ・推理・条件の整理		○		
その他				

※　○印はその分野の問題が１題，◎印は２題，●印は３題以上出題されたことをしめします。

社会　出題傾向＆対策

◆基本データ（2024年度１回）

試験時間／満点	25分／50点
問題構成	・大問数…３題 ・小問数…26問
解答形式	記号選択と適語の記入で構成されている。漢字指定の問題もある。
実際の問題用紙	Ｂ５サイズ，小冊子形式
実際の解答用紙	Ｂ４サイズ

分野		年度	2024	2023	2022
日本の地理		地図の見方			
		国土・自然・気候	★		
		資源			
		農林水産業			○
		工業		○	
		交通・通信・貿易		○	○
		人口・生活・文化			○
		各地方の特色			
		地理総合		★	★
世界の地理			○	○	○
日本の歴史	時代	原始～古代	○	○	○
		中世～近世	○	○	○
		近代～現代	○	○	○
	テーマ	政治・法律史	○		
		産業・経済史			
		文化・宗教史		○	
		外交・戦争史			
		歴史総合	★	★	
世界の歴史			○		
政治		憲法	★		★
		国会・内閣・裁判所		○	
		地方自治		○	
		経済		○	
		生活と福祉			
		国際関係・国際政治			
		政治総合		★	
環境問題			○		
時事問題					
世界遺産					★
複数分野総合					

※　原始～古代…平安時代以前，中世～近世…鎌倉時代～江戸時代，近代～現代…明治時代以降
※　★印は大問の中心となる分野をしめします。

◆出題傾向と内容

●地理…今年度は世界，日本ともに地形に関する出題が大部分を占めていました。しかし，例年は産業に関する出題が多く見られます。苦手分野を作らず，基礎固めをすることを心がけましょう。また近年，世界地図を使った基本的な出題が続いています。地図帳に親しんでおくことも大切です。

●歴史…今年度は紙幣に描かれた人物，昨年度はNHKの大河ドラマをテーマにしており，テーマによって出題の重点となる時代が大きく変わります。しかし，いずれも基本的な語句の確認問題ですので，基本用語を定着させ，書けるようにしておくことが大切です。

●政治…憲法や三権の出題比率が高いですが，長文のテーマによって出題分野がかたよってしまうことがあるため，注意が必要です。出題形式も年度によって一定ではなく，２年前までは，全問語句記入でしたが，昨年度より語句記入，文章正誤などがバランスよく配列されています。

◆対策～合格点を取るには？～

問題のレベルは標準的ですから，まず，基礎を固めることを心がけて下さい。教科書のほか，説明がていねいでやさしい標準的な参考書を選び，基本事項をしっかりと身につけましょう。

地理分野では地形や気候をまとめ，なぜこの地方ではこの産業が発達しているのかというように，論理的に知識を深めていきましょう。また，世界地理の出題も見られますので，地図に親しみ，日本に関係の深い国の特徴なども整理しておきましょう。

歴史分野では自分で年表をつくると流れが理解できます。人名を中心に語句記述が出題され，今年度は見られませんでしたが，漢字指定となることがあるので，普段から漢字で書くように心がけましょう。また，教科書の図版にも目を通しておきましょう。

政治分野で問われる内容は憲法や国会・内閣・裁判所，選挙制度や国際連合などの基本的な内容が中心ですので，基礎をしっかり身につけることが必要です。聖望学園中の政治分野の問題は語句記述の形式で出題されることが多いので，社会科用語を普段から「書く」ことで知識の定着を図りましょう。

理科 出題傾向＆対策

◆基本データ（2024年度１回）

試験時間／満点	25分／50点
問題構成	・大問数…３題 ・設問数…23問
解答形式	主に記号選択と用語や数値の記入で構成されている。図の完成もある。
実際の問題用紙	Ｂ５サイズ，小冊子形式
実際の解答用紙	Ｂ４サイズ

分野 ＼ 年度		2024	2023	2022
生命	植物	○	★	○
	動物	○		○
	人体	○		
	生物と環境			
	季節と生物			○
	生命総合			
物質	物質のすがた	○		○
	気体の性質			○
	水溶液の性質	○	★	
	ものの溶け方			
	金属の性質			
	ものの燃え方	○		
	物質総合			
エネルギー	てこ・滑車・輪軸			
	ばねののび方			
	ふりこ・物体の運動	★		
	浮力と密度・圧力			
	光の進み方			
	ものの温まり方			
	音の伝わり方			
	電気回路		○	
	磁石・電磁石		○	★
	エネルギー総合			
地球	地球・月・太陽系		○	★
	星と星座			
	風・雲と天候		○	○
	気温・地温・湿度			
	流水のはたらき・地層と岩石	★	○	
	火山・地震			
	地球総合			
実験器具				○
観察				
環境問題				
時事問題				
複数分野総合		★	★	★

※　★印は大問の中心となる分野をしめします。

◆出題傾向と内容

大問が３題なので，独立して取り上げられない分野が出ることになりますが，小問集合題で全分野に触れられています。試験時間と問題量のバランスはちょうどよく，時間内にすべて解き終えることができるでしょう。

●生命…植物のつくりや蒸散，モンシロチョウの成長，昆虫，光合成，種子の発芽，ヒトのからだのつくりとはたらきなどが取り上げられています。

●物質…水溶液の濃さの計算問題，ものの燃え方，実験器具の名前と使い方，水溶液の性質やリトマス紙の変化，物質のすがた，金属の性質などが取り上げられています。

●エネルギー…電気回路と豆電球の明るさ，電流と磁界，電磁石，てこのはたらき，ばねについての問題などが出題されています。

●地球…星の動き方，日食，月の見え方，台風の動き，流れる水のはたらきと地形，太陽の一日の動き，岩石，火山の噴火，地層などが取り上げられています。

◆対策～合格点を取るには？～

内容は基礎的なものがほとんどです。したがって，基礎的な知識をはやいうちに身につけ，問題集で演習をくり返しながら実力アップをめざしましょう。

「生命」は基本知識の多い分野ですが，山登りする気持ちで一歩一歩楽しみながら確実に力をつけてください。植物のつくりや，ヒトと動物のからだのつくりや成長を中心に，ノートにまとめて知識を深めましょう。

「物質」では，気体や水溶液，金属などの性質に重点をおいて学習してください。そのさい，中和反応や濃度など，表やグラフをもとに計算させる問題にも取り組むように心がけてください。

「エネルギー」では，計算問題としてよく出題される力のつり合いに注目しましょう。てんびんとものの重さ，てこ，滑車や輪軸，ばねの性質などについて，さまざまなパターンの計算問題にチャレンジしてください。

「地球」では，太陽・月・地球の動き，季節と星座の動き，天気と気温・湿度の変化，流水のはたらき，火山や地層のでき方，化石，地震などが重要なポイントです。

国語　出題傾向＆対策

◆基本データ（2024年度１回）

試験時間／満点	50分／100点
問　題　構　成	・大問数…３題 文章読解題１題／知識問題１題／資料読解題１題 ・小問数…23問
解　答　形　式	記号選択，本文中のことばの書きぬきに加え，記述問題も出題されている。
実際の問題用紙	Ｂ５サイズ，小冊子形式
実際の解答用紙	Ｂ４サイズ

◆出題傾向と内容

▶過去の出典情報（著者名）
説明文：外山滋比古　平野啓一郎　高浜虚子

●文章読解…説明文では論旨の展開を正しく理解しているかどうかを問う問題が中心です。そのほか，指示語の内容，脱語のそう入，内容正誤，全体の内容をふまえて記述する問題などが出題されます。

●資料読解題…資料，手紙，会話文などを読み取る問題が出されることもあります。設問内容としては，要点・理由を中心に，文脈理解，内容一致などが問われます。

●知識問題…漢字の読みと書き取りがそれぞれ４問程度，四字熟語や慣用句が２～４問出題されます。ほかにも，読解問題中で文法や慣用句・ことわざの問題が出されることがあります。

◆対策～合格点を取るには？～

試験では文脈をきちんととらえ，ことばの意味を正確に理解しているかどうかがためされます。正しい答えを出せるようにするためには，多くの読解問題にあたり，出題内容や形式に慣れることが大切です。接続語の使い方や指示語の内容など，試験に必ず出される問題に習熟し，本文の内容を自分のことばで簡単にまとめることができるように練習してください。たんねんに読めばヒントが見つかるはずです。

知識問題対策としては，漢字の問題集を一冊仕上げるほか，ことわざや慣用句，四字熟語などについても，少しずつ覚えていきましょう。また，覚えたものは，実際に文章の中でどのように使われるのか，必ず確認するようにしましょう。

分野＼年度			2024	2023	2022
読解	文章の種類	説明文・論説文	★	★	★
		小説・物語・伝記			
		随筆・紀行・日記			
		会話・戯曲			
		詩			
		短歌・俳句			
	内容の分類	主題・要旨	○	○	○
		内容理解	○	○	○
		文脈・段落構成		○	
		指示語・接続語	○	○	○
		その他	○		○
知識	漢字	漢字の読み	○	○	○
		漢字の書き取り	○	○	○
		部首・画数・筆順			
	語句	語句の意味			○
		かなづかい			
		熟語	○	○	○
		慣用句・ことわざ	○		
	文法	文の組み立て			
		品詞・用法			
		敬語			
	形式・技法				○
	文学作品の知識				
	その他				
	知識総合				
表現	作文				
	短文記述		○	○	○
	その他		★	★	★
放送問題					

※　★印は大問の中心となる分野をしめします。

2024年度 聖望学園中学校

【算　数】〈第１回試験〉（50分）〈満点：100点〉

【注意事項】※答えを出すための考え方や式などを消さずに残しておいて下さい。
※グラフの作成には，定規を使用して下さい。

1　次の □ に正しい数を入れなさい。

（１）　$107 \times 3 - 368 \div 16 = \square$

（２）　$\frac{6}{7} + \left(\frac{5}{6} - \frac{1}{7}\right) \div \left(3\frac{1}{6} + 1\frac{2}{3}\right) = \square$

（３）　$4 - 5\frac{1}{3} \times 0.25 - 0.15 \div 0.6 = \square$

（４）　$\left\{\left(120 - \square\right) \times 5 - 120 \div 15\right\} \div 2 = 46$

2　次の □ に正しい数を入れなさい。

（１）　2を10個かけ合わせた数を，16を2個かけ合わせた数で割ると □ です。また，12を6個かけ合わせた数を18を3個かけ合わせた数で割ると □ です。

（２）　自転車で家から駅まで時速24kmで行くと，5分24秒かかります。家から駅までの道のりは □ kmです。

3 100 点満点の算数のテストをしました。Aさん, Bさん, Cさん, Dさん, Eさんの５人のテストの合計点は 345 点で, 同点はいません。Aさん, Bさん, Cさんの３人の平均点は 71 点, ５人の中の最高点と最低点との差は 31 点で, この２人をのぞいた残り３人の平均点は 66 点でした。また, 60 点台は２人いました。

（１） ５人の平均点は □ 点です。また, Dさんと Eさんの平均点は □ 点です。

（２） 最高点は □ 点です。また, 最低点は □ 点です。

（３） ２番目に高い点数が 70 点台であるとき, 考えられる 70 点台の点数は全部で □ 通りあります。

また, その中でもっとも高い点数は □ 点です。

4　下の図のように，白と黒のご石を正方形の形に並べました。また，対角線上には，白のご石を並べています。

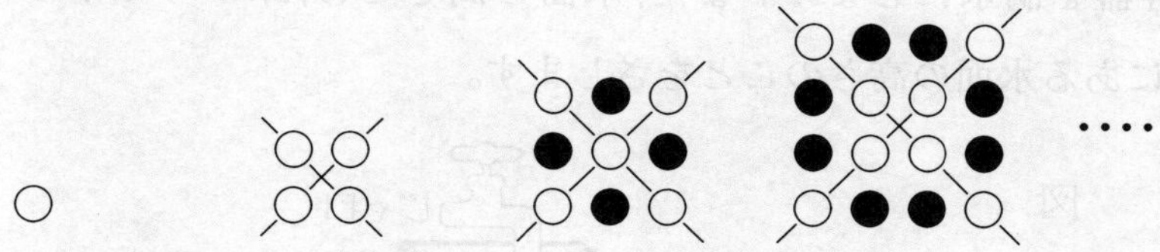

１番目　　２番目　　３番目　　４番目

（１）　５番目に並べたご石の数は全部で □ 個です。

そのうち，白のご石の数は □ 個です。

（２）　並べたご石の数が 289 個のとき，一番外側の１周に並ぶご石の数は

全部で □ 個です。

（３）　一番外側の１周に並ぶご石の数の合計が全部で 80 個のとき，

残りの内側にある黒のご石は □ 個です。

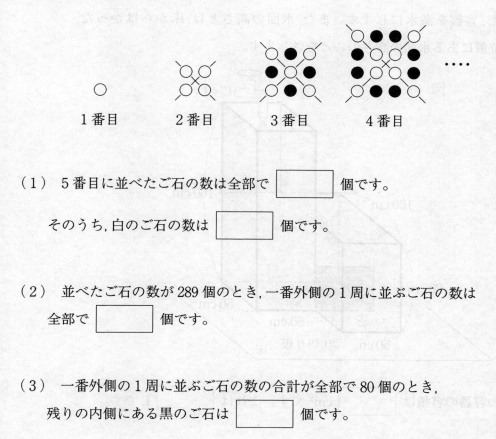

5 下の図のように，直方体をいくつか組み合わせて作った容器があります。その中に，高さ 40 cm の仕切り板が1つあります。じゃ口からは，毎分 20 L の水を出し，容器を満水にします。また，水面の高さとは，床からはかった一番高い位置にある水面の高さのことをさします。

図

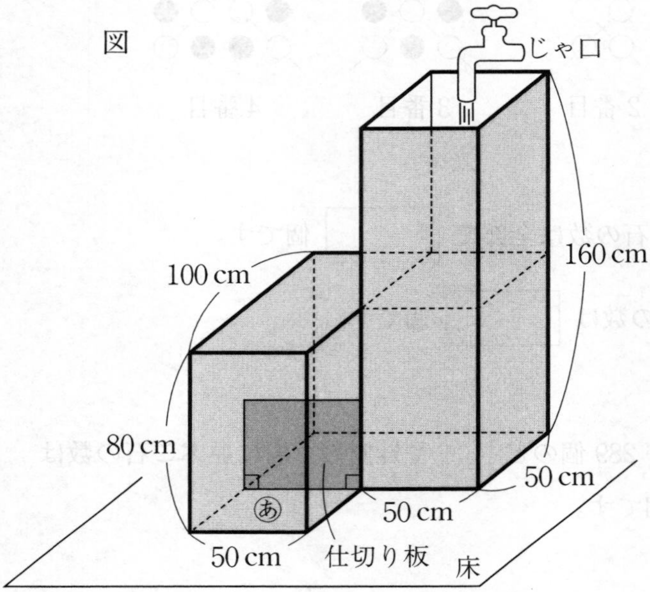

(1) この容器の容積は □ cm^3 です。これは □ L です。

(2) 水を入れ始めてから 15 分後の水面の高さは □ cm です。
また，(あ)の部分に水がたまり始めるのは，水を入れ始めてから □ 分をすぎてからです。

（３）　水を入れ始めてからの時間と水面の高さとの関係を表すグラフを下の図にかきなさい。

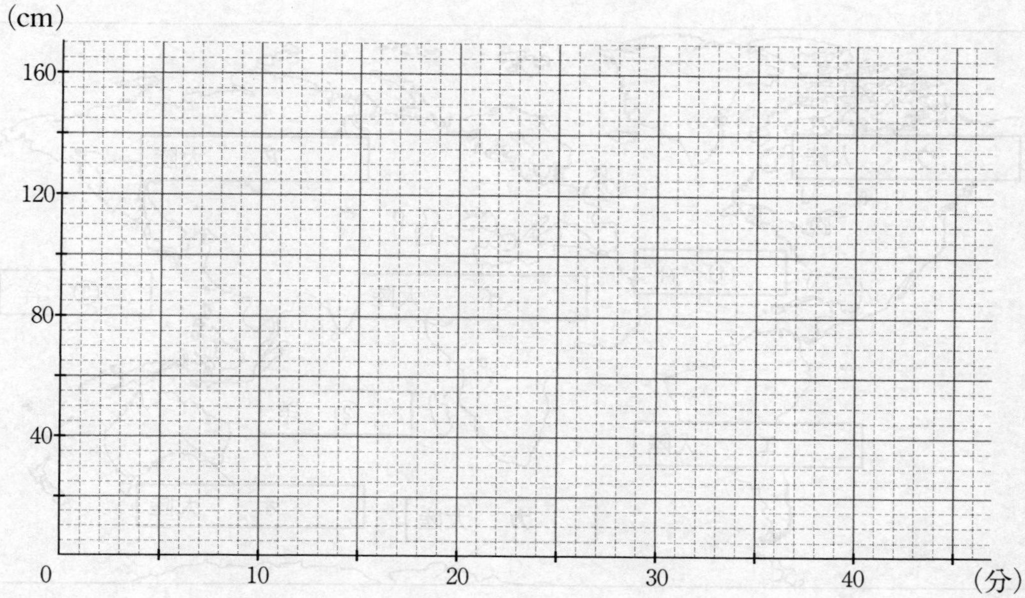

次に，容器の中の水をからにし，仕切り板をはずしてもう一度水を入れていきます。ただし，15 分後からは，じゃ口から出す水の量をそれまでの 1.25 倍にします。

（４）　水面の高さが 120 cm になるのは，水を入れ始めてから □ 分後です。

また，その高さは，仕切り板をはずす前の毎分 20 L で水を入れたときの同じ時間ではかった高さよりも □ cm 高い位置になります。

（必要ならば上のグラフを使ってもよい）

【社　会】〈第１回試験〉　（25分）〈満点：50点〉

【注意事項】 特に指示がない場合は、ひらがなも可とします。

1　以下の問いに答えなさい。

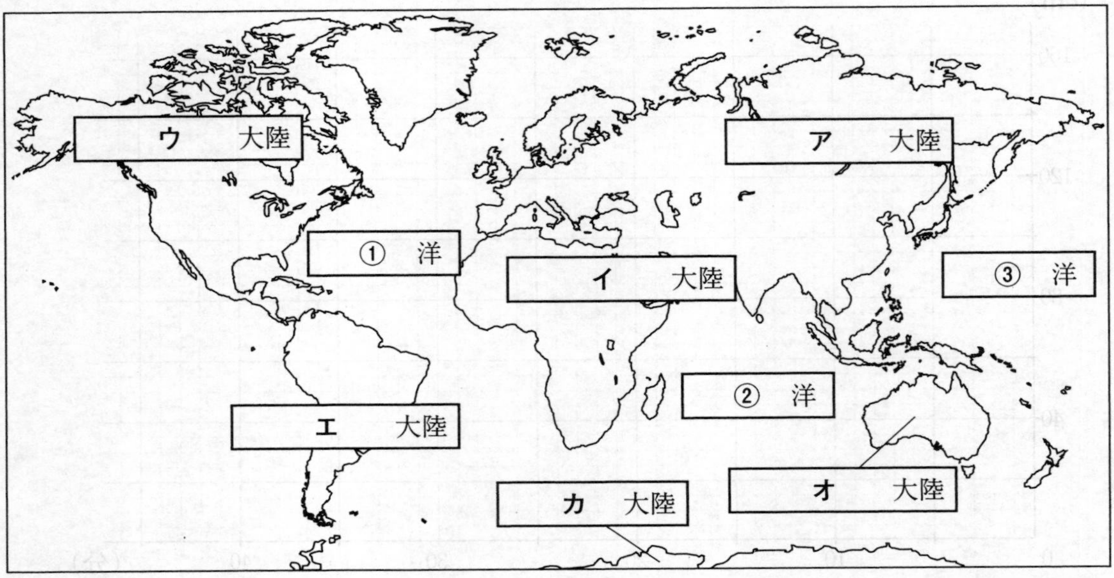

【Ａ】
世界で一番多くの人が暮らしている大陸で、内陸には砂漠《ばく》が広がっているところもあります。

【Ｂ】
地球表面の約３分の１を占《し》めており、アメリカのハワイ州もこの海洋にあります。

問１　【Ａ】のカードが示している大陸を地図中の**ア**～**カ**から１つ選び、名前を答えなさい。

問２　【Ｂ】のカードが示している海洋を地図中の①～③から１つ選び、名前を答えなさい。

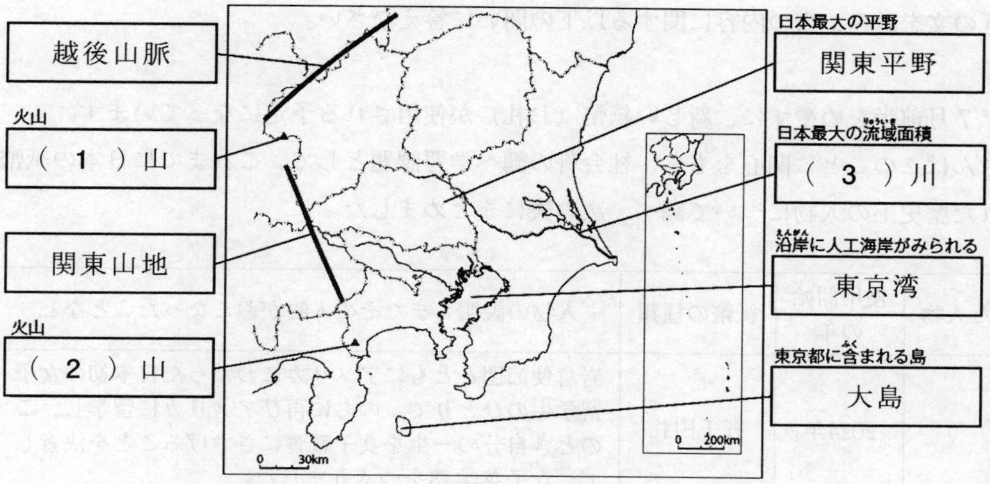

問３　（　１　）と（　２　）の山について述べた文章として、正しいものを**ア**～**エ**からそれぞれ１つずつ選びなさい。

ア　長野県と群馬県の境にある安山岩質の火山です。

イ　日本の最高峰《ほう》として知られる活火山です。

ウ　東京都八王子市にあり、関東山地の東縁に属しています。

エ　2015年に活動が活発化し、噴火警戒《ふんかけいかい》レベルを２に引き上げたことがあります。

問４　（　３　）は日本で流域面積が最も大きい川です。この川の名前を**ア**～**エ**から１つ選びなさい。

ア　信濃川　　**イ**　利根川　　**ウ**　最上川　　**エ**　神通川

問５　環境を大切にする取り組みについて、近年では「４つのＲ」という言葉が注目されています。それぞれの意味について、**誤りを含む**文章を**ア**～**エ**から１つ選びなさい。

ア　ごみを出さない、作らない取り組みをリデュースといいます。

イ　まだ使えるものを捨てずにくり返し使うことをリユースといいます。

ウ　ごみになってしまったものを資源として再利用することをリサイクルといいます。

エ　ごみの処分を他の国へ任せてしまうことをリフューズといいます。

2 つぎの文を読み、表の内容に関する以下の問いに答えなさい。

2024年７月前半をめやすに、新しい紙幣《しへい》（お札）が使用される予定になっています。

太郎さんはこのことに関心をもち、社会科の調べ学習課題として、これまでに日本の紙幣に描かれた歴史上の人物について調べ、次の**表**にまとめました。

描かれた人物	使用開始の年	紙幣の種類	人物の説明・またその人物がおこなったことなど
（ ① ）	2024年	五千円札	岩倉使節団とともにアメリカにわたった日本初の女子留学生のひとりで、のちに再びアメリカに留学し、このとき自分の一生を女子教育にささげることを決意して、女子英学塾《じゅく》をつくりました。
（ ② ）	2004年	千円札	自分の左手の手術をきっかけに医師になることを決意し、アメリカにわたってへびの毒の研究で注目され、その後も黄熱病の研究をおこないましたが、自身が黄熱病に感染し、亡くなりました。
福沢諭吉	1984年	一万円札	この人物が書いた「天は人の上に人を造らず人の下に人を造らずと言えり」で始まる『（ ③ ）』は、当時の人々に興味をもたれ、300万部以上売れてベストセラーになったと言われています。
（ ④ ）	1963年	千円札	ドイツに留学して憲法について学び、帰国後には内閣制度をつくって明治天皇から初代総理大臣に任命され、憲法をつくる仕事に力を注ぎました。そして1889年に大日本帝国《ていこく》憲法が発布されました。
（ ⑤ ）	1953年	百円札	土佐藩《はん》（現在の高知県）出身で、国会を開き、憲法をつくることなどを求める自由民権運動の指導者として活躍《かつやく》しました。のちに国会が開設されることが決まると、自由党という政党をつくりました。
聖徳太子	1930年	百円札	これまで最も多い７種類のお札に肖像《しょうぞう》画として登場しています。この人物は、当時大きな力をもっていた蘇我《そが》氏とともに天皇中心の新しい国づくりにあたり、（ ⑥ ）や十七条の憲法を定めました。
藤原鎌足《ふじわらのかまたり》	1891年	百円札	のちの藤原鎌足である中臣鎌足は、中大兄皇子に協力し、645年に蘇我氏をたおし、中国（唐《とう》）から帰国した留学生や留学僧《そう》らとともに、天皇を中心とする国づくりをはじめました。これを（ ⑦ ）といいます。
（ ⑧ ）	1888年	五円札	平安時代中期の学者で、藤原氏をおさえて遣唐使の派遣を停止するなどの実績をつみました。しかし藤原時平によって大宰府《だざいふ》に左遷されてしまい、その地で没《ぼっ》しました。のちに天満天神としてまつられています。

問１　空らん（　①　）にあてはまる人物として正しいものを１人選び記号で答えなさい。

ア　与謝野《よさの》晶子　　**イ**　樋口《ひぐち》一葉　　**ウ**　津田《つだ》梅子　　**エ**　平塚《ひらつか》らいてう

問２　空らん（　②　）にあてはまる人物として正しいものを１人選び記号で答えなさい。

ア　北里柴三郎《しばさぶろう》　　**イ**　野口英世　　**ウ**　新渡戸《にとべ》稲造　　**エ**　夏目漱石《そうせき》

問３　空らん（　③　）にあてはまる著作として正しいものを１つ選び記号で答えなさい。

ア　奥《おく》の細道　　**イ**　解体新書　　**ウ**　学問のすゝめ　　**エ**　武士道

問４　空らん（　④　）にあてはまる人物の名前を答えなさい。（答えはひらがなでもよい）

問５　空らん（　⑤　）にあてはまる人物の名前を答えなさい。（答えはひらがなでもよい）

問６　空らん（　⑥　）にあてはまる、この人物がおこなったこととして正しいものを１つ選び記号で答えなさい。

ア　武家諸法度　　**イ**　楽市楽座　　**ウ**　冠位《かんい》十二階　　**エ**　御《ご》成敗式目

問７　空らん（　⑦　）にあてはまることばとして正しいものを１つ選び記号で答えなさい。

ア　建武の新政　　**イ**　大化の改新　　**ウ**　天下の統一　　**エ**　御恩と奉公《ほうこう》

問８　空らん（　⑧　）にあてはまる人物として正しいものを１人選び記号で答えなさい。

ア　菅原《すがわら》道真　　**イ**　平清盛　　**ウ**　源頼朝　　**エ**　藤原道長

3 次の文章を読んで、以下の問いに答えなさい。

私たちが暮らす社会には様々なルールがあります。これらのルールは人の歴史の中で作られてきたものです。例えば多くの国で一番上位においているルールである①憲法もその１つです。

憲法は18世紀までの身分制度に縛《しば》られた社会から②市民革命をへて国民が勝ち取ったものです。この憲法によって人々は人権を勝ち取ったのです。

この人権は人々が暮らす上でとても大きな権利です。私たちの住む日本でも憲法は国の「最高法規」と呼ばれ、人権はその中でも最も多くの③条文を使って書かれているのです。

詳《くわ》しく見てみると、人権は憲法に５種類があり、それぞれ④自由権、⑤平等権、⑥社会権、請求《せいきゅう》権、⑦参政権となっています。また、これとは別に憲法制定後に権利として認められるべきだと言われるようになった「⑧新しい人権」もあります。

これら人権が守られることにより、私たちが安心して人間らしい生活が出来るのです。

問１　文中の下線部①について、以下のうち成文としての憲法典を持たない国を１つ答えなさい。

ア　アメリカ　　**イ**　イギリス　　**ウ**　ドイツ

エ　フランス　　**オ**　中国

問２　文中の下線部②のうち、17世紀から18世紀にかけておこった市民革命でないものを２つ選びなさい。

ア　名誉革命　　**イ**　文化大革命　　**ウ**　アメリカ独立革命

エ　ロシア革命　　**オ**　フランス革命

問３　文中の下線部③について、前文と第９条に書かれている憲法の三大原則の１つは何か、答えなさい。

問４　下線部④について、自由権のうちどんな宗教を信じてもよい、または何も信じなくてもよいことを信教の自由といいますが、これに関連して政治と宗教は切り離《はな》されるべきという原則をなんと言いますか。

問５　文中の下線部⑤の平等権について、以下の文章のうち正しいものを１つ選びなさい。

ア　男女平等が書かれているので、男性も女性も結婚しても、法律上は生まれたときの姓を名乗ることとなっている。

イ　選挙人資格についても平等が原則だが、納税がされていない国民には選挙権は保障されない。

ウ　憲法は性別や人種だけでなく、家柄《がら》による差別も禁止している。

エ　飲酒については、平等の原則から保護者が認めれば何歳《さい》からでも出来る。

問６　文中の下線部⑥について、憲法では生存権が保障されているが、これに関する条文の空欄をうめなさい。

第25条　すべて国民は［　A　］で［　B　］的な最低限度の生活を営む権利を有する

問７　文中の下線部⑦について、我が国では成年への普通選挙を保障しているが、参議院議員の選挙に投票出来る権利は満何歳からか、数字で答えなさい。

問８　文中の下線部⑧について、これらの新しい人権のうち「みだりに私生活を公開されない権利」として確立しているのは何権か。答えなさい。

【理　科】〈第１回試験〉 (25分) 〈満点：50点〉

【注意事項】 グラフや図表の作成には、定規をできるだけ使用してください。

1 以下の各問いに答えなさい。

問１　アルカリ性の水よう液にBTBよう液を加えると、何色になりますか。

問２　少量の水よう液をリトマス紙につけたとき、赤色のリトマス紙を青く変える水よう液はどれですか。次の**ア**～**エ**から１つ選び、記号で答えなさい。

ア　食塩水　　　**イ**　砂糖水
ウ　水酸化ナトリウム水よう液　　　**エ**　塩酸

問３　プラスチック製のコップに水を入れてこおらせました。氷の体積は水と比べてどうなりますか。

問４　ものが燃えるときに必要なものは、「温度」、「燃えるもの」と、あと１つは何ですか。物質の名前を答えなさい。

問５　植物の種子が発芽するために必要なものは、「空気」、「適当な温度」と、あと１つは何ですか。物質の名前を答えなさい。

問６　ヒトは呼吸をします。吸い込まれた空気は、気管を通って何という臓器に入りますか。

問７　魚には図の**ア**に示される肺と同じはたらきをするものがあります。これを何といいますか。

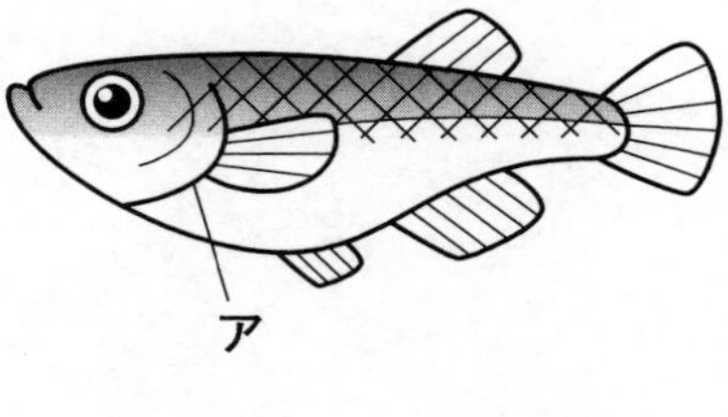

2　ふりこが１往復する時間について調べます。以下の各問いに答えなさい。

問１　ふりこが１往復する時間を測定します。最も正確に測定することができる方法はどれですか。次の**ア**～**ウ**から１つ選び、記号で答えなさい。

ア　１往復の時間を10回測定して、その平均を求める。

イ　10往復の時間を１回測定して、10で割る。

ウ　１往復の時間を１回測定する。

問２　「おもりの重さ」、「ふりこの長さ」、「ふれはば」の３つの条件をいろいろと変えて、ふりこが１往復する時間が何に関係しているのかを調べます。実験の進め方はどのようにすればよいですか。次の**ア**～**エ**から１つ選び、記号で答えなさい。

ア　３つの条件をすべて変えながら実験をする。

イ　３つの条件のうち、１つの条件を変えずに、２つの条件を変えながら実験をする。

ウ　３つの条件のうち、２つの条件を変えずに、１つの条件を変えながら実験をする。

エ　３つの条件のすべてを変えずに実験をする。

問３　ふりこの長さをはかるとき、どこの長さを測りますか。右の図の**ア**～**ウ**から１つ選び、記号で答えなさい。

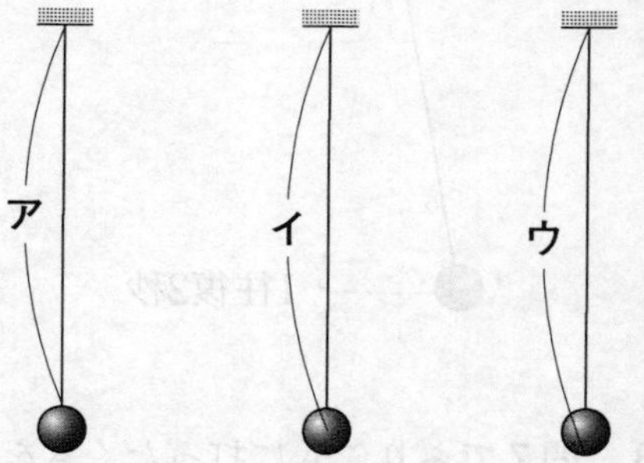

問４　おもりの重さが10ｇのときと20ｇのときとで、ふりこが１往復する時間のちがいを調べます。10ｇのおもりを２つ使って20ｇのおもりにしたいとき、適切なおもりのつるし方は右の図の**ア**、**イ**のどちらですか。１つ選び、記号で答えなさい。

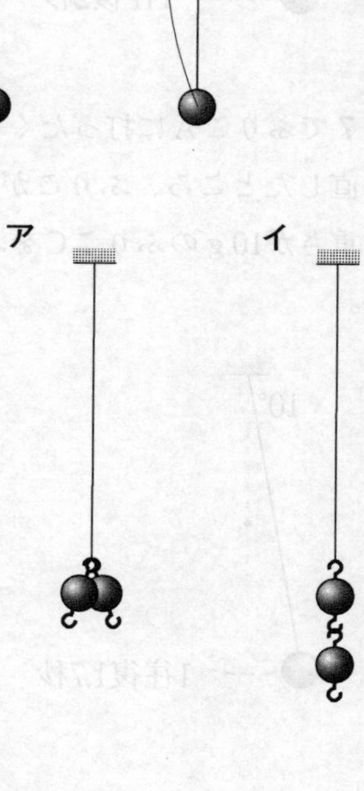

問5　**問2**の３つの条件のうち、変化させると、ふりこが１往復する時間が変わるのはどれですか。次の**ア**～**ウ**から１つ選び、記号で答えなさい。

ア　おもりの重さ　　**イ**　ふりこの長さ　　**ウ**　ふれはば

問6　ふりこが１往復する時間を長くするには、**問5**で選んだ条件をどうすればよいですか。次の**ア**、**イ**から１つ選び、記号で答えなさい。

ア　大きくする　　**イ**　小さくする

問7　長さが100cmでおもりの重さが10gのふりこAをふれはば10°でゆらすと、１往復する時間は２秒でした。また、長さが25cmでおもりの重さが20gのふりこBをふれはば20°でゆらすと、１往復する時間は１秒でした。ふりこAの最下点から25cm上にくぎを打って、ゆれている途中で糸がくぎにひっかかるようにしたとき、１往復する時間は何秒になりますか。

長さ100cm、10gのふりこA

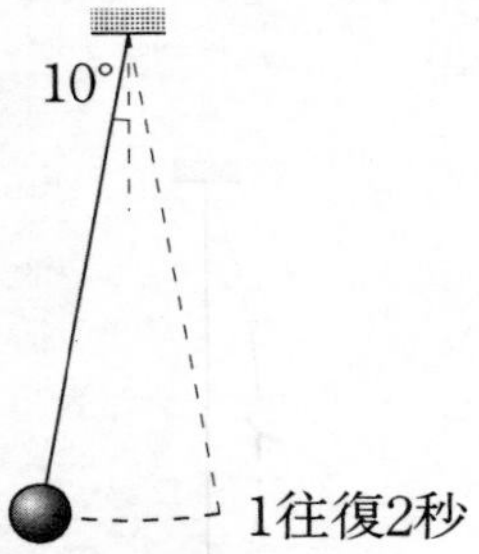

長さ25cm、20gのふりこB

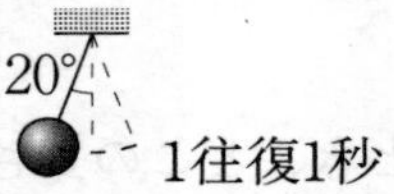

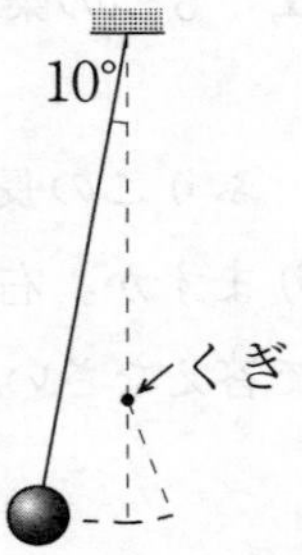

問8　**問7**でふりこAに打ったくぎをぬいて、同じふりこAの最下点から50cm上にくぎを打ち直したところ、ふりこが１往復する時間は1.7秒になりました。長さ50cmでおもりの重さが10gのふりこCをふれはば15°でゆらすと、１往復する時間は何秒になりますか。

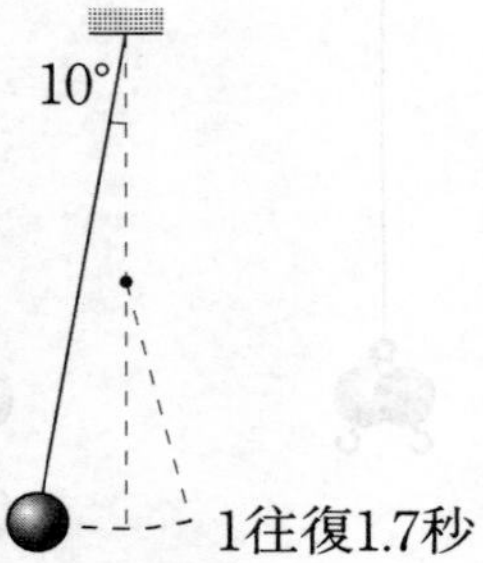

長さ50cm、10gのふりこC

3 崖《がけ》や谷、海岸といった地面の断面が見える場所では、きれいな縞模様《しまもよう》をしている地層を観察することができます。以下の各問いに答えなさい。

問１ 地層のでき方について書かれた以下の文の空欄《くうらん》に当てはまる語句を、語群より選びなさい。

地層は、(　①　) のはらたきによって (　②　) された砂、どろ、れきが海底に (　③　) し、層になって積み重なってできる。

語群：　太陽の光　　たい積　　運ぱん　　流れる水　　対流

問２ 次の図のような装置を使い、砂とどろを混ぜた土を、水を入れた容器に静かに流し込むと、図中の**ア**と**イ**の２層にわかれました。**ア**は「砂」と「どろ」どちらの層ですか。

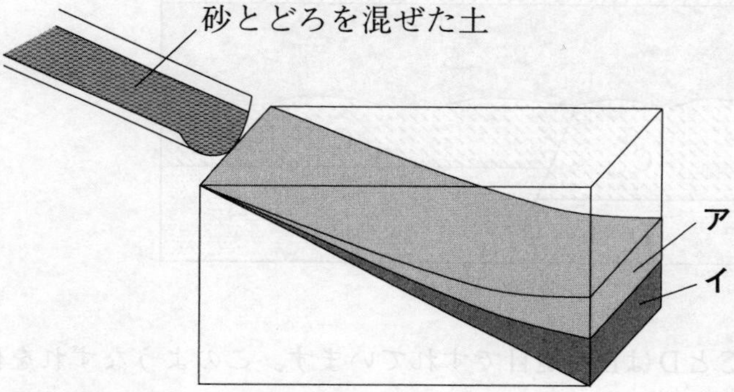

問３ **問２**の状態にさらにもう一度、砂とどろを混ぜた土を静かに流し込みました。しばらくするとどのような層になりますか。次の**あ**～**え**の図から１つ選び、記号で答えなさい。

あ　　**い**　　**う**　　**え**

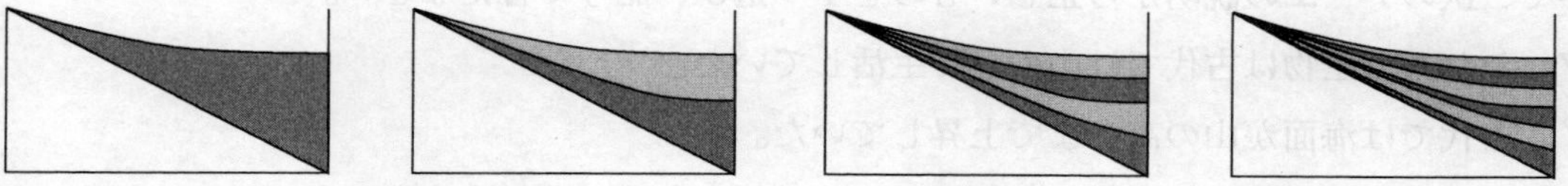

問４ ペットボトルに水、れき、砂、どろを入れてよくふりました。しばらく置くと、容器の中はどのようになりますか。図をかいて答えなさい。図には「れき」「砂」「どろ」が分かるように記入しなさい。

問５　次の写真の岩石は①泥岩《でいがん》、②砂岩、③れき岩のどれですか。１つ選び、数字で答えなさい。

問６　次の図の地層で、最も新しい地層はＡ～Ｄのどれですか。１つ選び、記号で答えなさい。

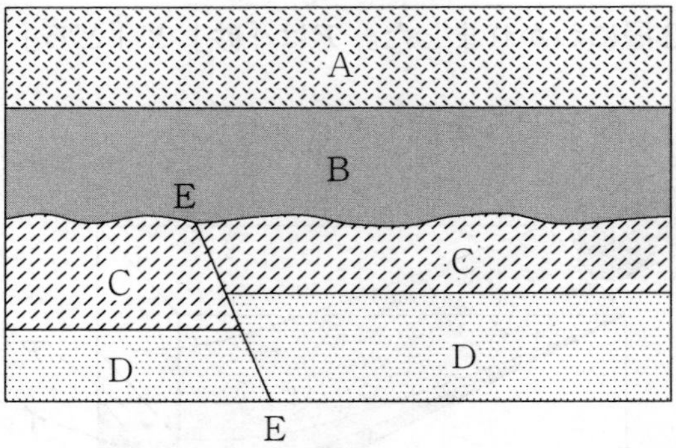

問７　**問６**の図の地層ＣとＤはＥの境目でずれています。このようなずれを何といいますか。名称《めいしょう》を答えなさい。

問８　埼玉県秩父《ちちぶ》市の山々にはたくさんの石灰岩があります。この石灰岩の中には米粒のような形をしたフズリナやウミユリやサンゴの仲間の死骸《しがい》が化石になって入っています。これらは、海の中で生活する生物です。海の生物の化石が山の上にある理由について、次の**ア**～**エ**の説明から正しいものを１つ選び、記号で答えなさい。

ア　これらの生物は古代では山の上で生活していた。

イ　古代では海面が山の高さまで上昇していた。

ウ　海底に積もった地層が、大きな力によって押しあげられて山になった。

エ　海底火山の噴火《ふんか》で、石灰岩が吹き飛んで秩父の山に積もった。

問一　グラフⅠからどのようなことが読み取れますか。四十字以内で答えなさい。

問二　X　に入る語句は何ですか。六字以内で答えなさい。

問三　Y　に入る人数は何人ですか。数字一字で答えなさい。

問四　グラフⅠ・Ⅲ「英語」の数値からどのようなことが読み取れますか。四十字以内で答えなさい。

問五　「好きな教科」についてのアンケートを、現在あなたが在籍《ざいせき》するクラスで行ったと考え、次の①・②に答えなさい。

①　一番高い数値となりそうな教科は何ですか。教科名を一つ答えなさい。

②　それはなぜですか。あなたの考えを説明しなさい。

問七　――線⑤「朝飯前になるべくたくさんのことをしてしまいたい」とあるが、そのためにはどのようにするとよいか。筆者の考えを中心に、五十字以内で答えなさい。

問八　本文の内容として正しくないものを、次の中から選び、記号で答えなさい。

ア　現代の若ものは、勉強は夜でないとできないものだと思いこんでいる。

イ　感情的になって書いた手紙は、翌朝に読み返してから出すのがよい。

ウ　仕事は、朝にする仕事が自然であり、夜にする仕事は不自然である。

エ　何かするときは昼も夜も、朝飯前のようにご飯を食べる前に行うべきだ。

三　次は、ある中学校の一年生六十三名に行ったアンケートの結果をグラフにしたものです。グラフⅠ～Ⅲを見てあとの問いに答えなさい。

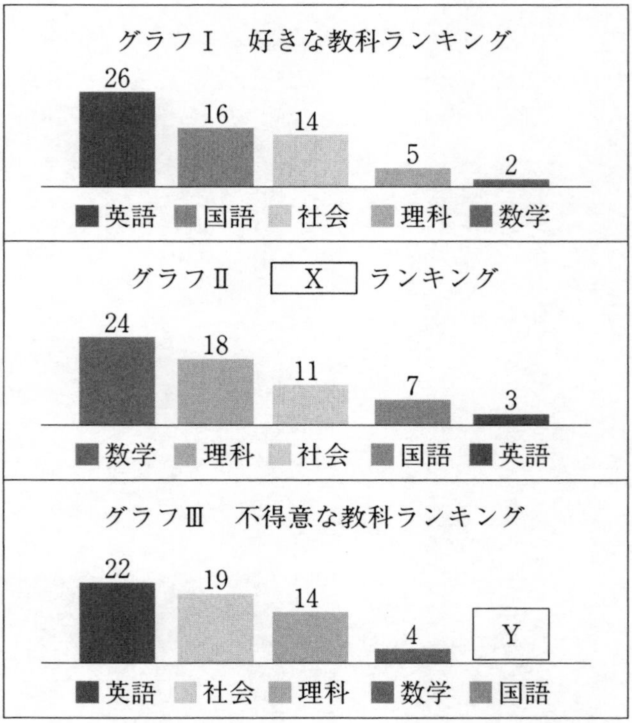

※グラフ内にある数字は人数を表します。

※各アンケートに未回答はありませんでした。

問二　――線②「朝の考えは夜の考えとはなぜ同じではないのか」とあるが、それはなぜか。解答用紙に続く形で、本文中から十六字で書き抜きなさい。

問三　[X] に入ることわざは何か。次の中から選び、記号で答えなさい。

ア　きょうできることをあすにのばすな

イ　あしたはあしたのかぜがふく

ウ　きのうのともはきょうのてき

エ　はやおきはさんもんのとく

問四　――線③「朝と夜とでは、同じ人間でありながら、人が違うことを思い知らされた」とあるが、それはなぜか。筆者が体験した出来事を中心に、四十字以内で説明しなさい。

問五　――線④「もとはすこし違っていた」とあるが、「もとは」どのような意味として用いられていたか。次の中から選び、記号で答えなさい。

ア　朝食の前にするために、簡単なことを簡単そうにやること。

イ　朝食の前にするために、簡単なことを難しそうにやること。

ウ　朝食の前にするために、難しいことを簡単そうにやること。

エ　朝食の前にするために、難しいことを難しそうにやること。

問六　[Y]・[Z] に入る語句は何か。それぞれ次の中から選び、記号で答えなさい。

ア　朝型

イ　夜型

ウ　若者型

エ　老人型

それだけの体力がある。ところが年をとってくると、無理がきかなくなり、自然に帰る。朝早く目がさめて困るというようになる。

それで、まだそれほどの年でもないうちに、老人を見倣《みなら》おうと思って、夜していた仕事を朝へまわすことにした。と言って、そんなに早起きのできるわけがない。ゆっくり起きるから、朝飯前の仕事などなかなか望むべくもない。これは何とかしなくてはいけないと考えた。

英雄《えいゆう》的早起きはできないが、朝のうちに、できることなら、⑤朝飯前になるべくたくさんのことをしてしまいたい。それにはどうしたらいいのか。答は簡単である。

朝食を抜けばいい。

八時におきて、八時半に食事をしていたのでは、朝飯前の仕事など※絵にかいた餅《もち》。朝食をしなければ、八時におきて、すぐ、仕事を始められる。朝食抜きというのは当らない。ひるまでおくらせる。朝食と昼食とを同時にとると言った方がおだやかである。これが決して異常なことではないのはブランチ(brunch 昼食兼用《けんよう》のおそい朝食。Breakfast＋lunch) ということばがあるのでもわかる。

こうすれば、ひるまではすべて朝飯前の時間、そこですることはすべて、朝飯前ということになって、はなはだ都合がよろしい。

（外山滋比古『思考の整理学』より）

注　※灯下親しむの候…秋の涼しさと夜長は、灯火の下で読書するのに適していること。
※信仰…特定の対象を絶対のものと信じて疑わないこと。
※宵っ張り…夜おそくまで起きていること。
※投函…郵便物をポストに入れること。
※おそまきながら…時期におくれて物事を開始すること。
※粋がって…得意になること。
※絵にかいた餅…何の役にも立たないもののこと。

問一　――線①「知的活動になると、夜ときめてしまう」とあるが、このような考え方を持つ人のことを、筆者は何と表現しているか。本文から四字で書き抜きなさい。

してから※投函《とうかん》せよ。一晩たってみると、そのまま出すのがためらわれることがすくなくない。そういう注意があった。現実的な知恵《ちえ》である。

それに、どうも朝の頭の方が、夜の頭よりも、優秀《ゆうしゅう》であるらしい。夜、さんざんてこずって、うまく行かなかった仕事があるとする。これはダメ。明日の朝にしよう、と思う。心のどこかで、「 X 」ということわざが頭をかすめる。それをおさえて寝てしまう。

朝になって、もう一度、挑《いど》んでみる。すると、どうだ。ゆうべはあんなに手におえなかった問題が、するすると片づいてしまうでないか。昨夜のことがまるで夢のようである。

はじめのうちは、そういうことがあっても、偶然《ぐうぜん》だと思っていた。夜の信者だったからであろう。やがて、これはおかしいと考えるようになった。偶然にしては同じことがあまりにも多すぎる。※おそまきながら、③朝と夜とでは、同じ人間でありながら、人が違うことを思い知らされたというわけである。

〝朝飯前〟ということばがある。手もとの辞書をひくと、「朝の食事をする前。『そんな事は朝飯前だ』〔＝朝食前にも出来るほど、簡単だ〕」（『新明解国語辞典』）とある。いまの用法はこの通りだろうが、④もとはすこし違っていたのではないか、と疑いだした。

簡単なことだから、朝飯前なのではなく、朝の食事の前にするために、本来は、決して簡単でもないことが、さっさとできてしまい、いかにも簡単そうに見える。知らない人間が、それを朝飯前と呼んだというのではあるまいか。どんなことでも、朝飯前にすれば、さっさと片付く。朝の頭はそれだけ能率がいい。

（中略）

そういうことが何度もあって、それまでの Y の生活を Z にきりかえることにした。四十歳《さい》くらいのときである。まだ、それほどの年ではないが、老人がたいてい、いつのまにか Z になっている。あんな Y だったのにと思う人までが、朝のうちでないと仕事ができないと言うのをきいたこともある。

朝の仕事が自然なのである。朝飯前の仕事こそ、本道を行くもので、夜、灯をつけてする仕事は自然にさからっているのだ。

若いうちこそ、※粋《いき》がって、その無理をあえてする。また、

2024年度 聖望学園中学校

【国語】〈第一回試験〉（五〇分）〈満点：一〇〇点〉

一 ・次の——線①〜⑧の漢字の読みをひらがなで、ひらがなを漢字で書きなさい。

① 思い出を心にきざむ。
② ゴミをへらす。
③ こうしを区別する。
④ 病人をかいほうする。
⑤ 勇気を奮う。
⑥ 人を遣わす。
⑦ 聖夜の星空。
⑧ 話が矛盾する。

・次の⑨、⑩の□には適する漢字を一字入れなさい。

⑨ 喜怒哀□
⑩ □鳥風月

二 次の文章を読んであとの問いに答えなさい。

人間はいつからこんなに夜行性をつよめたのであろうか。もちろん昼間働くのが常態であるが、こと、①知的活動になると、夜ときめてしまう。※灯《とう》下《か》親《した》しむの候《こう》、などということばは電灯などのない昔から、読書は夜するものという考えがあったことを示している。

そして、いつのまにか、夜の※信仰《しんこう》とも言うべきものをつくりあげてしまった。現代の若ものも当然のように※宵《よい》っ張《ぱ》りの朝寝坊《ねぼう》になって、勉強は夜でなくてはできないものと、思いこんでいる。朝早く起きるなどと言えば、老人くさい、と笑われる始末である。

夜考えることと、朝考えることは、同じ人間でも、かなり違っているのではないか、ということを何年か前に気づいた。②朝の考えは夜の考えとはなぜ同じではないのか。考えてみると、おもしろい問題である。

夜、寝る前に書いた手紙を、朝、目をさましてから、読み返してみると、どうしてこんなことを書いてしまったのか、とわれながら不思議である。

外国で出た手紙の心得を書いた本に、感情的になって書いた手紙は、一晩そのままにしておいて、翌日、読みかえ

2024年度

聖望学園中学校 ▶解説と解答

算 数 ＜第１回試験＞（50分）＜満点：100点＞

解 答

1 (1) 298　(2) 1　(3) $2\frac{5}{12}\left(\frac{29}{12}\right)$　(4) 100　**2** (1) 4，512　(2) $2.16\left(\frac{54}{25}\right)$km　**3** (1) 69点，66点　(2) 89点，58点　(3) 4通り，74点　**4** (1) 25個，９個　(2) 64個　(3) 324個　**5** (1) 800000cm^3，800L　(2) 40cm，10分　(3) 右図　(4) 31分後，32cm

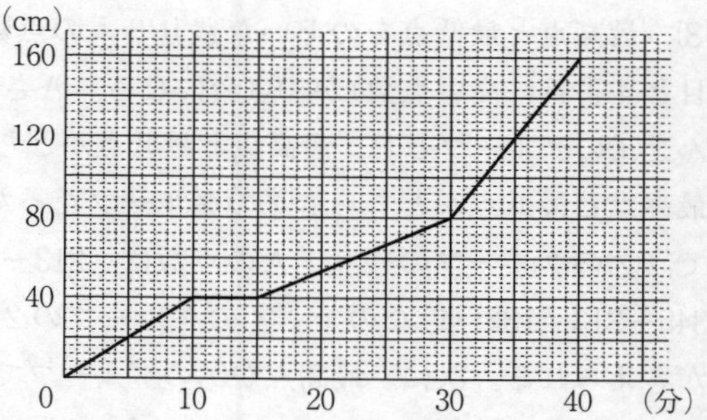

解 説

1 四則計算，逆算

(1) $107\times3-368\div16=321-23=298$

(2) $\frac{6}{7}+\left(\frac{5}{6}-\frac{1}{7}\right)\div\left(3\frac{1}{6}+1\frac{2}{3}\right)=\frac{6}{7}+\left(\frac{35}{42}-\frac{6}{42}\right)\div\left(\frac{19}{6}+\frac{5}{3}\right)=\frac{6}{7}+\frac{29}{42}\div\left(\frac{19}{6}+\frac{10}{6}\right)=\frac{6}{7}+\frac{29}{42}\div\frac{29}{6}=\frac{6}{7}+\frac{29}{42}\times\frac{6}{29}=\frac{6}{7}+\frac{1}{7}=\frac{7}{7}=1$

(3) $4-5\frac{1}{3}\times0.25-0.15\div0.6=4-\frac{16}{3}\times\frac{25}{100}-\frac{15}{100}\div\frac{6}{10}=4-\frac{16}{3}\times\frac{1}{4}-\frac{3}{20}\times\frac{5}{3}=4-\frac{4}{3}-\frac{1}{4}=\frac{48}{12}-\frac{16}{12}-\frac{3}{12}=\frac{29}{12}=2\frac{5}{12}$

(4) $\{(120-\square)\times5-120\div15\}\div2=46$，$\{(120-\square)\times5-8\}=46\times2=92$，$(120-\square)\times5=92+8=100$，$120-\square=100\div5=20$，$\square=120-20=100$

2 約数と倍数，速さ

(1) 16＝２×２×２×２より，16は２を４個かけ合わせた数なので，２を８個かけ合わせた数と16を２個かけ合わせた数は等しい。よって，２を10個かけ合わせた数を，16を２個かけ合わせた数で割ると，２を，10－８＝２(個)かけ合わせた数となるので，２×２＝４となる。また，12＝２×２×３より，12は２を２個と３を１個かけ合わせた数なので，12を６個かけ合わせた数は，２を12個と３を６個かけ合わせた数である。18＝２×３×３より，18は２を１個と３を２個かけ合わせた数なので，18を３個かけ合わせた数は，２を３個と３を６個かけ合わせた数である。よって，12を６個かけ合わせた数を18を３個かけ合わせた数で割ると，２を，12－３＝９(個)，３を，６－６＝０(個)かけ合わせた数となり，２×２×２×２×２×２×２×２×２＝512と求まる。

(2) ５分24秒は，$5+24\div60=5\frac{24}{60}=5\frac{2}{5}$(分)で，$5\frac{2}{5}$分は，$5\frac{2}{5}\div60=\frac{27}{5}\times\frac{1}{60}=\frac{9}{100}$(時間)である。家から駅までの道のりは，速さと時間の積で求められるので，$24\times\frac{9}{100}=\frac{216}{100}=2.16$(km)と

なる。

3 平均

(1)　５人の合計点が345点なので，５人の平均点は，345÷５＝69(点)である。Ａさん，Ｂさん，Ｃさんの合計点は，71×３＝213(点)なので，ＤさんとＥさんの平均点は，(345−213)÷２＝66(点)となる。

(2)　最高点と最低点をのぞいた残り３人の平均点は66点なので，最高点と最低点の合計点は，345−66×３＝147(点)である。最高点と最低点との差は31点なので，最高点は，(147＋31)÷２＝89(点)となる。また，最低点は，89−31＝58(点)と求まる。

(3)　最高点と最低点をのぞいた残り３人の点数は，１人(２番目に高い点数)が70点台，２人(３番目と４番目に高い点数)が60点台になる。Ａさん，Ｂさん，Ｃさんを㋐のグループ，Ｄさん，Ｅさんを㋑のグループとし，最高点と最低点がどちらかのグループにいる場合で分けて考える。まず，最高点と最低点がどちらも㋐のグループだった場合，(1)より，㋐のグループの合計点は213点なので，㋐のグループの残り１人の点数は，213−(89＋58)＝66(点)である。㋑のグループの合計点は，345−213＝132(点)なので，㋑のグループの２人の点数は，70点と62点，71点と61点，72点と60点が考えられる。次に，最高点が㋐のグループで，最低点が㋑のグループだった場合，㋑のグループの残り１人の点数は，132−58＝74(点)である。㋐のグループの残り２人の合計点は，213−89＝124(点)なので，残り２人の点数は，64点と60点，63点と61点が考えられる。続いて，最高点が㋑のグループだった場合，132−89＝43(点)で，もう１人の点数が最低点を下回るので，この場合は考えられない。以上のことより，２番目に高い点数が70点台となるのは，70点，71点，72点，74点の４通りが考えられ，もっとも高い点数は74点である。

4 方陣算

(1)　５番目には，横に５個，たてに５個のご石が並ぶので，並べたご石の数は全部で，５×５＝25(個)ある。白のご石は，２つの対角線上に５個ずつ並ぶと考えると，対角線が交わるところにあるご石を２回数えることになるので，５×２−１＝９(個)となる。

(2)　17×17＝289より，並べたご石の数が289個になるのは17番目である。17番目で一番外側の１周に並ぶご石は，４つの辺に17個ずつ並ぶと考えると，頂点の４個のご石を２回ずつ数えることになるので，全部で，17×４−４＝64(個)である。

(3)　一番外側の１周に並ぶご石の数の合計が全部で80個になるのは，１つの辺に，(80＋４)÷４＝21(個)ずつ並ぶときなので，21番目である。21番目に並べたご石は全部で，21×21＝441(個)あり，21番目に並べた白のご石は，２つの対角線上に21個ずつ並ぶと考えると，対角線が交わるところにあるご石を２回数えることになるので，21×２−１＝41(個)となる。よって，21番目に並べた黒のご石は，441−41＝400(個)である。一番外側の１周には，１つの辺に黒のご石が，21−２＝19(個)あるので，一番外側の１周に並ぶ黒のご石は，19×４＝76(個)となり，残りの内側にある黒のご石は，400−76＝324(個)と求まる。

5 水の深さと体積

(1)　この容器の容積は，100×50×80＋50×50×160＝400000＋400000＝800000(cm^3)である。1000cm^3＝１Ｌなので，800000÷1000＝800(Ｌ)となる。

(2)　あの部分の底面積をのぞいた，仕切りの向こう側の部分の底面積は，50×(50＋50)＝5000

(cm^2)で，毎分20Lの水が出るので，水面の高さが仕切り板の高さの40cmになるまでは，毎分，20×1000÷5000＝４(cm)ずつ水面が高くなる。よって，40cmの仕切り板の高さまで水が入るのに，40÷４＝10(分)かかり，水を入れ始めてから10分をすぎるとㅤあの部分に水がたまり始める。ㅤあの部分の底面積は，(100－50)×50＝2500(cm^2)なので，ㅤあの部分に水がたまり始めたあと，ㅤあの部分の水面の高さが仕切り板の高さの40cmになるまでは，毎分，20×1000÷2500＝８(cm)ずつ水面が高くなる。したがって，ㅤあの部分に水がたまり始めてから，仕切り板の高さまで水が入るのに，40÷８＝５(分)かかるので，10＋５＝15より，15分後の水面の高さは40cmである。

(3)　仕切り板の高さまで水が入ったあと，水面の高さが80cmになるまでは，水面の高さは毎分，20×1000÷(100×50＋50×50)＝$\frac{8}{3}$(cm)ずつ高くなるので，水面の高さが80cmになるのは水を入れ始めてから，15＋(80－40)÷$\frac{8}{3}$＝30(分後)である。そのあと水面の高さが160cmになるまでは，水面の高さは毎分，20×1000÷(50×50)＝８(cm)ずつ高くなるので，水面の高さが160cmになるのは水を入れ始めてから，30＋(160－80)÷８＝40(分後)である。よって，水を入れ始めてからの時間と水面の高さの関係を表すグラフは右のようになる。

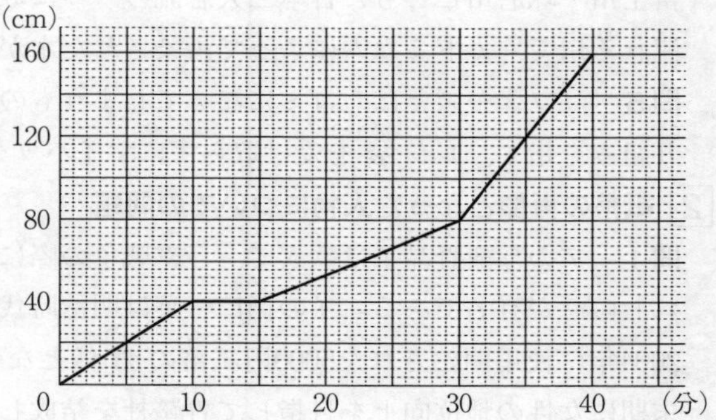

(4)　水を入れ始めてから15分後の水面の高さは，20000×15÷(100×50＋50×50)＝40(cm)である。15分後からは，毎分，20000×1.25＝25000(cm^3)ずつ水を出すので，水面の高さが80cmになるまでは，水面の高さは毎分，25000÷7500＝$\frac{10}{3}$(cm)ずつ高くなる。よって，水面の高さが80cmになるのは水を入れ始めてから，15＋(80－40)÷$\frac{10}{3}$＝27(分後)である。そのあと水面の高さが120cmになるまでは，水面の高さは毎分，25000÷(50×50)＝10(cm)ずつ高くなるので，水面の高さが120cmになるのは水を入れ始めてから，27＋(120－80)÷10＝31(分後)となる。仕切り板をはずす前の毎分20Lで水を入れたとき，31分後の水面の高さは，80＋８×１＝88(cm)なので，このときよりも，120－88＝32(cm)高い位置になる。

社　会　＜第１回試験＞（25分）＜満点：50点＞

解　答

[1] 問１　ア・ユーラシア大陸　**問２**　③・太平洋　**問３**　(1)　ア　(2)　エ　**問４**　イ　**問５**　エ　[2] **問１**　ウ　**問２**　イ　**問３**　ウ　**問４**　伊藤博文　**問５**　板垣退助　**問６**　ウ　**問７**　イ　**問８**　ア　[3] **問１**　イ　**問２**　イ・エ　**問３**　平和主義〔戦争放棄〕　**問４**　政教分離　**問５**　ウ　**問６**　**A**　健康　**B**　文化　**問７**　(満)18(歳)　**問８**　プライバシー権〔プライバシーの権利〕

解　説

[1] **地理についての総合問題**

問１　ユーラシア大陸に位置するインドと中国はいずれも14億人以上の人口を有しており，両国が世界人口に占《し》める割合は35％を超《こ》える。２国が位置するユーラシア大陸には，他にも５位のパキスタン，８位のバングラデシュ，９位のロシアが位置している(2023年)。なお，地図中イはアフリカ大陸，ウは北アメリカ大陸，エは南アメリカ大陸，オはオーストラリア大陸，カは南極大陸である。

問２　海と陸の割合は７：３で，海で最も大きな割合を占めているのが③の太平洋である。①の大西洋，②のインド洋と合わせて「三大洋」とよばれ，三大洋は世界の海の90％以上を占めている。

問３　イは富士山で，静岡《しずおか》県と山梨《やまなし》県の県境に位置している。ウの東京都八王子市には多くの山が位置している。中でも有名なのは高尾《たかお》山で，ケーブルカーが利用できることから多くの登山客が訪れる。

問４　アの信濃《しなの》川は日本一長い川で，新潟《にいがた》県から日本海に注ぐ。ウの最上川は山形県を流れる川で，富士川・球磨《くま》川とともに日本三大急流の一つに数えられている。エの神通《じんづう》川は岐阜《ぎふ》県から富山県を流れる川で，カドミウムによって汚染《おせん》された水が土壌《どじょう》を汚染し，イタイイタイ病を引き起こした。

問５　リフューズとは，ゴミになってしまうものを受け取らないことで，廃棄《はいき》物を発生させない取り組みを指す。レジ袋《ぶくろ》を受け取らずにマイバッグを持参する行動などがこれに当たる。

２ 紙幣の肖像となった人物についての問題

問１　アの与謝野晶子《よさのあきこ》は歌人で，日露《にちろ》戦争の際に戦地の弟を思って詠《よ》んだ「君死にたまふことなかれ」の詩が有名である。イの樋口《ひぐち》一葉は明治時代の小説家で『たけくらべ』などを著した。また，2004年に使用開始された5000円紙幣《しへい》の肖像《しょうぞう》となった人物でもある。エの平塚《ひらつか》らいてうは明治時代末期に女性の地位向上を目指して青鞜社《せいとうしゃ》を結成し，大正時代には女性の政治参加などを求めて新婦人協会を設立した。

問２　アの北里柴三郎《しばさぶろう》は明治時代に破傷風の血清療法《りょうほう》を発見した細菌《さいきん》学者で，2024年に新たに発行された1000円紙幣の肖像の人物でもある。ウの新渡戸稲造《にとべいなぞう》は1920年に国際連盟が設立された際の初代事務局次長に就任した人物で，1984年に使用開始された5000円紙幣の肖像になっている。エの夏目漱石《そうせき》は『吾輩《わがはい》は猫《ねこ》である』などの小説を著した人物で，1984年に使用開始された1000円紙幣の肖像になっている。

問３　アの『奥《おく》の細道』は江戸《えど》時代に松尾芭蕉《まつおばしょう》が著した紀行文，イの『解体新書』は江戸時代にオランダ語で書かれた本を杉田玄白《すぎたげんぱく》らが翻訳《ほんやく》して出版した解剖学《かいぼうがく》の医学書，エの『武士道』は明治時代末期に新渡戸稲造が英語で書いた，日本の文化や日本人の思想を紹介《しょうかい》した本である。

問４　伊藤《いとう》博文は長州藩《はん》出身で，吉田松陰《よしだしょういん》の松下村塾《じゅく》で学び，倒幕《とうばく》運動に参加した。明治時代には，岩倉使節団の一員として欧米《おうべい》を視察後，次第に明治政府の中枢《ちゅうすう》として活躍《かつやく》するようになり，憲法草案の作成や初代内閣総理大臣以外にも，枢密院や貴族院の初代議長，初代韓国統監《かんこくとうかん》などの重要な役職を歴任した。

問５　板垣《いたがき》退助は，欧米から帰国した岩倉使節団の大久保利通らに征韓《せいかん》論を反対され，西郷隆盛《たかもり》らとともに政府を去り，政府を批判する立場で自由民権運動を展開した。

問６　アの武家諸法度は江戸幕府が定めた大名統制のための法令，イの楽市楽座は織田信長が城下町である安土の経済発展を目的にとった政策，エの御成敗式目《ごせいばいしきもく》は鎌倉《かまくら》時代に３代執権北条泰時《やすとき》が裁判基準などを定めた初の武家法である。

問７　アの建武の新政は鎌倉幕府を滅《ほろ》ぼした後醍醐《ごだいご》天皇による天皇や貴族を中心とした政治，ウの天下の統一は応仁の乱後の下剋上《げこくじょう》の風潮によって起きた戦乱の世を終わらせようとした動き，エの御恩《ごおん》と奉公《ほうこう》は鎌倉幕府の基盤《きばん》となった将軍と御家人の主従関係を表す言葉である。

問８　イの平清盛は平安時代末期に武士として初めて太政大臣に任じられた平氏の棟梁《とうりょう》，ウの源頼朝《よりとも》は初の武士による本格的政権である鎌倉幕府を開いた源氏の棟梁，エの藤原《ふじわらの》道長は平安時代中期の摂関《せっかん》政治において藤原氏の最盛期を築いた人物である。

３ 憲法と基本的人権についての問題

問１　イギリスは成文としての憲法は存在しないが，過去の議会決議や法律，慣習，裁判所の判例《はんれい》などをまとめて憲法として位置付けている。

問２　アのイギリスの名誉《めいよ》革命は1688年，ウのアメリカ独立革命は1775～83年，オのフランス革命は1789年に起きている。イの文化大革命は1965年に毛沢東《もうたくとう》が主導して起きた中国における権力闘争《とうそう》，エのロシア革命は1917年にロシア皇帝《こうてい》の専制政治に対する民衆の不満によって起きた二度にわたる革命で，レーニンの主導によって社会主義政権が樹立された。

問３　憲法の三大原則は，国民主権・平和主義・基本的人権の尊重である。この原則は，前文と国民主権は第１条，平和主義は第９条，基本的人権の尊重は第11条で規定されている。

問４　信教の自由を確実に保障するためには，政府が特定の宗教と結びつかないことが重要である。

問５　アについて，現在の民法では夫婦別姓《べっせい》を認めていない。イについて，選挙権は満18歳《さい》以上のすべての国民に与《あた》えられており，税の滞納《たいのう》は選挙権のはく奪《だつ》には結びつかない。エについて，飲酒が認められるのは満20歳以上である。なお，成人年齢《ねんれい》が満18歳に引き下げられても，飲酒喫煙《きつえん》年齢は引き下げられていない。

問６　生存権について規定している憲法第25条は，第２項《こう》で国が生存権を保障するために社会保障制度の整備をおこなう義務があることが明記されている。

問７　2015年に公職選挙法が改正され，選挙権の年齢要件は満20歳以上から満18歳以上に引き下げられた。なお，被《ひ》選挙権については，衆議院は満25歳以上，参議院は満30歳以上と定められている。

問８「新しい人権」とは，憲法に明文化されていないものの，社会の発展に伴って主張されるようになってきた権利で，プライバシー権以外に，知る権利，自己決定権，環境権などがある。

理　科　＜第１回試験＞（25分）＜満点：50点＞

解　答

１ **問１**　青色　**問２**　ウ　**問３**　大きくなる　**問４**　酸素　**問５**　水
問６　肺　**問７**　えら　２ **問１**　イ　**問２**　ウ　**問３**　イ　**問４**　ア
問５　イ　**問６**　ア　**問７**　1.5秒　**問８**　1.4秒　３ **問１**　①　流れる水
②　運ぱん　③　たい積　**問２**　どろ　**問３**　う　**問４**　右の図　**問５**
③　**問６**　A　**問７**　断層　**問８**　ウ

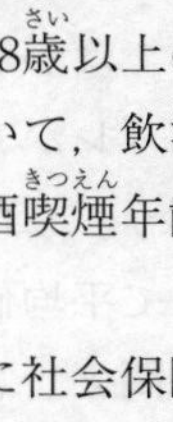

解　説

１ 小問集合

問１　BTBよう液は水よう液の性質を調べるための薬品で，水よう液に加えたとき，黄色になったら酸性，緑色になったら中性，青色になったらアルカリ性であることがわかる。

問２　赤色のリトマス紙を青く変えるのはアルカリ性の水よう液である。アの食塩水とイの砂糖水は中性，ウの水酸化ナトリウム水よう液はアルカリ性，エの塩酸は酸性であるから，ウが選べる。

問３　水をこおらせて氷にすると，重さは変わらないが，体積は約1.1倍に大きくなる。

問４　“ものが燃える”とは，燃えるものに酸素が結びつく現象である。よって，ものが燃えるときには，燃えるものとそれに結びつく酸素が必要である。また，結びつくには物質によって決まっている温度も必要となる。

問５　一般《いっぱん》的に，植物の種子が発芽するためには，水，空気(酸素)，適当な温度の３つがそろっている必要がある。

問６　ヒトの呼吸において，口や鼻から空気を吸い込《こ》むと，空気は気管や気管支を通って肺の中に入る。

問７　ヒトの場合は肺で呼吸をし，吸い込んだ空気から酸素を取り入れる。それに対し，魚の場合はえらで呼吸をし，口から吸い込んだ水をえらに通して，水から酸素を取り入れている。

2 ふりこの運動についての問題

問１　ふりこが１往復する時間を測定するとき，ふりこのおもりを放す操作や，ストップウォッチではかる操作などでは，測定のたびにズレが生じやすい。そのため，はかり始めとはかり終わりにズレができやすいので，はかり始めやはかり終わりの回数ができるだけ少なくなるような測定を行う。したがって，１往復だけの時間ではなく10往復の時間をはかり，さらにできるだけ何回も行って平均値を求めるようにすると，より正確な値が得られる。

問２　３つの条件のうち，調べたい１つの条件だけを変え，ほかの２つの条件は変えないようにして実験をすることで，その調べたい条件がどのように関係しているのか(または無関係なのか)を考察することができる。

問３　ふりこの長さとは，糸の長さではなく，支点(糸の上のはし)からおもりの重心までの長さのことである。おもりの重心は，図のようにおもりが球体であれば，その中心にある。したがって，ふりこの長さを示しているのはイとなる。

問４　アの場合は，おもり２つが横並びになっているので，支点からおもり２つの重心の位置までの長さが，おもりが１つだけのときのふりこの長さとおよそ同じになる。よって，ふりこの長さの条件が変わらないので，おもりの重さとふりこが１往復する時間の関係について調べることができる。しかし，イの場合は，おもり２つが縦につながっているため，支点からおもり２つの重心の位置までの長さが，おもりが１つだけのときのふりこの長さよりも長くなる。したがって，おもりの重さだけでなく，ふりこの長さの条件も変わってしまうので，おもりの重さとふりこが１往復する時間の関係について調べることができない。

問５，問６　ふりこが１往復する時間は，ふりこの長さだけによって決まり，ふりこの長さが長くなるほど，ふりこが１往復する時間も長くなる。また，おもりの重さやふれはばには関係しない。つまり，おもりの重さやふれはばを変えても，ふりこの長さが変わらなければ，ふりこが１往復する時間は変わらない。

問７　ふりこＡの最下点から25cm上にくぎを打つと，くぎより左側では長さ100cmのふりことしてふれ，くぎより右側では長さ25cmのふりことしてふれる。このとき１往復する時間は，長さ

100cmのふりこが１往復する時間の半分と，長さ25cmのふりこが１往復する時間の半分を合わせた，２÷２＋１÷２＝1.5(秒)となる。

問８　ふりこＡの最下点から50cm上にくぎを打ったときに１往復する時間は，長さ100cmのふりこが１往復する時間の半分と，長さ50cmのふりこが１往復する時間の半分を合わせたものとなる。よって，長さ50cmのふりこが１往復する時間を□秒とすると，２÷２＋□÷２＝1.7となるから，□÷２＝1.7－１＝0.7，□＝0.7×２＝1.4(秒)と求められる。したがって，長さ50cmのふりこＣが１往復する時間は1.4秒である。

3　**地層のようすとでき方についての問題**

問１　川の周囲にある土砂(砂，どろ，れき)が，川を流れる水のはたらきによって上流から運ぱんされ，河口から海に流れ出る。土砂はつぶの大きさが大きいものほどはやくしずむため，砂，どろ，れきに分かれて海底にたい積し，層となる。そして，いくつもの層が積み重なって地層ができる。

問２　砂のつぶはどろのつぶより大きいため，水中では砂のつぶの方が先にしずみ，どろのつぶはあとでしずむ。すると，まず砂の層ができ，その上にどろの層が積み重なるので，図のアがどろの層，イが砂の層である。

問３　問２の図の状態から，さらに砂とどろを混ぜた土をもう一度流し込むと，アの層の上に砂の層とどろの層が積み重なって，「う」のようになる。

問４　水中ではつぶの大きく重いものほどはやくしずむ。よって，最初にれきが底にしずんでれきの層ができる。続いて，砂がしずんでれきの層の上に砂の層ができる。そして，どろがしずんで砂の層の上にどろの層ができる。

問５　表面がでこぼこしていて，れき(小石)をふくんでいるように見えるので，れき岩と考えられる。

問６　地層は土砂(砂，どろ，れき)などの積み重ねによってできるので，ふつう下の層ほど古い。したがって，一番上にあるＡの層が最も新しい。

問７　地層に大きな力が加わると，地層が切れてずれることがある。図のＥがそれにあたり，このずれを断層という。

問８　海底に積もった地層が大きな力を受け，長い年月をかけて押し上げられて陸地になることで，陸地でも地層の中から海の生物の化石を見つけ出すことができる。

国　語　＜第１回試験＞（50分）＜満点：100点＞

解　答

一　①～④　下記を参照のこと。　⑤　ふる(う)　⑥　つか(わす)　⑦　せいや　⑧　むじゅん　⑨　楽　⑩　花　**二**　**問１**　夜の信者　**問２**　朝の頭の方が，夜の頭よりも，優秀(だから。)　**問３**　ア　**問４**　(例)　昨夜は手におえなかった問題でも，翌朝になって挑戦すると，簡単に片づいたから。　**問５**　ウ　**問６**　Ｙ　イ　Ｚ　ア　**問７**　(例)　朝食をひるまでおくらせ，昼食と同時にとることで，朝飯前の時間を朝起きてから昼食までに増やす。　**問８**　エ　**三**　**問１**　(例)　この学校の中学一年生が好きな教科は，理系教科よりも文系教科であることがわかる。　**問２**　(例)　きらいな教科　**問３**　４　**問４**　(例)　好きな教科と得意な教科は必ずしもいっちするとは限らないということ。　**問５**　①　(例)　国語　②(例)　国語の授業では，問題の答え合わせをする前に，自分の考えと友達の考えを比べるために話し合ってよい時間があり，クラスが盛り上がるから。

●漢字の書き取り

□三 ①　刻(む)　②　減(らす)　③　公私　④　介抱

解　説

一　漢字の読みと書き取り，四字熟語の完成

①　ここでは，しっかりとおぼえること。　②　量を少なくすること。　③　社会など全体に関わることと，個人的なこと。　④　世話をすること。　⑤　盛んにすること。　⑥　(目上の人が目下の人のところに)人を行かせること。　⑦　クリスマスの前夜のこと。　⑧　つじつまが合わないこと。　⑨　「喜怒哀楽《きどあいらく》」とは，喜び・怒《いか》り・悲しみ・楽しみという，人間のさまざまな感情のこと。　⑩　「花鳥風月」とは，自然の美しい景色のこと。

二　出典：外山滋比古《とやましげひこ》「思考の整理学」。人間の頭の働きが夜の間と朝になってからでは違《ちが》っていると思うようになった体験と，そこから「朝飯前」という言葉の成り立ちについての考察，そして「朝飯前」をどう実行していくかという思考について述べられている。

問１　傍線部《ぼうせんぶ》①のような考え方を持つ人を表現した言葉を探す問題である。「知的活動になると，夜ときめてしまう」ということから，何かを考えるときは夜がとてもよいと信じ切っているということになる。傍線部①のある段落の次の段落に「夜の信仰《しんこう》」という四字の言葉があるが，これは「人」を表していないので正解とはならない。しばらく読み進めると，傍線部③のある段落に，「夜の信仰」をしている人という意味で「夜の信者」が出てくる。

問２　「考え」が異なるということは，頭の働きが異なるということである。そこで，朝の頭の働きと夜の頭の働きに違いがあるという内容が述べられたところを探すと，空欄《くうらん》Xと同じ段落に「どうも朝の頭の方が，夜の頭よりも，優秀《ゆうしゅう》であるらしい」というところが見つかるので，解答用紙の「だから。」に続くように書きぬく。

問３　空欄Xのことわざが頭をかすめたあと，「それをおさえて寝《ね》てしまう」とあるので，Xのことわざは，「寝てはいけない」という意味だということになる。アは，「あすにのばすな」というのだから寝ないでやってしまえという意味になり，Xに入ることわざとして合っている。イは，明日はまた別のなりゆきになるのだから今日のことはもう忘れてしまってくよくよするなという意味なので，今日はもう考えるのはやめて寝てしまおうということになり，合わない。ウは，きのうまでは味方だった者も，事情が変わって今日は敵になるという意味で，人の心や運命があてにならないことをたとえたものなので，合わない。エは，早起きをすると健康にもよいし，ほかにも何かとよいことがあるという意味であり，合わない。

問４　朝と夜とではとても違っているという「筆者が体験した出来事を中心に」書くことから，ここまでの筆者の体験をまとめればよい。筆者の体験は，傍線部③のある段落の二つ前の段落から書かれており，その内容は，「夜，さんざんてこずって，うまく行かなかった仕事」について「朝になって，もう一度，挑《いど》んでみる」と，「ゆうべはあんなに手におえなかった問題が，するすると片づいてしまう」というものである。これを，同じ意味の部分は一つにまとめるなどして，四十字以内におさめる。

問５　傍線部④のある段落の次の段落で，「もと」はこうだったのではないかという筆者の考えがくわしく述べられている。「朝の食事の前にするために，本来は，決して簡単でもないことが，さっさとできてしまい，いかにも簡単そうに見える」ということなので，「難しいことを簡単そうにやる」と書かれているウが正解である。アとイは「難しいことを」ではなく「簡単なことを」になっているので合わない。エは「簡単そうにやる」ではなく「難しそうにやる」になっているので合わない。

問６　空欄Ｙは「それまでの」生活のやりかたであり，空欄Ｚが「きりかえることにした」新しい生活のやりかたである。筆者はこれまで「夜の信者だった」と述べていたのだから，空欄Ｙには「夜の信者」「夜行性」などと同じ意味の言葉が入り，Ｚにはそれとは逆の意味の言葉が入ることになる。よって，Ｙはイの「夜型」，Ｚはアの「朝型」が正解である。なお，ウの若者型は夜型，エの老人型は朝型の別の言い方と考えられるが，話題は活動するのが「朝」か「夜」かなので，それを示した「朝型」「夜型」の方でないと筆者の主張から外れてしまうため，適切とは言えない。

問７　直後に「それにはどうしたらいいのか。答は簡単である。」とあり，次の段落で「朝食を抜《ぬ》けばいい。」と述べられている。ただし，これだけでは，朝食を抜くということと朝飯前になるべくたくさんのことをするということとのつながりがわかりづらいので，さらに次の段落からくわしく述べられている主張を確認する。すると，朝食と昼食を同時にとることで「ひるまではすべて朝飯前の時間，そこですることはすべて，朝飯前」になるので，朝飯前にたくさんのことができるようになるという意味だとわかる。

問８　アは「勉強は夜でなくてはできないものと，思いこんでいる」とあるので合っている。イは「感情的になって書いた手紙は，一晩そのままにしておいて，翌日，読みかえしてから投函《とうかん》せよ」とあるので合っている。ウは「朝の仕事が自然なのである。朝飯前の仕事こそ，本道を行くもので，夜，灯をつけてする仕事は自然にさからっている」とあるので合っている。エは「昼も夜も」ご飯を食べる前に行動するべきだという内容になっていて，「夜，灯をつけてする仕事は自然にさからっている」という本文の内容と一致《いっち》していない。よって，正しくないものはエ。

三　資料の読み取り

問１　グラフから読み取れる内容を書くときは，細かい部分ではなく，特に目立つところに目を付けて書くのがよい。英語や国語といった文章が中心の教科が，多くの人から好きな教科として選ばれており，逆に数学や理科といった数字を用いることが多い教科を選んだ人が少ないのが，グラフⅠから読み取れる目立った特徴《とくちょう》である。

問２　教科の並びを見ると，グラフⅠと全く逆の順になっているので，ランキングもグラフⅠとは逆の内容だということが想像できる。グラフⅠが「好きな教科」なので，その逆の「きらいな教科」となる。

問３　グラフⅠもグラフⅡも合計人数は63人であり，「各アンケートに未回答はありませんでした」とあるので，グラフⅢも合計人数は63人である。空欄Ｙ以外の人数の合計が59人なので，これと63人との差である４が空欄Ｙにあてはまる。

問４　グラフⅠでは選んだ人数が一番多かった英語が，グラフⅢでも一番多くなっている。グラフ

Ⅰは好きな教科で，グラフⅢは不得意な教科なので，好きな教科なら得意な教科でもあると思われそうだが，実際にはそのようになってはいないことが読み取れる。

問５　①・②　自分の在籍《ざいせき》するクラスの中で，「好きな教科」については普段《ふだん》の授業の様子からある程度見通しが立つと思われるが，自分以外のみんなの気持ちを当てることは難しい。その中で，例えば授業のどのようなときにクラスが一番盛り上がるか，みんなが授業のどのような時間に興味を持っているかなど，いろいろと思い出しながら書いてみるとよい。

2024年度　聖望学園中学校

＊【適性検査Ⅰ】は国語ですので、最後に掲載してあります。

【適性検査Ⅱ】〈第２回・適性検査型試験〉(45分)〈満点：300点〉

1 自転車競技部に所属する兄と自転車に興味がある弟の会話です。
以下の会話文を読んで、問いに答えなさい。

弟：お兄ちゃんの自転車かっこいい。私の持っている自転車と全然ちがうね。

兄：これはロードバイクといいます。なんと、24段変速なんだ。

弟：変速とは何ですか？

兄：「変速」とは自転車の変速機を使ってチェーンを移動させることによって、クランク（ペダルのついている棒）についているギア（歯車）と後輪についている大小のギアの「組み合わせを変化させること」をいいます。例えば、前のギア（フロントギア）に大・小の２段、後ろのギア（リアギア）に９段の自転車の場合、２×９で18通りのギアの組み合わせがあるので18段変速ということになります。

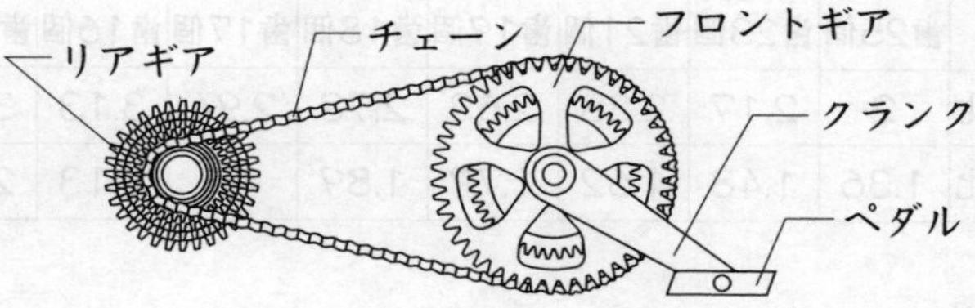

図１　パーツの説明

弟：なるほど。私の自転車はフロントギアが１段、リアギアが６段の６段変速ということですね。お兄ちゃんの自転車はフロントギアも複数段あるし、リアギアも２倍まではいかないけれど私のリアギアよりも多いね。

〔問題１〕兄の自転車のフロントギアとリアギアはそれぞれ何段ついているか答えなさい。

兄：変速によって前後のギアの組み合わせを変化させることで、Ⓐ自分の体力や坂道・向かい風などの状況に応じてより快適に自転車に乗ることができますよ。

弟：一緒にサイクリングに行きたいし、もっと自転車のことを知りたい。ウェブサイトで調べてみるから、わからなかったら教えてください。

> **ウェブサイト**
> ☆初心者のロードバイクを買うポイント☆
> ①用途（自転車に乗る理由）を決める。
> ②サイズを確認する。
> ③フレーム（自転車の本体）の素材を選ぶ。
> ④コンポーネントを選ぶ。

弟：調べてみたよ。①から③までは、私でもわかったけれど、④のコンポーネントがわからないよ。

兄：変速機、クランク、ブレーキなどのことだけど、かんたんに言うとフレーム以外パーツのことかな。用途によっても、必要な変速機の段数も変わるからね。

弟：変速機って段数が多ければ多いほどよいのではないですか。

兄：そうでもないよ。フロントギアとリアギアはチェーンでつながっているのは知っているね。問題はここから。リアギアが後輪（タイヤ）につながっているから、リアギアが１回転するごとに後輪（タイヤ）も１回転します。

弟：それは知っているよ。

兄：では次の段階に進むよ。ギアは歯車のようになっていて、歯がついているよ。もちろん大きいギアには多くの歯がついているのは見てわかるね。例えば、フロントギアの歯数が50個で、リアギアの歯数が25個だとしたら、フロントギアが１周する間にリアギアは２周するね。つまり、後輪が２回転するということです。ギア比というのだけれど、表１を作るので見てください。

表１

			リアギア										
			歯25個	歯23個	歯21個	歯19個	歯18個	歯17個	歯16個	歯15個	歯14個	歯13個	歯12個
フロントギア	歯50個	ギア比	2	2.17	2.38	2.63	2.78	2.94	3.13	3.33	3.57	3.85	4.17
	歯34個	ギア比	1.36	1.48	1.62	1.79	1.89	2	2.13	2.27	2.43	2.62	2.83

弟：急に難しそうだよ…

兄：もう少しだから、頑張ってください。ギア比（フロントギアの歯数をリアギアの歯数で割った数値）はフロントギアが１回転したときの後輪の回転数を表しているのさ。ちなみに小数第三位は四捨五入したよ。

弟：本当だ。フロントギアが歯数50個でリアギアの歯数が25個のところのギア比が２になっています。フロントギアが歯数50個でリアギアの歯数が12個のところのギア比は4.17ってことは１回フロントギアを回すだけで後輪は４回転以上するってことですね。すごく力を入れてこがないとだね。

〔問題２〕兄は「Ⓐ自分の体力や坂道・向かい風などの状況に応じてより快適に自転車に乗ることができますよ。」と言っています。脚力《きゃくりょく》が弱い人が急激な坂を上るためにはどのようなギアを選べばよいか説明しなさい。ただし、「フロントギア」「リアギア」という言葉を必ず用いること。

兄：そうだね。スピードがもう出ているときや、下り坂で使うと素早く移動できるね。でも４回転以上って僕の自転車のタイヤの円周は210cmあるから、840cm以上進むことになるから力を使わなければならないことがわかるね。

弟：状況に合わせて変えていくのですね。

兄：快適に走るには１分間にフロントギアが80回転するくらいがちょうどいいから、状況によって変速できるといいね。

〔問題３〕図１のギアの自転車でフロントギアが１分間に80回転する速さで20分間自転車に乗るとき、９km 以上進むギアの組み合わせは何個あるか。式と言葉を使って説明しなさい。ただし、タイヤの円周の長さは200cm とします。

2 太郎さんと花子さんと先生がスポーツについて話をしています。
三人の会話を読んで、それぞれの問題に答えなさい。

太郎：最近は様々なスポーツの国際大会が行われていてとても楽しいですね。花子さんは何か応援している競技はありますか。

花子：私は水泳が好きなのでテレビでよく観ています。球技はルールが難しい競技が多いので、あまり好きではありません。

太郎：サッカーやラグビーは反則などもふくめるとルールがたくさんあってわからなくなってしまうことがありますね。

先生：なぜ様々なルールがあるか考えてみたことはありますか。

花子：競技やルールの成り立ちや歴史について調べてみましょう。

太郎さんと花子さんは、サッカーやラグビーにある、「オフサイド」について調べました。

花子：どちらのスポーツも少し違いがあるけれど、「オフサイド」はボールを持っていない選手がボールより前（ゴールに近い位置）で競技をすることはいけない、というルールだとわかってきました。

太郎：なぜこのような反則ができたか資料１を参考に調べてみました。

資料１

オフサイドのルールとはおかしなルールである。なぜなら、前方のゴールに向かってボールを進めていくのが目的であるにもかかわらず、ボールより前方にいる味方選手にパス（ボールを渡す動き）してはならず、目的の逆方向にしかパスができないからである。

オフサイドのルールはいつ頃、誰が考えたのかはっきりしていないのである。…［中略］…オフサイドのルールがあるサッカーは得点の少ない競技で、両チームの得点を合わせても５点を超える試合は多くない。ラグビーも一度のゴールで５点以上の得点が入るなど、一度に与えられる得点は大きいものの、実際のゴールの回数はそれほど多くない。このことは、オフサイドのあるスポーツが得点の多さを競うのを目的にしていなかったことを意味し、オフサイドを生み出す理由になったと考えられる。[…中略…］19世紀のイギリスでは、神様を祝う日に町全体を使ったフットボール（サッカーやラグビーのもとと考えられる競技）が行われ、そこには、木《こ》陰《かげ》にかくれて相手を待ちぶせる人や、ゴール付近で守りをかためている人もいれば、味方を呼び集めている人や居酒屋でお酒を飲んでひと休みしながら参加している人もいた。彼らにとって大切なことは、勝利を得ることももちろんであるが、それ以上に「祭り」としてこの競技を楽しむことであるため、短時間で終わらせてしまうことはいけないとお互いのチームがひそかに守らなければならない重要な約束事であった。

参考資料「オフサイドはなぜ反則か」著　中村敏雄　平凡社

〔問題１〕**太郎**さんと**花子**さんは調べた内容をまとめました。問題につづく二人がまとめたものを見て、二人の会話と**資料１**を参考にしてまとめたものの空らん（　①　）、（　②　）に入る説明を記入しなさい。

太郎さんと**花子**さんがまとめたもの

調べたルール	このルールがある競技
オフサイド	サッカー、ラグビー
このルールの説明	
（　①　）でプレーすることを難しくする	
ルールの成り立ち	
いつこのルールが作られたかはわかっていない。しかし、19世紀のイギリスではサッカーやラグビーに似た競技がお祭りのように行われていて、（　②　）が大切だと考えられていたことは、このルールにも関係があると思います。	

太郎：ルールには様々な意味があって、試合を安全に行うことや、わかりやすくするためにも必要なものなんですね。

花子：ルールをしっかり守って競技をすれば、様々な世代の人がスポーツを楽しめそうですね。参加している人が公平に競技をするためになくてはいけませんね。

先生：スポーツのルールは、社会における法律や条例と似ている部分がありますね。

太郎：日本の中でも様々なスポーツがあるけど、どの競技が多くの人に行われているのかな。

花子：年齢などにもよって変わりそうですね。調べてみましょう。

表１　年齢別競技種類行動者率（競技を行った人の割合）（2021年）　　（%）

順位	10～14歳		15～19歳		20～24歳	
	種類	行動者率	種類	行動者率	種類	行動者率
1	ウォーキング・軽い体操	32.0	ウォーキング・軽い体操	33.0	ウォーキング・軽い体操	41.4
2	水泳	27.9	ジョギング	25.8	ジョギング	21.5
3	ジョギング	26.7	バドミントン	19.9	器具を使うトレーニング	18.5
4	バドミントン	25.6	バスケットボール	18.1	ボウリング	17.5
5	サッカー	22.0	バレーボール	18.1	野球	14.3
6	野球	21.1	サッカー	17.2	サイクリング	12.6
7	バスケットボール	20.1	器具を使うトレーニング	16.8	バドミントン	11.6
8	卓球	18.5	卓球	15.0	スキー	10.0
9	サイクリング	16.7	ボウリング	15.0	サッカー	9.6
10	バレーボール	16.5	野球	14.6	つり	9.5

順位	25～29歳		30～34歳		35～39歳	
	種類	行動者率	種類	行動者率	種類	行動者率
1	ウォーキング・軽い体操	43.0	ウォーキング・軽い体操	42.0	ウォーキング・軽い体操	42.7
2	器具を使うトレーニング	19.2	器具を使うトレーニング	15.8	ジョギング	15.9
3	ジョギング	17.5	ジョギング	15.3	器具を使うトレーニング	13.8
4	野球	11.4	つり	11.1	つり	11.2
5	ボウリング	10.4	サイクリング	10.1	サイクリング	10.8
6	ヨガ	10.0	ヨガ	9.2	登山・ハイキング	9.1
7	サイクリング	9.9	野球	8.6	野球	8.7
8	つり	9.2	登山・ハイキング	8.2	バドミントン	8.5
9	登山・ハイキング	9.2	ゴルフ	7.5	水泳	8.3
10	ゴルフ	7.7	バドミントン	6.5	ヨガ	7.9
～	サッカー（13）	6.8	サッカー（13）	5.8	サッカー（11）	7.7

順位	40～44歳		45～49歳		50～54歳	
	種類	行動者率	種類	行動者率	種類	行動者率
1	ウォーキング・軽い体操	45.0	ウォーキング・軽い体操	43.7	ウォーキング・軽い体操	45.7
2	器具を使うトレーニング	14.6	器具を使うトレーニング	12.3	器具を使うトレーニング	12.8
3	ジョギング	14.5	ジョギング	10.8	登山・ハイキング	9.1
4	つり	12.0	サイクリング	10.5	ジョギング	9.1
5	サイクリング	12.0	つり	9.4	ゴルフ	8.7
6	登山・ハイキング	10.6	登山・ハイキング	8.7	つり	8.6
7	野球	9.7	ゴルフ	7.6	サイクリング	8.5
8	水泳	9.1	ヨガ	6.8	ヨガ	7.2
9	バドミントン	8.8	野球	6.4	野球	4.1
10	ヨガ	8.1	バドミントン	6.1	水泳	3.6
～	サッカー（11）	7.2	サッカー（13）	3.8	サッカー（17）	1.5

＊注　「サッカー（　）」の（　）内は10位より下の順位を表すもの

参考資料「総務省統計局　社会生活基本調査」

花子：年代によって順位が変わるところもありますね。表１に出てきた競技の特徴をまとめてみれば共通点も見つかるかもしれませんね。体育の先生に聞いてみましょう。

表2　競技種目別特徴　＊団体競技の人数は１チームのもの、対戦競技の人数は相手をふくむ

種目	必要人数	球技
ウォーキング・軽い体操	１人から	
水泳	１人から	
ジョギング	１人から	
バドミントン	２人	○
サッカー	11人	○
野球	９人	○
バスケットボール	５人	○
卓球	２人	○
サイクリング	１人から	
バレーボール	６人	○
器具を使うトレーニング	１人から	
ボウリング	１人から	○
スキー	１人から	
つり	１人から	
ヨガ	１人から	
登山・ハイキング	１人から	
ゴルフ	１人から	○

太郎：競技を行うときの人数やボールなどを使うか使わないかの特徴がすぐにわかるね。私は競技を行う場所について調べてみました。

グラフ１　直近１年間に行った運動・スポーツの実施場所

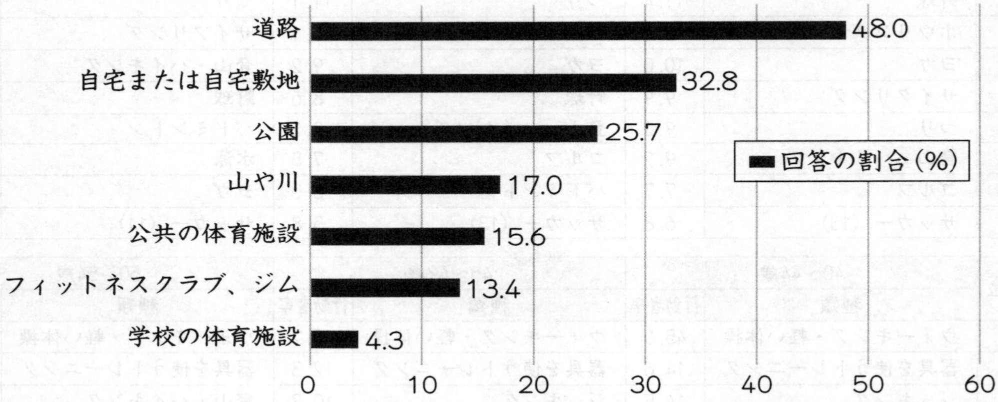

参考資料「スポーツ庁　令和２年度スポーツの実施状況等に関する世論調査」

太郎：器具を使ったトレーニングはフィットネスクラブやスポーツジムで行うことが多くなりそうですね。日本国内にはどれぐらいあるのでしょうか。

グラフ２　フィットネスクラブ、スポーツジムの施設数の変化

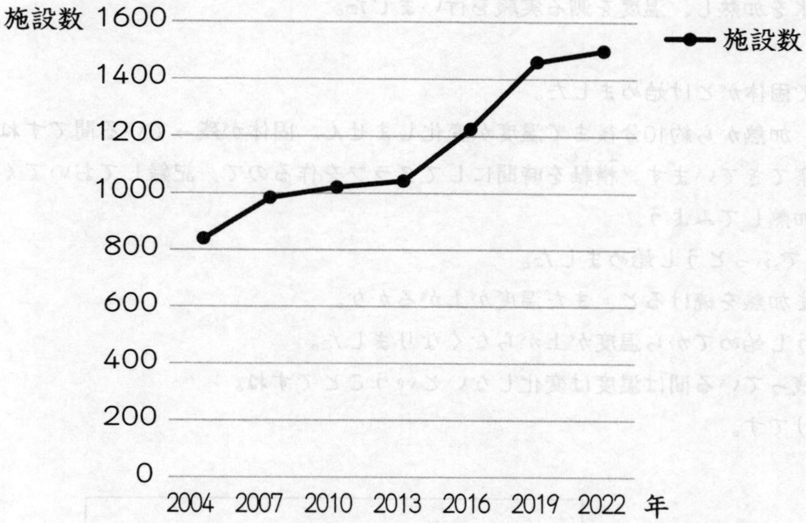

参考資料「経済産業省　特定サービス産業動態統計調査対個人サービス業」

花子：競技に必要な人数や場所、そしてルールがあることで多くの年代の人たちが競技を楽しむことができるのですね。

先生：最近では生涯《しょうがい》スポーツという言葉もあって、どんな人でも活躍《かつやく》できる環境づくりが進められています。たくさんの人が楽しく安心して競技生活を送れるといいですね。

〔問題２〕

(1)　**表１**の競技種類「サッカー」に注目して、行動者率の変化について簡単に説明しなさい。

(2)　**表１**を見て、年代別に競技の行動者率がどのように変化しているか、あなたが注目した競技について説明しなさい。そのとき、**表２**、**グラフ１**、**グラフ２**を参考にあなたの考えた理由もあわせて説明しなさい。

(3)　会話文中に、**先生**がスポーツのルールは、社会における法律や条例と似ている部分があると話していますが、それはどのような部分か、会話文を参考にしてあなたの考えを書きなさい。

3 太郎さんと花子さんは、水が固体（氷）、液体（水）、気体（水蒸気）と、すがたを変える温度に注目して氷を加熱し、温度を測る実験を行いました。

太郎：約０℃で固体がとけ始めました。

花子：しかし、加熱から約10分後まで温度が変化しません。固体が残っている間ですね。

先生：よく観察できています。横軸《よこじく》を時間にしてグラフを作るので、記録しておいてください。

太郎：続けて加熱してみよう。

花子：約100℃でふっとうし始めました。

太郎：このまま加熱を続けると、まだ温度が上がるかな。

花子：ふっとうし始めてから温度が上がらなくなりました。

太郎：液体が残っている間は温度は変化しないということですね。

先生：その通りです。

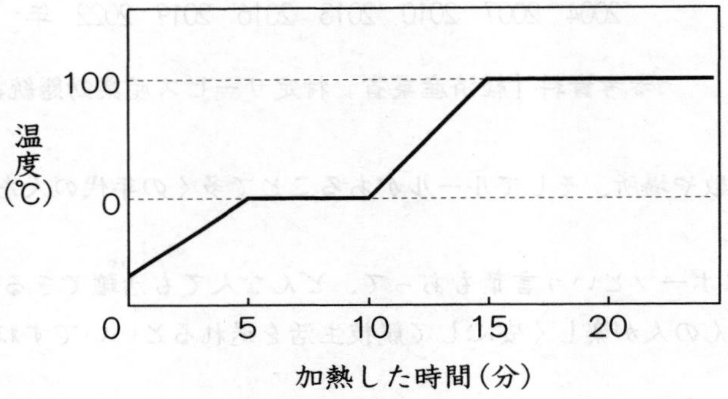

図１　加熱した時間と水の温度の関係

先生：ところで液体が気体になったとき、体積はどうなるでしょう。

太郎：体積は大きくなると思います。

花子：私もそう思います。確かめてみたいです。

〔問題１〕液体が気体になると体積は大きくなります。これを確かめるための実験には以下の実験器具を使います。足りない実験器具を１つ答え、どのように使うか説明しなさい。ただし、マッチやぬれたぞうきんなどの、火を取りあつかうための道具は実験器具にふくめません。

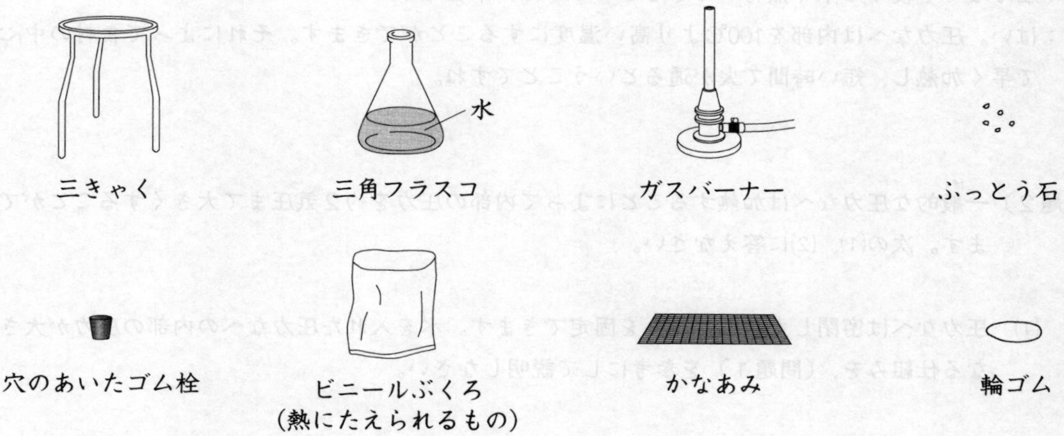

先生：みなさんが行った実験は、通常の状態での実験結果です。ところが、圧力を変えると水がすがたを変える温度が変化します。

太郎：初めて聞きました。どのように変わるのですか？

先生：次の図を見てください。

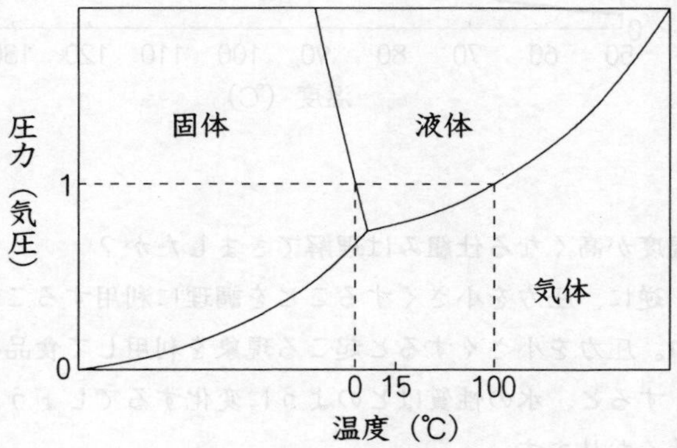

図２　水のすがたと温度・圧力の関係

先生：１気圧とは、通常の状態で、空気によって水を押さえつける力（圧力）のことです。

花子：圧力が小さくなると、100℃より低い温度でも液体が気体になることがあるということが分かります。

太郎：逆に圧力が１気圧より大きくなると、水は100℃より高い温度にならないとふっとうしないということですか？

先生：その通りです。図を読み取れていますね。この性質を利用したものが身近にあります。圧力なべという調理器具は知っていますか？

花子：最近、圧力なべを買いました。母はこれで煮物《にもの》が早くできると喜んでいました。

太郎：圧力なべを使うと早く煮物ができるというのは、本当ですか？

先生：はい。圧力なべは内部を100℃より高い温度にすることができます。それによって食材の中心まで早く加熱し、短い時間で火が通るということですね。

〔問題２〕一般《ぱん》的な圧力なべは加熱することによって内部の圧力を約２気圧まで大きくすることができます。次の⑴、⑵に答えなさい。

⑴　圧力なべは密閉した状態でふたを固定できます。水を入れた圧力なべの内部の圧力が大きくなる仕組みを、〔問題１〕を参考にして説明しなさい。

⑵　２気圧では液体（水）を約何℃まで加熱できるか、下のグラフから読み取って答えなさい。

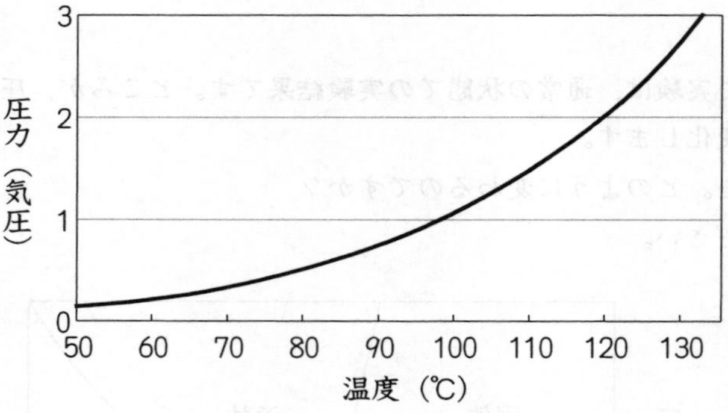

先生：圧力なべの内部の温度が高くなる仕組みは理解できましたか？

太郎：よく分かりました。逆に、圧力を小さくすることを調理に利用することはできますか？

先生：よく考えていますね。圧力を小さくすると起こる現象を利用して食品を加工することがあります。では、圧力を小さくすると、水の性質はどのように変化するでしょう。

花子：気体になる温度が低くなります。

先生：正解です。低い温度でふっとうさせることができます。この性質を利用して食品を乾燥《かんそう》させ、長く保存することに利用されています。

先生：それでは、先ほど見た**図２**をもう一度見てみましょう。

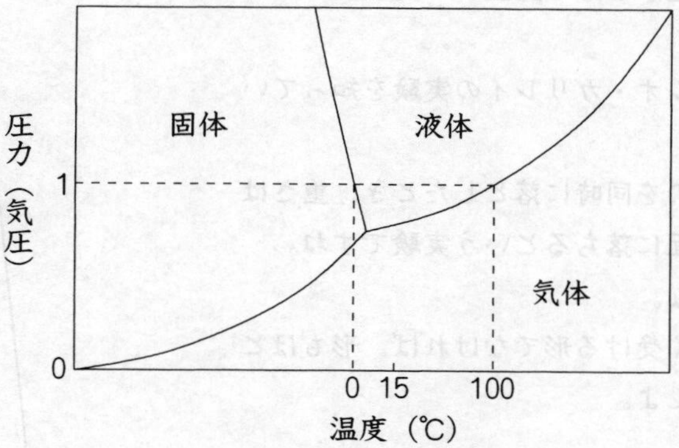

図２　水のすがたと温度・圧力の関係

太郎：圧力を小さくした場合を考えるので、図の下側に注目するといいですね。

花子：「固体」と「気体」がとなりあっているところがあります。

太郎：氷が水にならずに水蒸気になることがあるのですか？

先生：その通りです。これを利用したものが「フリーズドライ」という技術です。食品を乾燥させる技術の一つです。お湯をかけるだけでできるスープや、イチゴを加工したお菓子《かし》などがスーパーなどで売られていますね。
この技術は、温度や圧力を変化させるいくつかの工程があります。より乾燥させるために、最後には約30℃まで加熱して充分《じゅうぶん》に水分を除きます。

〔問題３〕通常の状態（１気圧）で15℃のイチゴをフリーズドライにするとき、どのような順番で温度や圧力を変化させたらよいですか。最後に加熱する前までに必要な工程を、会話文を参考にして次のア～エから２つ選び、順番に並べなさい。また、それぞれの工程で水がどのような変化をするか答えなさい。

ア　温度を上げる。
イ　温度を下げる。
ウ　圧力を大きくする。
エ　圧力を小さくする。

（参考）フリーズドライとは英語で凍結《とうけつ》（フリーズ）乾燥（ドライ）という意味です。

【適性検査Ⅲ】 〈第２回・適性検査型試験〉 (45分) 〈満点：300点〉

1 放課後、**太郎**さんと**花子**さんと**先生**が、実験室で話をしています。

先生：ピサの斜塔《しやとう》のガリレオ・ガリレイの実験を知っていますか。

太郎：軽いものと重いものを同時に落としたとき、重さは関係なく同時に地面に落ちるという実験ですね。

花子：形も関係ないのかな。

先生：空気の抵抗《ていこう》を大きく受ける形でなければ、形もほとんど関係ありませんよ。

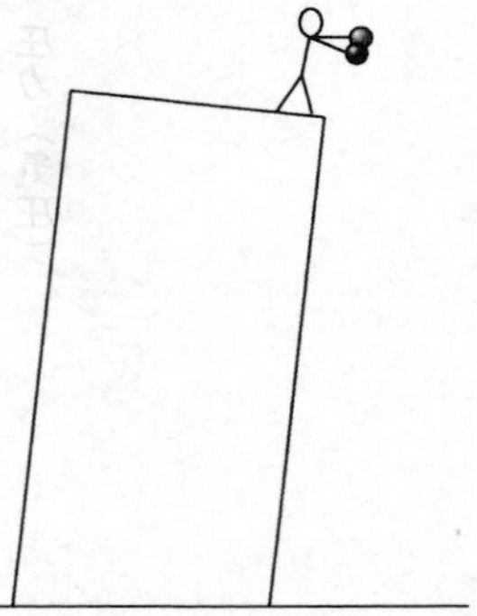

図１　ガリレオ・ガリレイの実験

花子さんは手元にあったボールと箱を同じ高さから同時に落とし、形に関係なく地面に同時に落ちることを確かめました。

太郎：ボールと箱は同時に落ちました。

先生：それでは、落とすのではなく斜面《しゃめん》上を進んでいくときはどうなるでしょうか。

太郎さんは斜面上でボールと箱を同じ高さに置き、静かに手をはなしてみました（**図２**）。

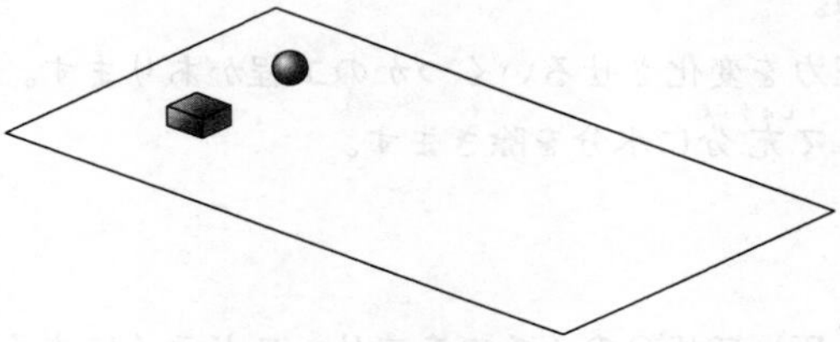

図２　斜面上のボールと箱

花子：落としたときは速さが同じだったのに、斜面上では大きくちがいが出ました。

太郎：転がらない箱はボールよりも［（ア）］からおそいね。

花子：それなら、転がる円柱と球なら同じ速さになるはずだね。

花子さんは斜面上で円柱と球を同じ高さから静かに置き、手をはなしてみました（**図３**）。

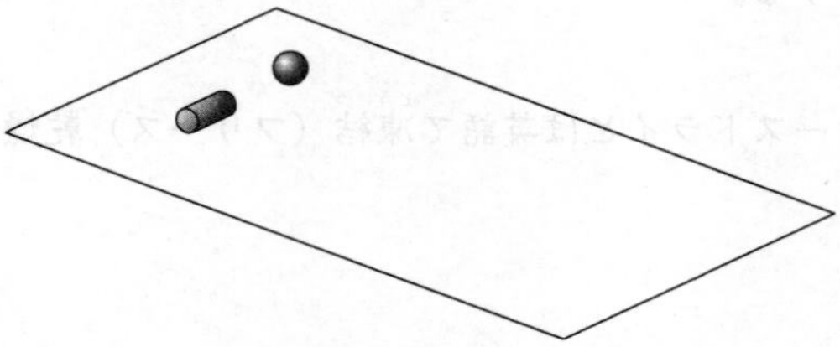

図３　斜面上の円柱と球

太郎：速さにちがいが出たね。同じ「転がる」でもちがいがあるのかな。

〔問題１〕ボールより箱の方がおそかった理由は何ですか。（ア）に合うような短い文を、解答らんに書きなさい。

先生：これは「回転のしやすさ」が関係しているよ。
花子：「回転のしやすさ」は大きさ、重さ、形が関係しているのですか。
太郎：いろいろな大きさ、重さのボールを用意したよ。速さを比べてみよう（図４）。

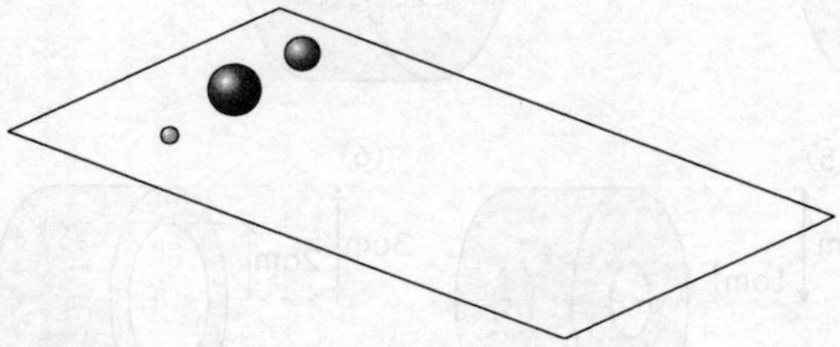

図４　いろいろな大きさ、重さのボール

花子：どんな大きさ、重さでもちがいはなかったね。いろいろな大きさの円柱の場合はどうかな（図５）。

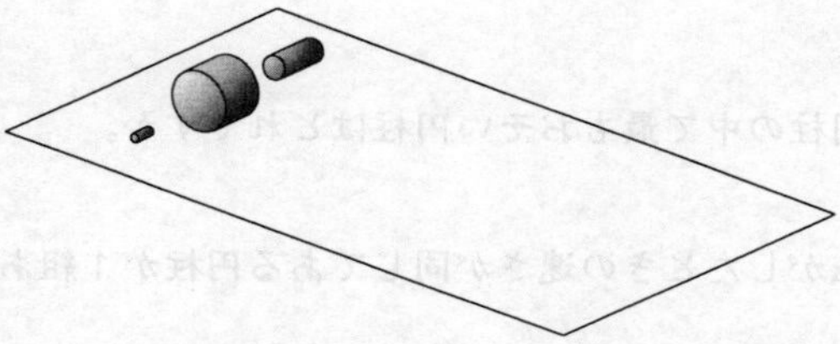

図５　いろいろな大きさ、重さの円柱

太郎：これもちがいはなかったね。

太郎さんたちは、球と円柱に加えて、中が空どうになっている円柱の３つを転がしてみました。その結果、すべて異なる速さになることを確認できました。

太郎：どうやら大きさや重さは関係なくて、形だけで「回転のしやすさ」は決まるようだね。
先生：フィギュアスケートで、手を広げているときはゆっくり回転するけれど、手をからだにくっつけると回転が速くなるのを知っているかな（図６）。これは回転の中心からはなれたところに重さがあると、ものは回転しづらくなるという性質があるからだよ。
花子：回転しやすい形の方が転がるのも速くなるのですね。

図６　フィギュアスケート

先生：３Ｄプリンターで穴が空いていない円柱と、いろいろな大きさの穴が空いている円柱を７種類用意しましたよ（図７）。転がしたときの速さを比べてみましょう。

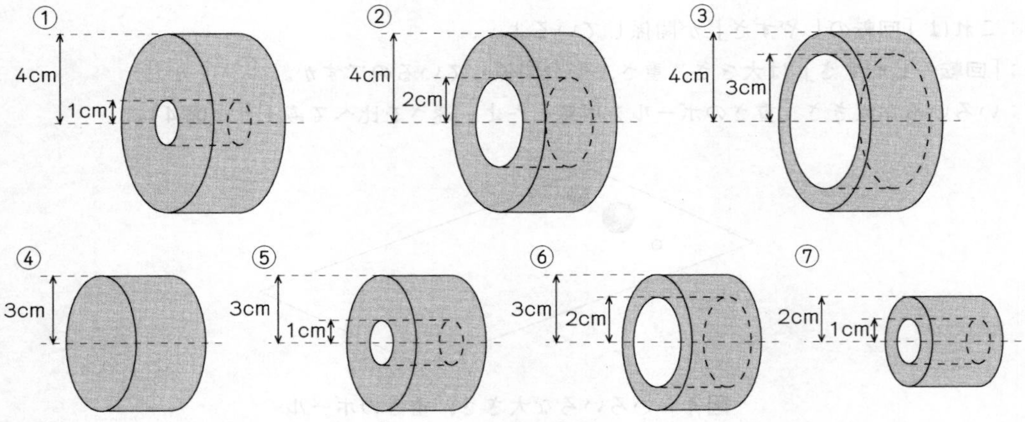

図７　円柱といろいろな大きさの穴の空いた円柱

〔問題２〕

(1)　①～⑦の７つの円柱の中で最もおそい円柱はどれですか。

(2)　①～⑦の中に、転がしたときの速さが同じである円柱が１組あります。どれとどれですか。

〔問題３〕球と円柱を同時に転がしたとき、速く転がるのはどちらですか。また、そのように判断した理由を説明しなさい。

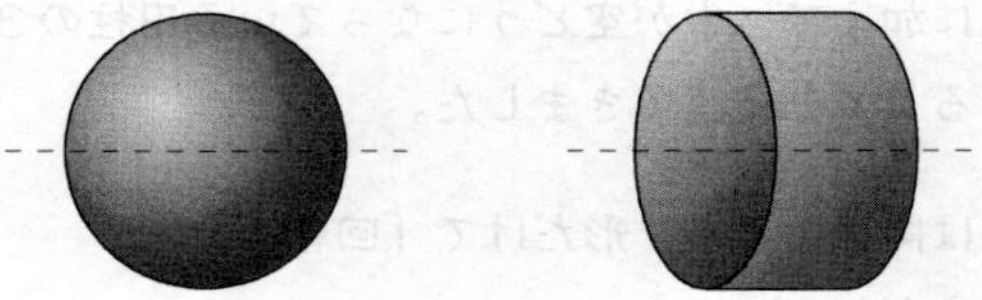

先生：球と円柱をいろいろな角度の斜面で１ｍ転がしたときの速さを計算によって求めて、**表１**にまとめてみました。

表１　球と円柱が１ｍ転がったときの速さを計算で求めた数値

斜面の角度	A	B
10°	1.51m/秒	1.56m/秒
20°	2.11m/秒	2.19m/秒
30°	2.56m/秒	2.65m/秒
40°	2.90m/秒	3.00m/秒
50°	3.16m/秒	3.27m/秒

※A、Bはどちらかが球で、どちらかが円柱です。

太郎：この**表１**の数値の通りになるか実験してみましょう。

太郎さんたちは球と円柱をいろいろな角度の斜面に置き、手をはなしてから１ｍ転がしたときの速さを測定しました。実験の結果は、**表２**のようになりました。

表２　球と円柱が１ｍ転がったときの速さの実験結果

斜面の角度	A	B
10°	1.45m/秒	1.50m/秒
20°	2.05m/秒	2.13m/秒
30°	2.51m/秒	2.62m/秒
40°	3.02m/秒	3.21m/秒
50°	3.56m/秒	3.64m/秒

※A、Bはどちらかが球で、どちらかが円柱です。

花子：30°までは球も円柱も実験結果の方が少しだけおそくなりました。

先生：これは空気の影響《えいきょう》で、もし空気の抵抗がなければ、もっと計算によって求めた数値に近くなったのではないかな。

太郎：40°、50°と斜面の角度を増やしていくと、実験結果の方が速くなり、だんだんとずれも大きくなりましたね。

〔問題４〕斜面の角度を大きくしすぎると、計算で求めた数値とずれていった理由を答えなさい。

2 太郎さんと花子さんが先生と卒業制作について話をしています。

太郎：学年で協力して大きなモザイクアートを作ってみたいな。

花子：モザイクアートってどうやって作るの？

太郎：図１のように、使いたい絵を小さな正方形に分割して、分割した正方形の絵を、正方形の板にかいて、大きなパネルに貼っていけばいいのさ。

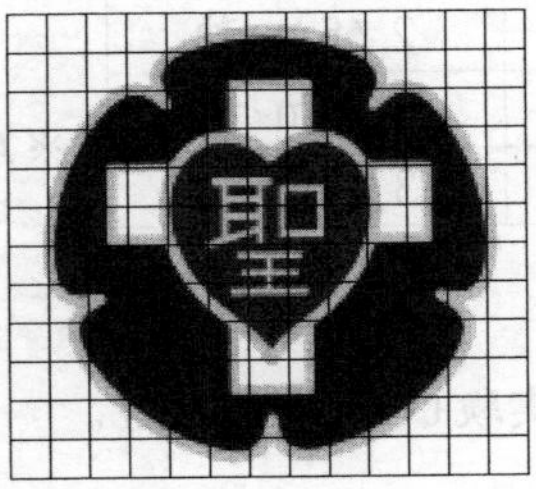

図１

花子：みんながかいた絵が一つの作品になるのがいいね。

先生：面白そうですね。試しに図２の長方形のパネルで簡単なものを作ってみましょう。

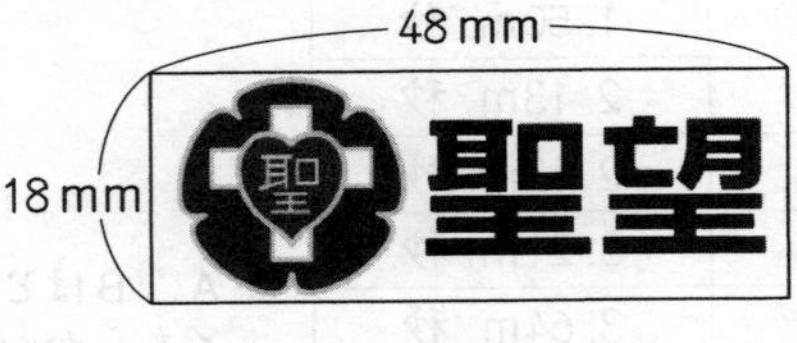

図２

花子：分割する正方形の板の大きさはどうすればいいの？

太郎：正方形の一辺の長さが、18と48のどちらも割り切ることができる数になっていれば上手くいくよ。

先生：分割が多くなると作業の時間がかかるので、分割する正方形の板の枚数が少なくなるように一辺の長さをできるだけ長くしてみましょう。

〔問題１〕正方形の板の一辺の長さを求めなさい。また、必要な正方形の板の枚数を答えなさい。

花子：これでパネルの大きさぴったりの正方形の板が作れるね。

太郎：あとは正方形の板に絵をかいてパネルに貼ればモザイクアートの完成だね。

花子：みんなで協力して完成させてみましょう。

先生：本番用のパネルを買いました。長さは縦782mm、横2024mmです。今回もできるだけ大きい正方形で分割していきましょう。

花子：数が大きいとなかなか答えが見つかりません。

先生：こんなやり方もありますよ。図３の長方形で説明します。まずは、長方形の短い方の辺を一辺とする正方形を長方形の中に作れるだけ作ってみましょう。

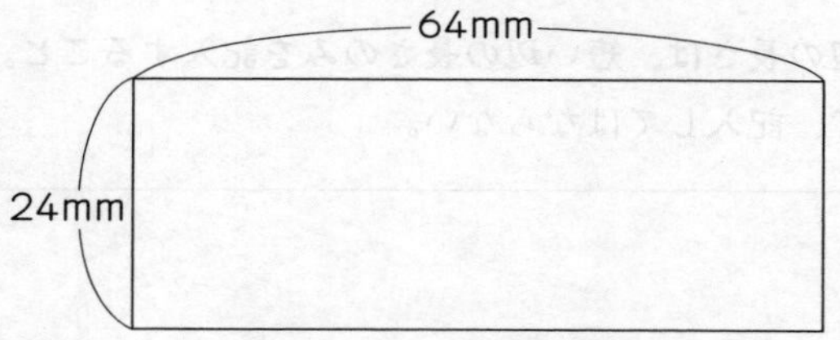

図３

花子：24mmを一辺とする正方形は２つ作れます。（図４）

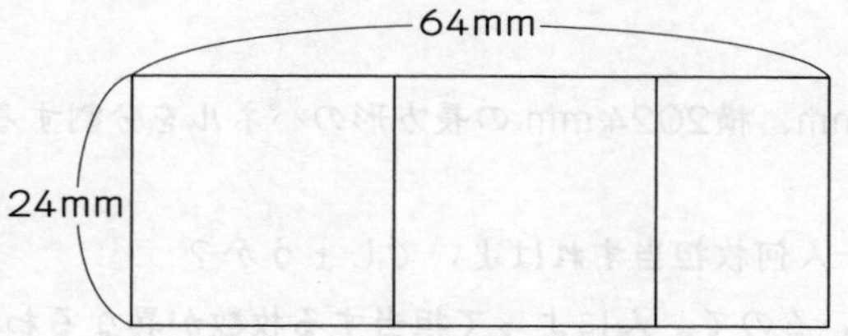

図４

先生：残った長方形の大きさはどうなりますか？

太郎：16mmと24mmの長方形です。

先生：この長方形でも同じように、短い方の辺を一辺とする正方形を長方形の中に作れるだけ作ってみましょう。

花子：16mmを一辺とする正方形が１つ作れます。

太郎：さらに残った長方形で同じことをすると、正方形がちょうど２つ作れるので、長方形が残りません。

先生：このときにできた正方形が、元の長方形を分割できる最も大きい正方形になります。

〔問題２〕図４の続きを以下のルールにしたがって書き込みなさい。

【ルール】

① 正方形を作るときは、定規を用いて線を引くこと。正方形の一辺の長さは、すでにわかっているので、長さを記入してはならない。

② 残った長方形の辺の長さは、短い辺の長さのみを記入すること。長い辺の長さはすでにわかっているので、記入してはならない。

〔問題３〕縦782mm、横2024mmの長方形のパネルをできるだけ少ない数の正方形で分割するとき、分割する正方形の板の一辺の長さを求めなさい。また、必要な正方形の板の枚数を答えなさい。

先生：本番用に買った縦782mm、横2024mmの長方形のパネルを分割する正方形の板の大きさと枚数が決まりましたね。

太郎：卒業生は正方形の板を一人何枚担当すればよいでしょうか？

花子：今年度の卒業生は64人いるので、人によって担当する枚数が異なるわね。

太郎：正方形の板の枚数を減らして調整してみてはどうでしょうか？

先生：パネルの形は長方形のままにしたいので、縦か横のどちらか一方の長さだけ少し短くして64人で割り切れる枚数に調整しましょう。

太郎：［（ア）］を［（イ）］mmだけ短くすれば上手くいきそうです。

花子：そうですね。担当する枚数は一人当たり［（ウ）］枚になりますね。

〔問題４〕［（ア）］に当てはまる言葉、［（イ）］、［（ウ）］に当てはまる数を答えなさい。

［設問三］ 文章１ と 文章２ は、近年よく耳にする線状降水帯や台風などによる大雨がもたらす被害・災害について書かれています。文章１ のＸ・文章２ のＹでは災害に対する心構えや対処の姿勢、おちいりやすい思い込みなどについて書かれていますが、それらを踏まえてあなたはこのような状況になった際、どのように対処をすべきだと考えますか。あなたが普段から実際に心がけていることや準備していることなども明らかにして、四百字以上四百五十字以内で書きなさい。ただし、次の条件と【きまり】に従《したが》いなさい。

条件① 三段落構成で書くこと。

条件② 内容を書く際に、あなたが実際に経験して感じたことを、内容やまとまりに応じて自分で構成を考えて書くこと。

【きまり】

○ 題名は書きません。

○ 最初の行から書き始めます。

○ 各段落《だんらく》の最初の字は一字下げて書きます。

○ 行をかえるのは、段落をかえるときだけとします。会話を入れる場合も行をかえてはいけません。

○ 句読点やカギカッコなども、それぞれ字数に数えます。これらの記号が行の先頭に来るときには、前の行の最後の字と同じます目に書きます。（ます目の下に書いてもかまいません。）

○ 段落をかえたときの残りのます目は、字数として数えます。

○ 最後の段落の残りのます目は、字数として数えません。

（文春オンライン　葉上太郎「『お母さん、早く逃げて！』西日本豪雨で被災した71歳女性を救った娘からの〝緊急電話〟」）

〔注〕

※西日本豪雨――２０１８年６月28日から７月８日にかけて発生した、台風７号および梅雨前線等の影響による集中豪雨。

※河道――川の水が流れる道筋。

※全戸――全部の家。

※ハザードマップ――自然災害による被害の軽減や防災対策に使用する目的で、防災関係施設の位置などを表示した地図。

※浸水深――津波や高潮《たかしお》、洪水などによって、市街地や家屋《かおく》が水で覆われる「浸水」の際に、地面から水面までの高さ（深さ）を意味する。

※住民自治――政治学用語の一つで、地方自治が行われる際に、住民参加で行われる形式のこと。

※蛇行――へびのようにくねくね曲がって進むこと。

※伝承――古くからのしきたりを伝えていくこと。

※要請――必要なことが実現するように、願い出て求めること。

※梅雨前線――６月から７月の梅雨期に日本の南岸にほぼ定常的に発生し、ぐずついた天気をもたらす前線のこと。

※バックウオーター――河川や用水路などの開水路において下流側の水位変化の影響が上流側に及ぶ現象のこと。

※脆弱――身体・組織・器物などがもろくて弱いこと。

※決壊――切れてくずれること。また切りくずすこと。

※崩落――くずれ落ちること。

※嘲笑――あざけって笑いものにすること。

［設問一］1いざ自分の住む地域で線状降水帯《せんじょうこうすいたい》による大雨が発生する可能性があるといわれたら、どうすればよいだろうか。とありますが、何に着目し、どんなものを活用し行動すべきだと言っていますか。文章１の本文中の言葉を用いて、五十字以上六十字以内でまとめなさい。

［設問二］2衝撃とありますが、なぜ、住民の間で衝撃が広がったのか。その内容が具体的に書かれてある部分を文章２の本文中から三十四字で抜き出し、「〜から。」に続くよう解答らんに合わせて答えなさい。（句読点《くとうてん》も字数に含めます）

るのは1893（明治26）年の洪水《こうずい》だ。流域《りゅういき》で310人が亡くなったとされる。

守屋さんは、Yこの水害を経験した夫の祖父から、「人が流されていくのを屋根の上で見ているしかなかった」と何度も聞かされた。これを聞くたびに「川があふれる時には、逃げなければ助からない」という思いを強くした。

こうした洪水に備えるため、箭田地区のまち協では建造物《けんぞうぶつ》などに堤防の高さでオレンジのラインを引いて回った。「※伝承《でんしょう》などから最悪の場合にはここまで浸《つ》かる」と考えたのだ。発災《はっさい》の2年ほど前から取り組みを始めた。

だが、「堤防の高さ」は地面から6ｍほどになる場所もあった。あまりの高さに「そんなところにまで水が来るわけがない」と笑う住民もいた。報道機関《ほうどうきかん》に取材を※要請《ようせい》した時も、「嘘《うそ》でしょう。あそこまでは浸からない」と言われた。

しかし、2018年7月6日深夜――。

前日から停滞《ていたい》した※梅雨前線《ばいうぜんせん》に、暖かく湿った空気が流れ込んで、西日本の一帯は記録的な大雨となった。高知県では24時間の雨量が800㎜に達した地点もある。岡山県でも高梁川の流域では降り始めからの雨量が400㎜を超えた。このため高梁川は中流部で氾濫《はんらん》し、川沿いの住宅を2階まで呑《の》み込んだ。

真備町のある下流部では、氾濫こそしなかったものの、水かさがどんどん増えて観測史上最高の水位を記録した。

その結果、支流《しりゅう》の小田川から本流の高梁川に水が吐《は》けなくなった。

こうした時に起きるのは、※バックウオーター（背水《はいすい》）と呼ばれる現象だ。本流が上昇した水位まで、支流の水位も上がってしまう。そもそも小田川の水量も増えていて、真備町の上流にある観測点では、こちらも観測史上最高の水位を観測していた。

（中　略）

このうち最も堤防が低く、※脆弱《ぜいじゃく》だったのは、小田川の支流だ。日付が7月7日に変わろうとしていた頃に※決壊《けっかい》が始まり、3本の支流で洪水が起きた。さらに小田川でも堤防が※崩落《ほうらく》。真備町の市街地が呑《の》み込まれていった。

浸水深は最も深いところで5ｍ強。民家だと2階の屋根がかろうじて水面から顔をのぞかせるレベルである。箭田地区のまち協のメンバーが引いて回ったオレンジラインのすぐ下まで浸かった。

人々に※嘲笑《ちょうしょう》されたオレンジラインではあったが、実際には正しかったのだ。「嘘でしょう」と言った報道関係者は被災後、「自分が間違っていた」と謝りに来たという。

文章2

死者・行方《ゆくえ》不明者《ふめいしゃ》が14府県で232人にのぼり、「平成」時代では最悪の水害となった2018年7月の「※西日本豪雨《ごうう》」。人的《じんてき》な被害が最も多かったのは、51人が犠牲になった岡山県倉敷市《くらしきし》の真備《まび》町だった。

あれから5年が経つ。

真備町では堤防《ていぼう》の強化や※河道《かどう》の付け替《か》えなど「同じ規模の降雨《こうう》」があっても災害が起きないようにするための工事が今年度でほぼ終わる見込《みこ》みだ。行政《ぎょうせい》的な「復旧《ふっきゅう》・復興《ふっこう》」はこれでひと区切りとなる。

地元では「工事が終わらないうちは安心して住めない」と話す人が多かっただけに、大きな節目《ふしめ》になるだろう。

ところが今、住民の間で「2衝撃《しょうげき》」が静かに広がっている。倉敷市役所が※全戸《ぜんこ》配布した新しい※ハザードマップが驚くような内容だったからだ。真備町の市街地のほとんどが10m以上もの深さに水没する想定になっていた。

西日本豪雨の最大※浸水深《しんすいしん》は5m強。市街地がすっぽり沈んで湖のようになり、2階まで浸かった家屋の屋根で多くの人が救助を待った。新しい浸水想定では、さらにその倍以上の深さにまで水没しかねないというのだ。「逃げ遅れたら、確実に死ぬ」。人々は新想定をどう捉《とら》え、どう備えようとしているのか。

「そこまで浸かるわけがない。」守屋美雪さん(74)は多くの人に笑われたのを思い出す。被災前のことだ。

真備町には7つの地区があり、それぞれに住民組織の「まちづくり推進協議会(まち協)」が結成されている。旧「真備町」が2005年に倉敷市への吸収合併《がっぺい》される前からの※住民自治《じち》の仕組みだ。

守屋さんは、このうち真備支所(旧真備町役場)がある箭田《やた》地区のまち協で事務局長を務めている。

箭田地区のまち協は「防災」に力を入れてきた。水害にさらされてきた歴史があるからだ。

原因は二つの河川だ。

一つは高梁《たかはし》川。中国山地に源流《げんりゅう》を発して、倉敷市で瀬戸内海に注《そそ》ぐ。岡山三大河川《かせん》の一角を占《し》めるが、暴れ川としても知られてきた。真備町の町域は高梁川の西側に接して広がっている。

もう一つは、高梁川の支流・小田川だ。真備町の低地を東西に貫流《かんりゅう》し、貫いた先で高梁川と合流する。かつては真備町の低地で流れを変えながら※蛇行《だこう》していたといい、流路《りゅうろ》が固定されたのは江戸時代に堤防ができてからだった。

高梁川や小田川が起こした災害のうち、明治時代以降で最悪とされ

いう意識を持ってほしいです」（山本さん）

もし、大雨が予想されているときは、※気象レーダーの画像を見てほしい。こちらは気象庁ホームページの「今後の雨」やスマホの※天気予報アプリ、テレビのデータ放送で見ることができる。実際に雨が降り出し、避難のタイミングを判断するには、気象庁ホームページの「※キキクル（危険度分布）」を見よう。

「キキクルは判断の参考になりますが、1～3時間先までの雨量予測を※加味《かみ》して災害の危険度を表したものなので、気象レーダー画像によるその先の雨雲の予想と併《あわ》せて両方をチェックすることが大切です。キキクルで色が表示されていて、これからも雨が降り続きそうならマイ・タイムラインに沿って避難行動を始めてください」※（同）

ただし、線状降水帯が発生しそうだという予報が出ても、実際には思ったほどは雨が降らないこともあるかもしれない。

「そういうときは、『予報が外《はず》れた』とがっかりするよりも災害に対する心構えや備えを練習できたとプラスに考えてほしいです」（同）

最後に、最も重要なことを伝えたい。線状降水帯が発生しない＝安心、ではない。線状降水帯かどうかにかかわらず、大雨が続いているのなら、レーダー画像とキキクルを確認すること。これが命を守る基本中の基本なのだ。

（ＡＥＲＡ二〇二二年七月一一日号「線状降水帯から命守る」ライター今井明子による）

〔注〕

※防災気象情報――気象庁が発表している気象・地震・火山等に関する予報や情報をまとめた呼び名。

※相当――あてはまること。

※マイ・タイムライン――住民一人ひとりの防災行動計画。

※時系列――ある現象の時間的変化を観察して得た値の系列。

※線状降水帯――長さ50～３００㎞程度、幅20～50㎞程度の線状に伸びる強い高水域のこと。

※気象レーダー――電波（マイクロ波）を発射し、半径数百㎞の広範囲内に存在する雨や雪を観測するもの。

※天気予報アプリ――現在地の天気情報や週間天気だけでなく、雨線指数、警報・注意報といった緊急性の高い情報などを把握・確認できるもの。

※キキクル――大雨による災害発生の危険度の高まりを地図上で確認できる「危険度分布」の愛称。

※加味――あるものに他の要素をつけ加えること。

※（同）――特定非営利活動法人環境防災総合政策研究機構の山本由佳主任研究員のアドバイスのこと。

2024年度

聖望学園中学校

【適性検査Ⅰ】〈第二回・適性検査型試験〉（四五分）〈満点：二〇〇点〉

文章１ と 文章２ を読み、あとの問題に答えなさい。

（※印の付いている言葉には、本文のあとに〔注〕があります。）

文章１

※防災気象情報は５段階の警戒《けいかい》レベルで提供される。大雨警報が発表される場合は警戒レベル３（高齢者等避難）に※相当《そうとう》し、土砂災害《どしゃさいがい》警戒《けいかい》情報や氾濫《はんらん》危険《きけん》情報などが発表される場合は警戒レベル４（避難指示）相当となる。

避難のタイミングは、基本的には警戒レベル４のときだ。しかし、自分の居場所の災害リスクが高い場合や、自宅に高齢者や乳幼児がいるなどして避難に時間がかかりそうな場合は警戒レベル３で避難する。なお、大雨特別警報や氾濫発生情報が発表される警戒レベル５に相当する状況になってしまうと、すでに災害が発生している可能性もある。避難のために外出するのはかえって危険だ。

こうして、自分の居場所の災害リスクと避難のタイミングを把握《はあく》したら、※マイ・タイムライン、すなわちひとりひとりの防災行動計画を作成しよう。具体的には、大雨による災害が発生しそうなとき、自分や家族の避難の準備を※時系列《じけいれつ》でどのように進めていくのかを表にする。５段階の警戒レベルに応じて「買い出しをしておく」「避難に必要なものをリュックに詰める」「家族に連絡を取る」などの段取《だんど》りを考えておきたい。

では、1いざ自分の住む地域で※線状降水帯《せんじょうこうすいたい》による大雨が発生する可能性があるといわれたら、どうすればよいだろうか。特定《とくてい》非営利《ひえいり》活《かつ》動《どう》法人《ほうじん》環境《かんきょう》防災《ぼうさい》総合《そうごう》政策《せいさく》研究《けんきゅう》機構《きこう》の山本由佳主任研究員は、こうアドバイスする。

「この情報が発表された時点では、まだ自分のいる地域が大雨になるかどうかはわかりませんし、すぐに避難する必要もありません。まずは気象情報をこまめにチェックしてください」

こうした場合はX気象キャスターがいつもよりも危機感をもって解説するので、その内容には耳を傾けてほしいという。

「特に聞き逃《のが》してほしくないのは、『警戒してください』というフレーズです。この言葉には、重大な災害が起きるかもしれないという思いが込められているので、もしかしたら何かが起きるかもしれないと

2024年度

聖望学園中学校　▶解　答

適性検査Ⅰ　＜第２回・適性検査型試験＞（45分）＜満点：200点＞

解　答

1 **設問１**　（例）　気象情報をこまめにチェックし，気象キャスターの解説の内容に耳を傾《かたむ》け，気象レーダーとキキクルを活用し行動する。

設問２　真備町の市街地のほとんどが10m以上もの深さに水没《すいぼつ》する想定になっていた(から。)

設問３　（例）　文章Ⅰではハザードマップや気象キャスターの声，文章Ⅱでは地元の人の話を通じた水害の時の例が出ていますが，どちらも日ごろから災害が起きた時に早めに落ち着いた対処ができるよう，学校や家庭で訓練しておくことが大切だと思います。

　私は小学校四年生の時に，地元のハザードマップを作り，水害の時にどうすればよいかを考える授業がありました。私の住んでいる街には大きな川が流れており，時々大きな水害があったようです。実際に地図に水害が出やすいポイントを書いていくと，この辺りは低地であるとか，日ごろは通りやすい道が川のそばであるなど，今まで気づかなかったことが分かってきました。また，避難《ひなん》場所が公民館であることも知りませんでした。

　以上から，私は日ごろから自分の住んでいる地域に起きやすい災害を想定し，避難経路を確認しておくことが大切だと思います。そして，学校の先生や家族，友人たちと情報を共有し，避難経路などを確認することが，災害時に落ち着いた行動をとることにつながるはずです。

適性検査Ⅱ　＜第２回・適性検査型試験＞（45分）＜満点：300点＞

解　答

1 **問題１**　**フロントギア**　３(段)　　**リアギア**　８(段)

問題２　（例）　フロントギアを小さく(フロントギアの歯数を少なく)し，リアギアを大きく(リアギアの歯数を多く)すればよい。

問題３　**答**　７(個)　　**過程**　（例）　１分間に80回転するので20分だと80×20＝1600(回転)する。ギア比が１の場合，1600×200＝320000(cm)。つまり，3200mであり3.2km進む。ここで，ギア比が2.78のときは3.2×2.78＝8.896，ギア比が2.83のときは3.2×2.83＝9.056。よって，ギア比が2.83以上で９km以上進む。したがって，ギア比が2.83以上になるのは７個。

2 **問題１**　①　（例）　ボールを持っていない選手がボールより前方(でプレーすることを難しくする)　　②　（例）　短時間で競技を終わらせることなく，祭りとして競技自体を楽しむこと(が大切だと考えられていた…)

問題２　(1)　（例）　年齢《ねんれい》の増加にあわせて行動者率は低下しているが，35～39歳で一度増加している。

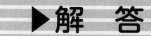

(2)　(例)　表２の特徴《とくちょう》を参考にすると，年代が上がるにつれて複数の人で行う競技や球技の行動者率が減っていることがわかる。

(3)　(例)　すべての人が守ることで，様々な立場の人が公平で安心して生活できるという部分。

3　**問題１　足りない実験器具**　ガラス管　**どのように使うか**　(例)　発生した水蒸気を集めるために穴のあいたゴム栓《せん》に差し込み，その反対側をビニール袋《ぶくろ》に水蒸気が漏《も》れないようにつなぐ。

問題２　(1)　(例)　なべの水分が加熱されて水蒸気になると体積が大きくなる。ふたで密閉し，固定してあるので，発生した水蒸気によって，内部の圧力が大きくなる。

(2)　120(℃)

問題３　順番　イ(→)エ　**１つ目の過程での変化**　(例)　液体が固体になる。　**２つ目の過程での変化**　(例)　固体が気体になる。

適性検査Ⅲ　＜第２回・適性検査型試験＞（45分）＜満点：300点＞

解　答

1　**問題１**　(例)　摩擦《まさつ》の影響《えいきょう》を大きく受ける

問題２　(1)　③　(2)　②(と)⑦

問題３　速く転がるもの　球　**判断した理由**　(例)　球の方が回転の中心にある重さの割合が高いから。

問題４　(例)　斜面《しゃめん》に沿って転がらずに，すべってしまっているから。

2　**問題１　正方形の板の一辺の長さ**　６(mm)　**正方形の板の枚数**　24(枚)

問題２　右の図

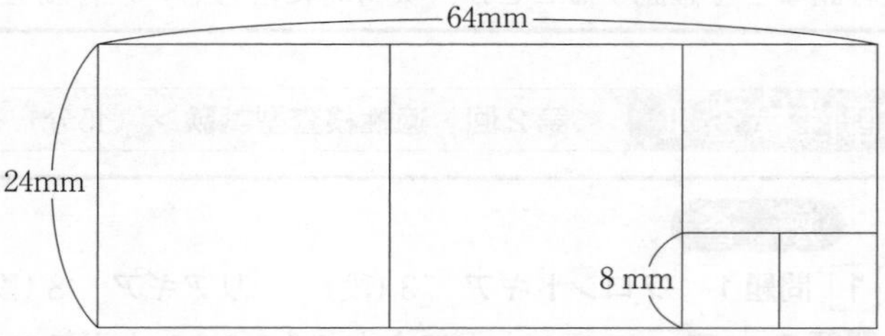

問題３

正方形の板の一辺の長さ　46(mm)

正方形の板の枚数　748(枚)

問題４　(ア)　縦の長さ

(イ)　46　(ウ)　11

2024年度 聖望学園中学校

〈編集部注：この試験は筆記のほかに面接（最大で約20分，満点：30点）を行います。本誌では，筆記のみを掲載しています。〉

【英　語】〈第４回・英語試験〉（40分）〈満点：70点〉

【注意事項】※アルファベットの書き方についての注意が問題の終わりにあります。

1

記述問題《きじゅつもんだい》　例《れい》に従《したが》って、アルファベット順《じゅん》になるように並《なら》べ替《か》え、解答用紙《かいとうようし》に書《か》きなさい。

例《れい》1：q w e r t y　→　答《こたえ》：e q r t w y

例《れい》2：A S D F G　→　答《こたえ》：A D F G S

(1)　q b s u r

(2)　P F C J M

(3)　n v z h l

(4)　T Y K B W

2

記述問題《きじゅつもんだい》　（　　）内《ない》の下線部《かせんぶ》に１文字《もじ》ずつ入《い》れ、与《あた》えられた文字《もじ》で始《はじ》まる単語《たんご》を作《つく》り、意味《いみ》の通《とお》る文《ぶん》を完成《かんせい》させなさい。

(1)　A：What is your favorite month?

B：（A ____ ____ ____ ____ ）. I love early spring and it is my birthday month.

(2)　I like（s ____ ____ ____ ____ ____ ____ ）. It's my favorite subject.

I like to learn about space, catch bugs, and do experiments.

(3)　I play（b ____ ____ ____ ____ ____ ____ ____ ）. I'm good at running and hitting the ball with my bat.

(4)　I can run（ f ＿＿ ＿＿ ＿＿ ＿＿ ）than Tom.

(5)　A : Have a good （ w ＿＿ ＿＿ ＿＿ ＿＿ ＿＿ ＿＿ ）, Mary. I'll see you on Monday.

B : See you.

3　次《つぎ》の（　）に入《い》れるのに最《もっと》も適切《てきせつ》なものを１～４の中《なか》から選《えら》び、その番号《ばんごう》を答《こた》えなさい。

(1)　A : What（　　　　）you eating?

B : I am eating a hamburger.

1．are　　2．does　　3．do　　4．is

(2)　A : How old are you?

B : I（　　　　）be 12 years old next week.

1．can　　2．must　　3．will　　4．should

(3)　A : It's so cold today! I want to stay home.

B : Look! It's started to（　　　　）.

1．sun　　2．snow　　3．cloud　　4．moon

(4)　A : Who joined Tim's birthday party last night?

B : There were many people,（　　　　）, Jack, Sam and Robbie.

1．for example　　2．in short　　3．by the way　　4．at first

(5)　A : I eat natto every morning. Do you like it?

B : I can't（　　　　）that! I don't like it at all.

1．run　　2．push　　3．become　　4．believe

4 **記述問題《きじゅつもんだい》**　次《つぎ》の表《ひょう》のＡとＢの関係《かんけい》がＣとＤの関係《かんけい》になるように、（　１　）～（　５　）に入《はい》る語《ご》を答《こた》えなさい。

A	B	C	D
old	oldest	early	（　1　）
first	January	eighth	（　2　）
man	men	child	（　3　）
swim	swam	know	（　4　）
dog	animal	apple	（　5　）

5 次《つぎ》の会話文《かいわぶん》で、（　　）に入《い》れるのに最《もっと》も適切《てきせつ》なものを１～４の中《なか》から選《えら》び、その番号《ばんごう》を答《こた》えなさい。

(1) Ａ：It's time to get up.
Ｂ：（　　　　　）
　1．Good evening.
　2．You can do it.
　3．Good job.
　4．I'm sleepy.

(2) Ａ：I went shopping at a mall yesterday.
Ｂ：（　　　　　）
Ａ：No, I rode my bike.
　1．Is it cloudy?
　2．Can you buy food?
　3．Did you walk there?
　4．Was it nice?

(3) Ａ：How do you go to the library?
Ｂ：（　　　　　）Just go down Main Street and you're there.
　1．It's easy.
　2．I'm not sure.
　3．We're home.
　4．You can read.

(4)　A：That's a cute keychain.（　　　）

B：At "Animate World". It is my favorite character.

1．Where did you buy it?

2．Whose is it?

3．When did you go?

4．Why do you like it?

6　それぞれの会話《かいわ》を読《よ》み、質問《しつもん》に対《たい》する答《こた》えを選択肢《せんたくし》の中《なか》から選《えら》びなさい。

(1)　Sally：The weather is so nice and cool. Let's have a picnic this weekend, Mary.

Mary：Maybe that's not a good idea, Sally. I will go to a tennis tournament then.

Sally：I see. Then, how does the 26th or 27th sound?

Mary：The 27th sounds great. I'm usually free on Sundays.

Sally：Wonderful!

Mary：Where will we go for our picnic?

Sally：Well, I was thinking we can go to the flower park.

Mary：Will it be too busy? The red flowers are blooming now.

Sally：It's not a problem. We can go there before noon. Visitors usually arrive by 2：00.

Mary：Ok. Sounds good. I'm looking forward to it!

What is Mary and Sally's plan?

1．To go to the flower park today.

2．To go to the tennis tournament this weekend.

3．To go to the flower park on the 27th.

4．To go to the tennis tournament on the 27th.

(2) Waiter : Welcome to Pasta World. What can I get for you, sir?
Man : The pasta with meat sauce, please.
Waiter : Sure. And what to drink?
Man : Just water.
Waiter : Your meal comes with a side dish of salad or soup. Which do you like?
Man : : Salad, please.
Waiter : Got it. And for you, maam?
Woman : I'll have the margarita pizza. Can I have a soup, too?
Waiter : Yes, but it's extra. Is that ok?
Woman : It's ok. And I'll have a tea.
Waiter : Sure. Can I get you anything else?
Woman : No, that's all.
Waiter : Alright. Your salad and soup will come soon.

What side dish did the woman order?

1. cake　　2. soup　　3. salad　　4. pasta

7 次《つぎ》の日本文《にほんぶん》の意味《いみ》を表《あらわ》すように、㋐～㋕までの語《ご》を並《なら》べ替《か》えて［　］の中《なか》に入《い》れなさい。そして、２番目《ばんめ》と４番目《ばんめ》にくるものの最《もっと》も適切《てきせつ》な組《く》み合《あ》わせを１～４の中《なか》から選《えら》び、その番号《ばんごう》を答《こた》えなさい。

(1) 私《わたし》は今《いま》、お寿司《すし》もステーキも食《た》べたい。

I（ ㋐ to　㋑ eat　㋒ sushi　㋓ and　㋔ want　㋕ both ）steak.

I ［　］［２番目《ばんめ》］［　］［４番目《ばんめ》］［　］［　］ steak.

1. ㋐－㋕　　2. ㋑－㋓　　3. ㋐－㋒　　4. ㋔－㋓

(2) 武田先生《たけだせんせい》は私《わたし》のお父《とう》さんよりも背《せ》が高《たか》い。

（ ㋐ than　㋑ is　㋒ father　㋓ Mr. Takeda　㋔ taller　㋕ my ）.

［　］［２番目《ばんめ》］［　］［４番目《ばんめ》］［　］［　］.

1. ㋔－㋕　　2. ㋑－㋐　　3. ㋓－㋒　　4. ㋒－㋐

(3)　動物園《どうぶつえん》にはどのように行《い》けばいいですか？

（㋐　can　㋑　to　㋒　how　㋓　the zoo　㋔　get　㋕　we）?

２番目《ばんめ》　４番目《ばんめ》

□　□　□　□　□　□ ?

1．㋒－㋑　2．㋓－㋐　3．㋕－㋔　4．㋐－㋔

8 －A　次《つぎ》のメモの内容《ないよう》に関《かん》して(1)と(2)の文《ぶん》を完成《かんせい》させるのに最《もっと》も適切《てきせつ》なものを１～４の中《なか》から一《ひと》つ選《えら》び、その番号《ばんごう》を答《こた》えなさい。

MEMO PAD

To : Mom

From: Richard

I'm going to join Minami's birthday party this weekend.
Takuya and Claire will be there, too.
The party will start at two-thirty, and I'll leave there by six.
Please give me some money to buy a wonderful present!!

(1)　Richard will stay at the party for（　　　　）.

1．two hours
2．two hours and a half
3．three hours and a half
4．six hours

(2)　Richard wants some money to（　　　　）.

1．join the birthday party
2．buy some food and drinks
3．buy a nice present
4．eat something special

8 －B　次《つぎ》のEメールの内容《ないよう》について、質問《しつもん》に対《たい》する答《こた》えとして最《もっと》も適切《てきせつ》なものを、1～4の中《なか》から一《ひと》つ選《えら》び、その番号《ばんごう》を答《こた》えなさい。

From : Cathy Brown

To : John Smith

Date : July 10, 2023 13 : 30

Subject : This weekend…

Dear John,

Do you have any plans this weekend? I'm going to the music festival in the city park. My favorite musician, Jack Davis, will sing and perform his guitar on the stage. I want to take pictures with him! Would you like to come with me? My mother doesn't have to work this Saturday or Sunday, so she can drive us to the park. Please think about it and send me an e-mail by tomorrow.

Thank you!

Cathy

From : John Smith

To : Cathy Brown

Date : July 11, 2023 15 : 20

Subject : Sounds great!

Hi Cathy,

The festival sounds interesting. My family went there last year, but I had my club activity and couldn't go then. I heard that we can buy delicious food at the festival, too. I really want to go this time. I have a swimming lesson every Saturday morning, so is it okay to go this Sunday?

Write back soon,

John

From : Cathy Brown

To : John Smith

Date : July 11, 2023 20 : 00

Subject : It's fine with me!

Hello John,

Thank you for your reply. It is fine with me to go to the music festival on Sunday. I didn't know that we can buy food there. It is going to be exciting. I can't wait! My mother and I will go to your house at eleven o'clock. My cousin will come with us too, so we will go to her house first. Don't forget to bring your umbrella. It might rain that day!

See you then,

Cathy

(1) Who is Jack Davis?

1. He is Cathy's cousin.
2. He is Cathy's friend.
3. He is Cathy's favorite musician.
4. He is Cathy's music teacher.

(2) Why can't John go to the music festival on Saturday?

1. It's because he goes to a swimming lesson.
2. It's because he has to stay home.
3. It's because his mother has to work.
4. It's because he has his club activity.

(3) What did Cathy tell John to bring?

1. She told him to bring a camera.
2. She told him to bring some coins.
3. She told him to bring something to eat.
4. She told him to bring an umbrella.

8 −C　次《つぎ》の英文《えいぶん》の内容《ないよう》に関《かん》して、(1)〜(6)の質問《しつもん》に対《たい》する答《こた》えとして最《もっと》も適切《てきせつ》なものを１〜４の中《なか》から一《ひと》つ選《えら》び、その番号《ばんごう》を答《こた》えなさい。また、(7)は指示《しじ》に従《したが》って英文《えいぶん》を書《か》きなさい。

My Hobby

Nice to meet you. My name is Dan. I am ten years old. I live in the city. In my family, my mother is a guitarist and my father is an art teacher. I am not very different. My hobby is art. I can make many things.

I can draw pictures. I can draw animals and nature. This year, I drew a bird. It was big and blue. My sister has this picture. It was her birthday present. She looked happy because she takes photos of birds. It is now in her room on her desk by her bed.

I like drawing outside. Parks and gardens have a lot of nature. I go there on a nice sunny day. I sit under a tree or on a bench. There, I look at flowers and draw them. Sometimes, I draw people, but it is hard for me. I want to be good at drawing people someday.

Seven years ago, I first drew pictures. I copied my father's painting in the living room. I drew with my crayons. His painting has two large parrots. My father really liked my pictures. He was very surprised. Since then, my father always makes art with me every Friday night.

I like art better than sports. I'm not good at running or throwing a ball. It's hard to score a goal. In my PE class, my classmates chose me last for their team. I feel sad when that happens. But when I draw in art class, my classmates say, "Good job" and "That's amazing". They smile big and wide. My heart is filled with happiness.

I hope I can make people happy with my art. So, I want to get better every day. That's why art is my hobby.

(1)　What is his mother's job?

1．A teacher.

2．A guitarist.

3．A photographer.

4．An artist.

(2) **What did Dan draw for his sister?**

1. **A bird.**
2. **Two parrots.**
3. **A tree.**
4. **A flower.**

(3) **Where is his sister's present?**

1. **In the living room.**
2. **In his room.**
3. **On the bed.**
4. **On her desk.**

(4) **When does Dan always make art?**

1. **On the weekends.**
2. **On Friday nights.**
3. **On a sunny day.**
4. **In class.**

(5) **How old was Dan when he first drew pictures?**

1. **He was three years old.**
2. **He was ten years old.**
3. **He was five years old.**
4. **He was six years old.**

(6) **Why is art Dan's hobby?**

1. **He likes drawing people.**
2. **He likes drawing nature.**
3. **He hopes he can make his family happy.**
4. **He hopes he can make people happy.**

(7) 本文《ほんぶん》を参考《さんこう》にして、「私《わたし》の趣味《しゅみ》」について英語《えいご》で書《か》きなさい。「あなたの趣味《しゅみ》は何《なん》ですか」「どこでその趣味《しゅみ》をしますか」「いつしますか」などの質問《しつもん》に答《こた》えながら5文《ぶん》以上《いじょう》書《か》いてください。
書《か》き出《だ》しは、***"I'll tell you about my hobby."*** になりますので、その文《ぶん》に続《つづ》けて書《か》いてください。

※下《した》にあるアルファベットの正《ただ》しい例《れい》を参考《さんこう》にして書《か》いて下《くだ》さい。

良《よ》くない例《れい》	正《ただ》しい例《れい》	正《ただ》しい例《れい》
a	a	u
h	h	n
r	r	n
v	r	v
u	n	u
d	a	d
t	f	t
c	o	c

2024年度

聖望学園中学校

▶解　答

英　語　＜第４回試験＞（40分）＜満点：70点＞

解　答

1 (1) b q r s u　(2) C F J M P　(3) h l n v z　(4) B K T W Y　2 (1) [A]pril　(2) [s]cience　(3) [b]aseball　(4) [f]aster　(5) [w]eekend　3 (1) 1　(2) 3　(3) 2　(4) 1　(5) 4　4 (1) earliest　(2) August　(3) children　(4) knew　(5) fruit　5 (1) 4　(2) 3　(3) 1　(4) 1　6 (1) 3　(2) 2　7 (1) 1　(2) 2　(3) 4　8－A (1) 3　(2) 3　8－B (1) 3　(2) 1　(3) 4　8－C (1) 2　(2) 1　(3) 4　(4) 2　(5) 1　(6) 4

(7) I'll tell you about my hobby. I like playing the piano. I started to play it when I was four. My mother is a piano teacher so I learn it from her. I practice the piano every day. It makes me happy.

※2の，与えられている語頭の文字を［　］で表記しています。

Memo

Memo

2023年度 聖望学園中学校

【算　数】〈第１回試験〉（40分）〈満点：100点〉

【注意事項】※答えを出すための考え方や式などを消さずに残しておいて下さい。
※グラフの作成には，定規やコンパスを使用して下さい。

1　次の $\square$ に正しい数を入れなさい。

（１）　$365 - 25 \times 7 + 68 \div 4 = \square$

（２）　$2\frac{4}{11} \times 3\frac{3}{13} + 2\frac{5}{13} \div \frac{11}{26} + \frac{8}{11} = \square$

（３）　$0.75 \div 3\frac{3}{4} - \frac{1}{10} + 1\frac{1}{4} \times 2.4 \div 2\frac{1}{7} = \square$

（４）　$2 \times \left\{ (216 - 2 \times 38) \div \square \right\} \div 7 = 10$

2　次の $\square$ に正しい数を入れなさい。

（１）　長さ 160 cm の針金があります。針金の端から $\square$ cm を切り取って正方形を作りました。また，残りの針金を使って正方形を作ったところ，その面積は 625 cm^2 になりました。２つの面積の差は $\square$ cm^2 です。

（２）　ある商品を定価の２割引きで売ると 260 円の利益があり，定価の３割引きで売ると 160 円の損になります。この商品の定価は $\square$ 円で，原価は $\square$ 円です。

3 下の図のように，４つの正方形が横に並んでいます。この正方形の中を何色かの絵の具を使って，色をぬっていきます。ただし，隣り合う色は必ずちがう色になるように，ぬることにします。

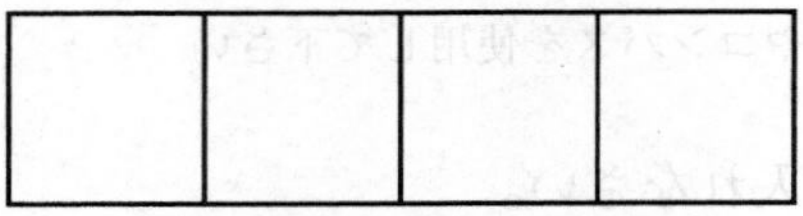

（１） 赤，青の２色を使います。ぬり方は，全部で □ 通りです。

（２） 赤，青，黄，緑の４色すべてを使います。ぬり方は，全部で □ 通りです。

（３） 赤，青，黄，緑の４色の中から３色を選び，そのすべてを使います。ぬり方は，全部で □ 通りです。

4 下の図のような１辺 10 cm の立方体を組み合わせて作った容器があります。この容器に，じゃ口から水を入れていきます。（同じ記号は，同じ長さです）

図

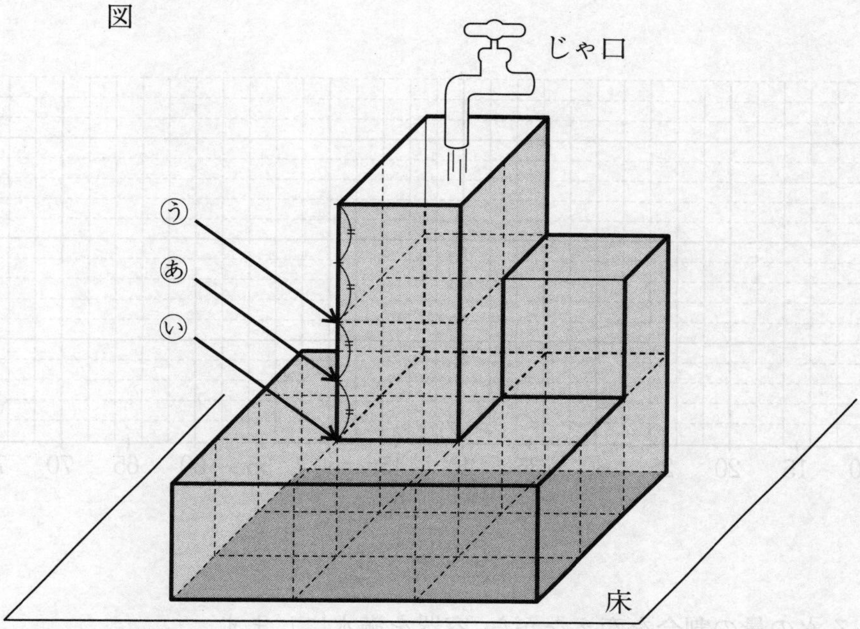

（１） この容器の容積は □ cm^3 です。これは □ L です。

（２） 毎分 200 cm^3 の割合で，水を入れていきます。

㋐の位置に水面があるのは，水を入れ始めてから □ 分後です。

（３）　毎分 200 cm^3 の割合で水を入れ続けます。水を入れ始めてからの時間と水面の高さとの関係を表すグラフを完成させなさい。

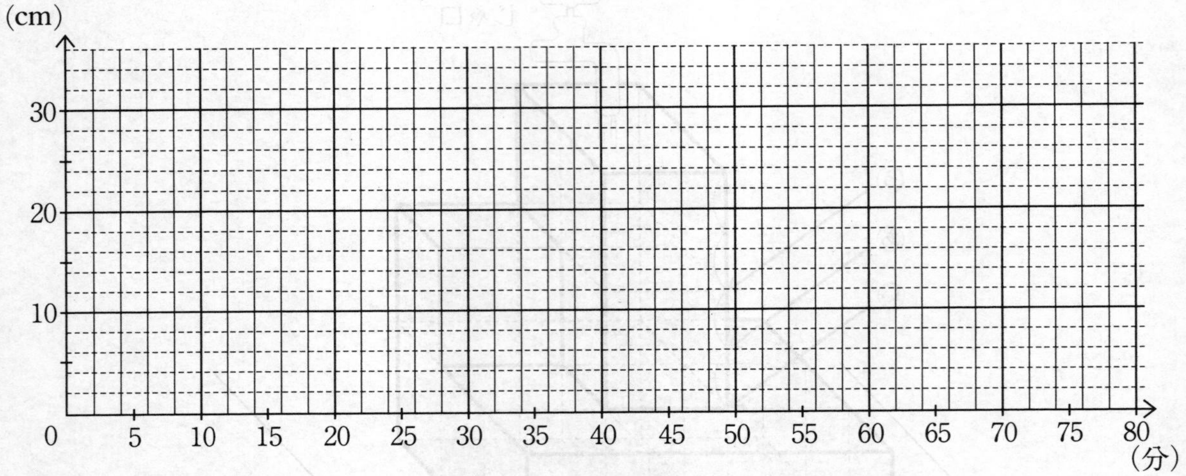

次に，入れる水の量の割合を変えながら，容器を満水にします。

（４）　最初いの位置までは毎分 400 cm^3 の割合で水を入れ，その後うの位置までは最初の $\frac{2}{3}$ 倍の割合で水を入れていきます。最後は，毎分 200 cm^3 の割合で容器を満水にします。この入れ方をすると，最初から最後まで毎分 200 cm^3 の割合で水を入れ続けるよりも ［　　］ 分早く満水にすることができます。

5 下の図のように，ある規則にしたがって連続する３つの奇数を１から順に並べていきます。

図

	1列	2列	3列	4列	5列	6列	7列	…
1行	1	3	5					
2行		5	7	9				
3行			9	11	13			
4行				13	15	17		
5行					17	19	21	
…						…	…	…
…							…	…

（1） 10行目の最初の奇数は □ です。

（2） ある行の３つの数の合計は，189でした。一番大きい奇数は □ で
その奇数は □ 行 □ 列目の数です。

（3） 2023は □ 行 □ 列目の数です。

【社　会】〈第１回試験〉（20分）〈満点：50点〉

【注意事項】 特に指示がない場合は、ひらがなも可とします。

1　次の文章を読んで、以下の問いに答えなさい。

現在、世界には（　**A**　）と（　**B**　）と主権をもった国（独立国）が、およそ200か国あります。これらの国の中には、**a** 人口の多い国や少ない国、**b** 面積の広い国やせまい国などがあります。人口と面積の面から見ると、日本が決して小さな国とは言えないことが分かります。

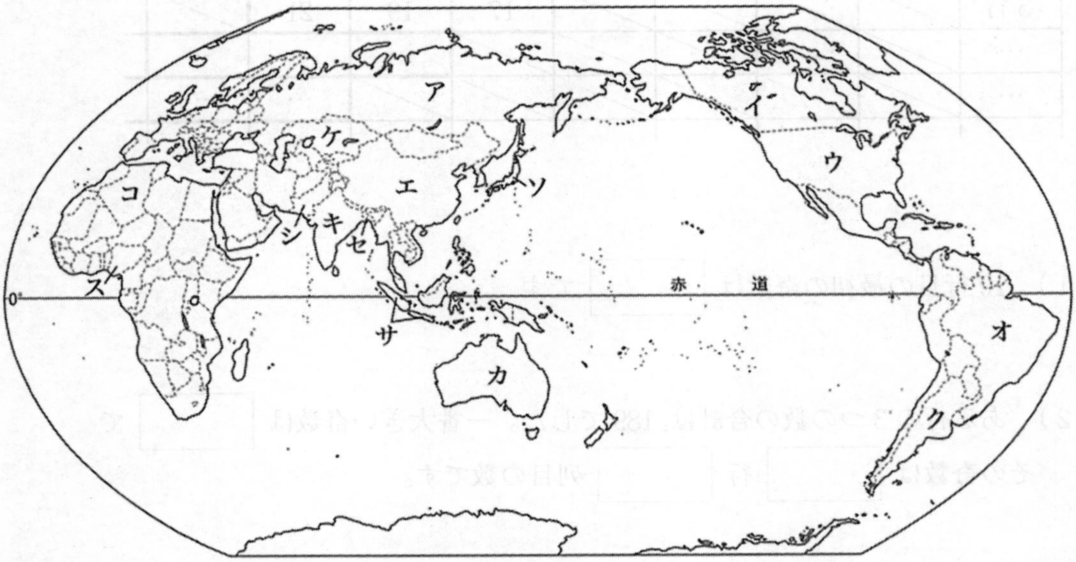

問１　文中の（　**A**　）（　**B**　）に入る言葉の組み合わせとして、正しいものを１つ選び記号で答えなさい。

ア　**A**：法律　　**B**：国民　　　**イ**　**A**：国民　　**B**：領域

ウ　**A**：国王　　**B**：法律　　　**エ**　**A**：宗教　　**B**：国民

問２　下線部 **a** について、世界で一番人口が多い国を地図**ア**～**ソ**から１つ選び記号で答えなさい。

問３　下線部 **b** について、世界で一番面積が広い国を地図**ア**～**ソ**から１つ選び記号で答えなさい。

問４　南アメリカ大陸にある国を地図**ア**～**ソ**から**２つ**選び記号で答えなさい。

問５　下の地図で示したように、太平洋側の海ぞいには工業のさかんな地域が多くあります。工業生産額が日本全体の２分の１以上をしめる、この関東南部から九州北部につらなる工業地帯や地域を何といいますか。

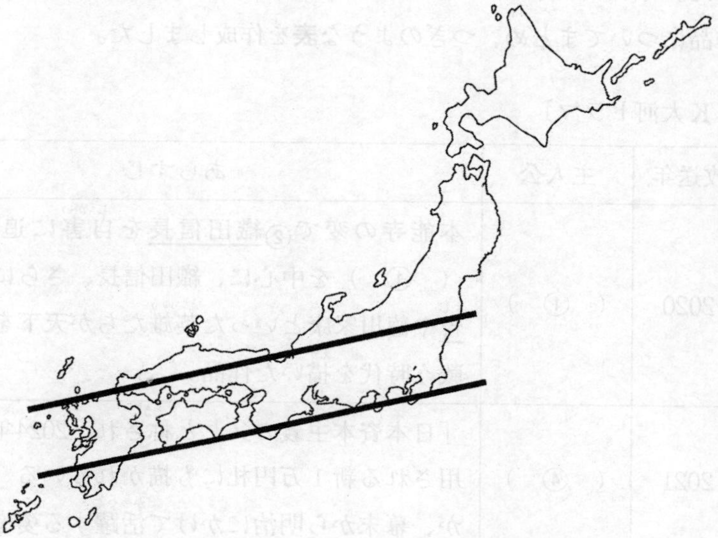

問６　日本で「公害」が問題となったのは、重化学工業が発展していった1950年代半ばのころからです。その中で、化学物質カドミウムが原因とされ、富山県神通川《じんずうがわ》下流域で発生した公害病を何といいますか。

問７　最近ではインターネットやＳＮＳを使ったコミュニケーションが一般《ばん》的になっています。ＳＮＳをめぐるさまざまな問題について、**誤り**をふくむ文章を**ア**～**エ**から１つ選び記号で答えなさい。

ア　早くいろいろな人に伝えることが一番大切なので、情報があいまいでも広めてよい。

イ　無責任に情報を広めると他人を傷つけるおそれがあるので、よく考えてから発信する。

ウ　インターネットで買ったものが、実際の商品とことなっている場合があるので注意する。

エ　インターネットを利用できる人と、そうでない人との間で得られる情報の差が大きくなっている。

2 次の文章を読んで、表の内容に関する以下の問いに答えなさい。

太郎《たろう》さんは、2022年にＮＨＫで放送された大河ドラマ「鎌倉殿《かまくらどの》の13人」を見て、大河ドラマに関心を持ちました。そこで太郎さんは社会の調べ学習課題として、2020年以降の作品から今後放送予定の作品についてまとめ、つぎのような**表**を作成しました。

〔2020年以降のＮＨＫ大河ドラマ〕

タイトル	放送年	主人公	あらすじ
麒麟《きりん》がくる	2020	（　①　）	本能寺の変で②織田信長を自《じ》害《がい》に追い込んだ（　①　）を中心に、織田信長、さらに③豊臣秀《とよとみひで》吉《よし》や徳川家康といった英雄《えいゆう》たちが天下をねらって戦う時代を描《えが》いた作品。
青天を衝《つ》け	2021	（　④　）	「日本資本主義の父」と称《しょう》され、2024年度から使用される新１万円札にも描かれている（　④　）が、幕末から明治にかけて活躍《かつやく》する姿を描く。
鎌倉殿の13人	2022	北条義時《ほうじょうよしとき》	鎌倉幕府をひらいた初代将軍＝「鎌倉殿」であった（　⑤　）を支えた13人の家臣団を、⑥北条義時を中心として描いた作品。
どうする家康	2023	徳川家康	室町時代後期から江戸時代を舞台に、新たな視点で、誰もが知る歴史上の有名人・⑦徳川家康の一生を描く。
光る君へ	2024	紫式部《むらさきしきぶ》	平安時代に『（　⑧　）』を記した紫式部の一生を描く。タイトルの「光る君」とは『（　⑧　）』の主人公・光源氏と、そのモデルのひとりといわれる⑨藤原道長《ふじわらのみちなが》を指している。

問１　空らん（　①　）にあてはまる人物の名前を答えなさい。（答えはひらがなでもよい）

問２　下線部②について、この人物が自らの力を示すため、京都に近い現在の滋賀県に築いた城は何という城ですか。正しいものを１つ選び記号で答えなさい。

ア　姫路《ひめじ》城　　**イ**　大阪城　　**ウ**　江戸城　　**エ**　安土城

問３　下線部③について、この人物が行った政策として**誤っているもの**を１つ選び記号で答えなさい。

ア　参勤交代　　**イ**　刀狩《かたながり》令　　**ウ**　検地　　**エ**　朝鮮《ちょうせん》出兵

問４　空らん（　④　）にあてはまる人物として、正しいものを１人選び記号で答えなさい。

ア　野口英世《のぐちひでよ》　　**イ**　福沢諭吉《ふくざわゆきち》　　**ウ**　渋沢栄一《しぶさわえいいち》　　**エ**　伊藤博文《いとうひろぶみ》

問５　空らん（　⑤　）にあてはまる人物の名前を答えなさい。（答えはひらがなでもよい）

問６　下線部⑥について、この人物が政治を行っているときにおこった、後鳥羽上皇を中心とする朝廷《ちょうてい》が、鎌倉幕府をたおそうとしておこした乱を何といいますか。正しいものを１つ選び記号で答えなさい。

ア　応仁の乱　　**イ**　大塩の乱　　**ウ**　承久の乱　　**エ**　保元の乱

問７　下線部⑦について、この人物が全国支配を確かなものにするきっかけとなった、1600年におこった「天下分け目の戦い」といわれる戦いは何ですか。正しいものを１つ選び記号で答えなさい。

ア　桶狭間《おけはざま》の戦い　　**イ**　長篠《ながしの》の戦い

ウ　関ヶ原《せきがはら》の戦い　　**エ**　壇ノ浦《だんのうら》の戦い

問８　空らん（　⑧　）にあてはまる作品の名前を答えなさい。（答えはひらがなでもよい）

問９　下線部⑨について、この人物が大きな力をもった時期の貴族のやしきはどのようなつくりでしたか。その名前として正しいものを１つ選び記号で答えなさい。

ア　書院造《しょいんづくり》　　**イ**　寝殿造《しんでんづくり》　　**ウ**　校倉造《あぜくらづくり》　　**エ**　数寄屋造《すきやづくり》

3　次の文章を読んで、以下の問いに答えなさい。

私たちの生活は①政治と切り離《はな》して考えることは出来ません。市役所で様々なサービスを受けることが出来るのも、定期的にゴミを回収してもらえるのも私たちが支《し》払《はら》った②税金や国や地方公共団体が行った③借金によるものです。

特に地方公共団体の仕事については私たちのくらしとつながりが深い部分も多いのです。例えば④地方議会の議員と⑤首長をともに住民の⑥選挙で選ぶことが出来ますし、様々なお願い（直接請求《せいきゅう》）が出来たりするのです。

問１　文中の下線部①に関して、国の政治において大きな権限をもつ内閣について説明した以下の文章のうち、正しいものを１つ選び記号で答えなさい。

ア　内閣総理大臣は国務大臣を選ぶことが出来るが、任命するためには国会の承認が必要である。

イ　内閣総理大臣は必ず衆議院議員の中から選ぶことが憲法に規定されている。

ウ　内閣は予算の作成を行う権限がある。

エ　内閣は天皇の助言と承認をうけて法律の執行《しっこう》を行う。

問２　同じく文中の下線部①について、内閣の組織に関する以下の文章のうち、**誤っているもの**を１つ選び記号で答えなさい。

ア　厚生労働省は国民の健康や労働に関する内容を扱《あつか》う省庁である。

イ　防衛省は自衛隊の管理・運営を行う省庁である。

ウ　総務省はそのほかの省庁をまとめ指導することができる省庁である。

エ　国家公安委員会は警察の最高機関で社会の安全に関することを扱う省庁である。

問３　文中の下線部②に関して、消費税に関する説明として正しいものを１つ選び記号で答えなさい。

ア　消費税は1989年に導入され、当初の税率は１％だった。

イ　消費税は現在12%となっているが、65歳《さい》以上の国民にのみ軽減税率が適用されている。

ウ　消費税には国税の消費税と地方税の地方消費税があり、税率は国税のほうが高い。

エ　消費税は、義務教育期間は減免《げんめん》されるので15歳になるまでは支払わなくてよい。

問４　文中の下線部②に関して、以下のグラフは我が国の歳入を示したものである。グラフ中の［　Ａ　］に当てはまる税金の名称《めいしょう》を答えなさい。

図１　我が国の歳入状況《じょうきょう》（令和４年度当初予算）

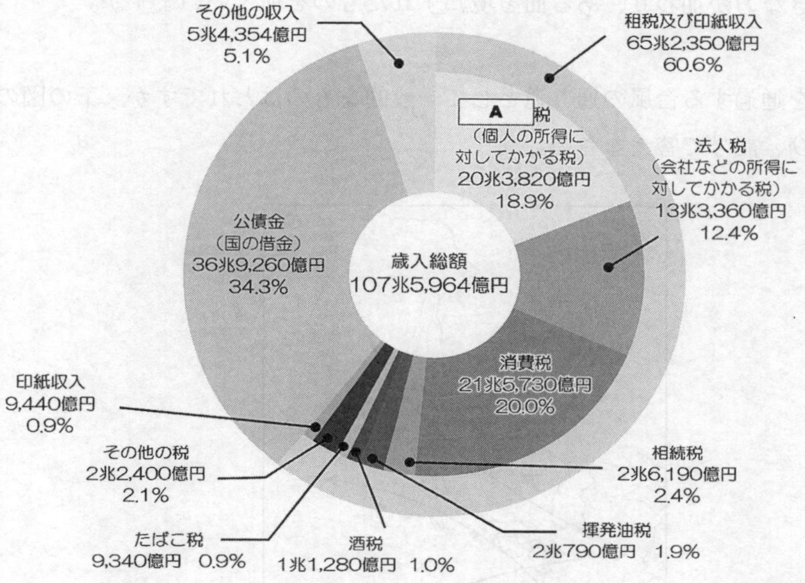

（出典：国税庁）

問５　文中の下線部③について、上の**図１**を参考に我が国の借金の合計をパーセント（小数点以下第１位まで）で答えなさい。

問６　文中の下線部④について、聖望学園があるのは飯能市ですが、この飯能市の市議会議員の任期は何年ですか。数字で答えなさい。

問７　文中の下線部⑤について、都道府県の首長のことを何と呼びますか。漢字二字で答えなさい。

問８　文中の下線部⑥について、市議会や県議会の選挙に投票できるのは何歳からですか。数字で答えなさい。

【理　科】〈第１回試験〉（20分）〈満点：50点〉

【注意事項】 グラフや図表の作成には、定規とコンパスをできるだけ使用してください。

1　以下の各問いに答えなさい。

問１　地層に大きな力が加わり、ある面を境にずれたものを何といいますか。

問２　日本付近を通過する台風の通り道として一般《ばん》的なものはどれですか。下の図の**ア**～**ウ**から１つ選び、記号で答えなさい。

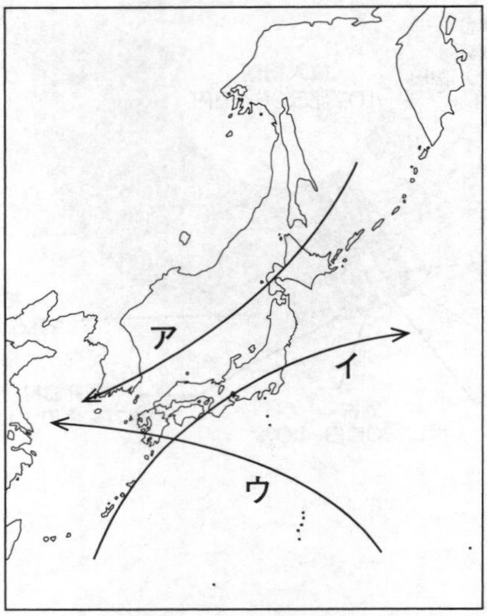

問３　太陽のように、自ら光っている星を何といいますか。名前を答えなさい。

問４　下の図のように月と太陽と地球が並んでいます。このとき、日本から見える月の形を次の**ア**～**エ**から１つ選び、記号で答えなさい。

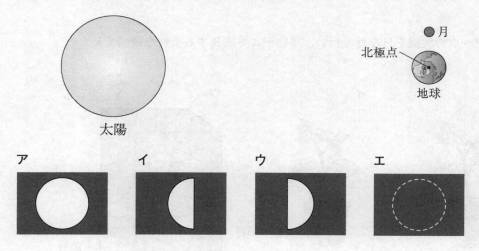

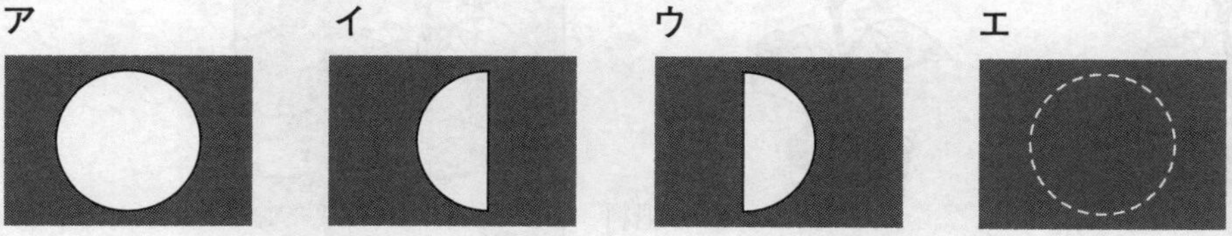

問５　電磁石の鉄芯《しん》とコイルの巻き数が同じ場合、どのようにしたら電磁石の力を強くすることができますか。

問６　豆電球をかん電池２個でつなぐときと、かん電池１個でつなぐときとで、明るさが変わらないつなぎ方を何つなぎといいますか。

問７　次の**ア**～**エ**のうち、磁石に引きつけられるものを１つ選び、記号で答えなさい。

ア　ガラス　　**イ**　スチール缶　　**ウ**　10円玉　　**エ**　プラスチック

2　インゲンマメを種子から育てます。以下の各問いに答えなさい。

問１　種子を発芽させるために最低限必要なものはどれですか。次の**ア**～**オ**からすべて選び、記号で答えなさい。

ア　空気　　**イ**　適当な温度　　**ウ**　水　　**エ**　肥料　　**オ**　土

問２　インゲンマメの種子が発芽するときに使われる栄養は何ですか。物質の名前を答えなさい。

問３　インゲンマメの種子が発芽するときに使われる栄養がどこにあるか調べようと思います。何という薬品を使えば調べることができますか。

問４　次の**ア**～**ウ**の実験を日なたで行い、植物がよく成長する条件を調べました。

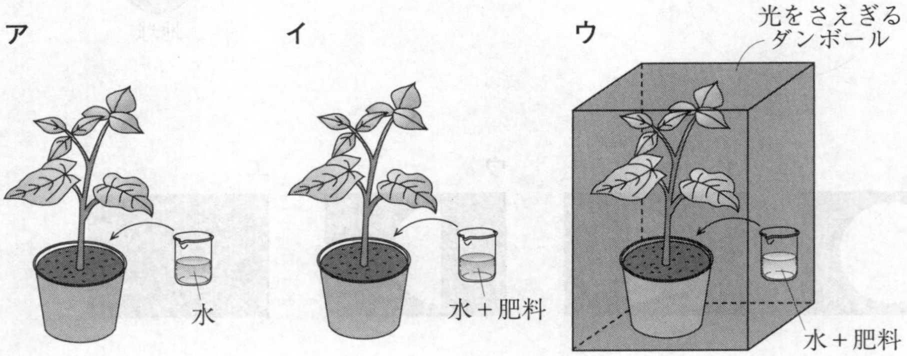

(1)　肥料と成長の関係を調べるには、**ア**～**ウ**のどの２つを比べればよいですか。

(2)　日光と成長の関係を調べるには、**ア**～**ウ**のどの２つを比べればよいですか。

(3)　**ア**～**ウ**の３つのうち、もっともよく成長すると考えられるのはどれですか。

問５　次の図のように、育ってきたインゲンマメの苗《なえ》に袋《ふくろ》をかぶせました。袋はどのような変化をしますか。次の**ア**～**エ**から１つ選び、記号で答えなさい。

ア　袋がしぼむ。
イ　袋の内側に水てきがつく。
ウ　袋がふくらむ。
エ　変化しない。

問６　葉をすべて取ってから、**問５**と同じような実験をすると、袋はどのような変化をしますか。次の**ア**～**エ**から１つ選び、記号で答えなさい。

ア　袋がしぼむ。

イ　袋の内側に水てきがつく。

ウ　袋がふくらむ。

エ　変化しない。

問７　次の図のように、育ってきたインゲンマメの苗に袋をかぶせ、日なたにしばらく置きました。気体検知管を使って、袋の中の酸素と二酸化炭素の量を調べると、どのような変化がみられますか。次の**ア**～**オ**からもっとも正しいと考えられるものを１つ選び、記号で答えなさい。

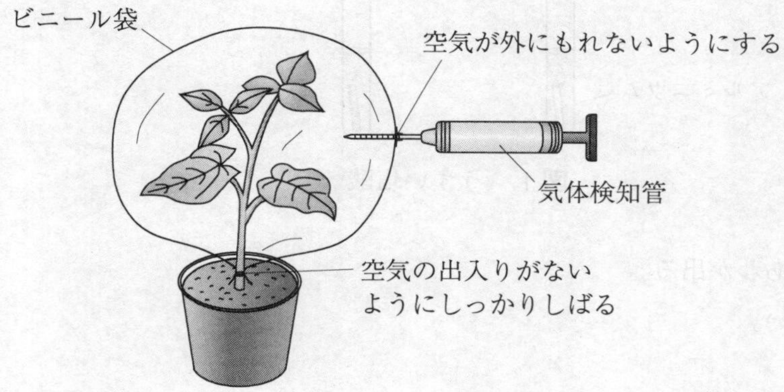

ア　袋をかぶせてすぐのときより、３時間たってからの方が酸素が多く、二酸化炭素が少ない。

イ　袋をかぶせてすぐのときより、３時間たってからの方が酸素が少なく、二酸化炭素が多い。

ウ　袋をかぶせてすぐのときより、３時間たってからの方が酸素も二酸化炭素も少ない。

エ　袋をかぶせてすぐのときより、３時間たってからの方が酸素も二酸化炭素も多い。

オ　酸素も二酸化炭素も変化しない。

3 うすい塩酸、うすい水酸化ナトリウム水よう液にアルミニウムや鉄を入れます。以下の各問いに答えなさい。

問１ 次の水よう液①、②の性質は酸性・中性・アルカリ性のどれですか。それぞれ答えなさい。

① 塩酸

② 水酸化ナトリウム水よう液

問２ 図１のように、うすい塩酸の中に、アルミニウムと鉄を入れます。それぞれどうなりますか。次の**ア**、**イ**から選び、記号で答えなさい。

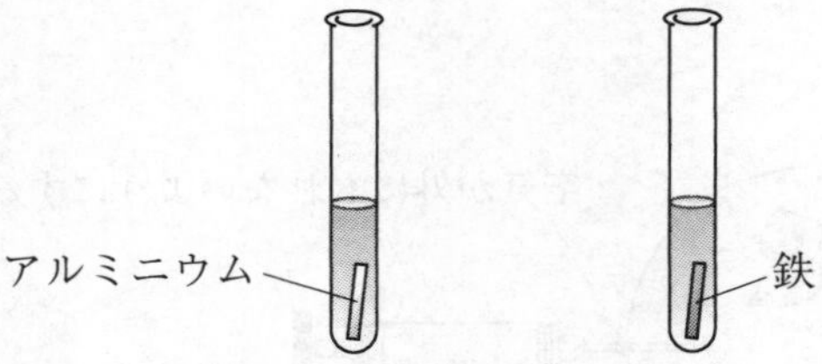

図１ うすい塩酸

ア 表面からあわが出る。

イ 変化しない。

問３ 図２のように、うすい水酸化ナトリウム水よう液の中にアルミニウムと鉄を入れます。それぞれどうなりますか。次の**ア**、**イ**から選び、記号で答えなさい。

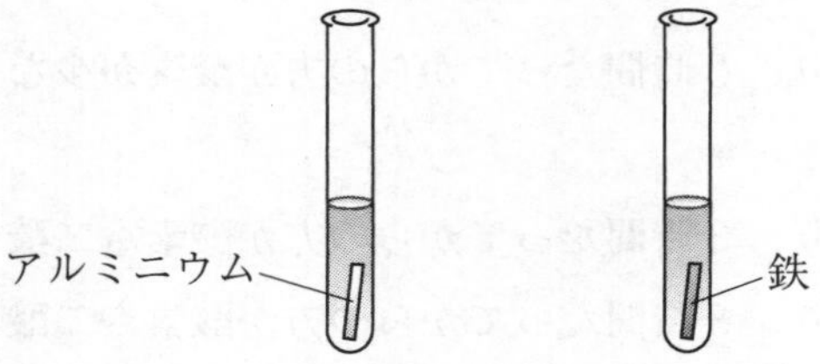

図２ うすい水酸化ナトリウム水よう液

ア 表面からあわが出る。

イ 変化しない。

問2の実験でアルミニウムを入れた試験管の上ずみ液を蒸発皿にとって熱すると固体**A**が出てきました。出てきた固体**A**をうすい塩酸に入れました。

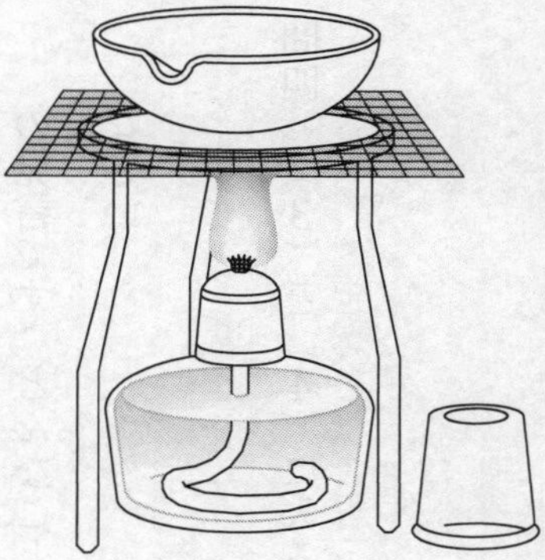

問4　固体**A**の色は何色ですか。

問5　固体**A**をうすい塩酸に入れるとどうなりますか。次の**ア**～**ウ**から1つ選び、記号で答えなさい。

ア　変化しない。
イ　あわを出してとける。
ウ　あわを出さずにとける。

問6　アルミニウムと固体**A**は同じものですか、別のものですか。

Ａ「Ｂさんは、何に挑戦するの？」

Ｂ「私は、文章を書くことに挑戦しようかな。」

～二人の会話はまだ続きます～

問一　（　１　）は、Ａさんの「悩み」についての発言です。どんなことを発言したのか想像して答えなさい。

問二　――線の発言を、あなたが友達からされたとき、あなたは何と答えますか。Ｂさんの回答と同じにならないように、あなたの考えを答えなさい。

問三　（　２　）は、Ｂさんの「授業の受け方」についての発言です。どんなことを発言したのか想像して答えなさい。

問四　（３）と（４）に入る記号を、それぞれ一つ答えなさい。

問五　二人の会話に「説明文」という言葉が出てきましたが、「説明文」の読み方として、あなたが心がけていることを一点あげなさい。

問六　学校の国語の授業では「説明文」だけではなく、「物語文」も学びます。「物語文」の読み方として、あなたが心がけていることを一点あげなさい。

問七　この後の会話では、「文章を書く」ことについて二人の考えが出ました。あなたが「文章を書く」ときに、心がけていることを一点あげなさい。

三　次は、小学六年生のAさんとBさんによる会話です。会話のやり取りを読んで、あとの問いに答えなさい。なお、「A」はAさん、「B」はBさんの発言です。

A「（　　1　　）」

B「そうだよね。私も六年生になってから、難しくなったと感じる。」

A「でも、Bさんは成績がいいよね。特に国語。」

B「そんなことはないけど、国語は好きだよ。本を読むと、いろんな世界が見えてくるから。」

A「国語の成績を上げる勉強方法があったら、教えてよ。」

B「うーん、当たり前のことになるけど、普段の授業を集中して受けることが大事かな。」

A「普段の授業か…。ぼくは、授業中に集中力が続かないことがあるから、それがダメなのかな？」

B「そうだと思うよ。国語が苦手って言っているけど、集中力が続かないことが、そもそもの課題かも。」

A「でもさ、授業って先生の話を聞くだけだから、興味《きょうみ》のない話のときはヒマなんだよな。」

B「うーん、先生の話を聞くだけが授業っていう考えは良くないよ。」

A「じゃあ、先生の話を聞く以外に、授業中に何をするの？」

B「（　　2　　）」

A「なるほどね。ただ聞いているだけじゃダメなんだね。考え方を変えてみるよ。」

B「そうよ。それに、学校の授業はつまらないものじゃなくて楽しいものでしょ。Aさんも低学年のころは、放課後になると、（3）今日の授業の続きが気になるな。早く明日にならないかな（4）って言ってたじゃない。」

A「そういえば、低学年のころは授業が楽しかったなあ。それも国語の授業が一番楽しかったんだよなあ。特に、説明文が好きだったよ。」

B「説明文は、私も好きだよ。教科書にのっている文章では読み足りなくて、図書館で借りて読むくらいね。」

A「すごいなあ。ぼくは、教科書にのっている文章しか読んだことないや。また国語を好きになりたいし、ぼくも図書館で本を借りてみようかな。」

B「新しいことに挑戦するのは、とてもいいことね。私も新しいことに挑戦してみようかしら。」

問五　――線⑤「そういう時代」とはどのような時代か。解答用紙に続く形で、本文中から三十五字以内で抜き出し、最初と最後の五字を書き抜きなさい。

問六　Ⅰ～Ⅵにあてはまる語句を、それぞれ次の中から選び、記号で答えなさい。なお、同じ記号を何度も用いてはならない。

ア　これは、石だ。
イ　黒曜石は火山岩の一種だ。
ウ　この石は、黒く、硬く、そして美しい。
エ　この黒く、硬く、美しい石は、黒曜石だ。
オ　これは、何か？
カ　では、この石は何か？

問七　Ａ～Ｄにあてはまる語句を、それぞれ次の中から選び、記号で答えなさい。なお、同じ記号を何度も用いてよい。

ア　主語
イ　述語

問八　本文の内容と合致しないものを、次の中から一つ選び、記号で答えなさい。

ア　私たちは、過去・現在・未来を行き来し、社会に生きているのである。
イ　小説の発展の背景には、近代の人々が同じ時間感覚を持ったことがある。
ウ　人が小説を手に取るのは、「知りたい」という欲求によるものである。
エ　主語とは、それ以外のモノを関心の外に追い出してしまうモノである。

注※問屋…品物を買い集めて卸《おろし》売りする商家。（精選版・日本国語大辞典）
※小売業者…生産者・メーカーなどから購入した商品を、最終的に消費者《しょうひしゃ》に売る業者。
※格助詞…その名詞が他の語にどんな関係で続くかを示す助詞。

問一 ――線①「小説は、絵や彫刻などとは違って、鑑賞するのに一日なり、一週間なりの時間が必要な芸術だ」とあるが、筆者は小説を読むことをどのようにたとえているか。本文中から二十字で書き抜きなさい。

問二 ――線②「日常生活を送る私たちの意識」とは、どのような意識か。三十字以内で答えなさい。

問三 ――線③「地方の農村と首都のパリとで、共通の時刻表を作るのに苦労した」とあるが、それはなぜか。最も適当なものを、次の中から一つ選び、記号で答えなさい。

ア 地方の農村と首都パリとでは、鉄道の普及に対する考え方が異なっていたから。

イ 地方の農村と首都パリとでは、必要な列車の時刻が異なっていたから。

ウ 地方の農村と首都パリとでは、社会が複雑化する仕組みが異なっていたから。

エ 地方の農村と首都パリとでは、人々が用いる時間が異なっていたから。

問四 ――線④「マスメディア」の具体例として正しいものを、次の中から一つ選び、記号で答えなさい。

ア ラジオ　イ 映画　ウ 漫画　エ スマホ

何と言うこともない経験だが、この認識《にんしき》作業は、「ん？→［Ⅰ］→［Ⅱ］→［Ⅲ］→［Ⅳ］→［Ⅴ］→［Ⅵ］…」という〈矢印〉の流れに整理される。注目したいのは、この〈主語〉と〈述語〉の関係だ（正確には、〈主部〉、〈述部〉と言うべきだが、本書では、文法構造の骨格《こっかく》を強調するために、修飾語までをも含めて、〈主語〉、〈述語〉という言葉を用いたい）。

今私は、何気なく、目の前の「何だか得体の知れない物体」について書いたが、その発端《ほったん》は、世界中に溢《あふ》れる数限りないモノの中から、まずそれに焦点《しょうてん》を合わせるという作業から始まった。逆に言えば、それ以外のモノを関心の外に追い出してしまうのである。

〈主語〉というのは、こうして具体的に選び取られたモノであり、それを〈主語〉＋〈述語〉という単線の文法構造に引っ張り込むことは、現在から未来へとまっすぐに進んでいる私たちの時間の流れの中に、しかるべき位置を与える、ということなのだ。

（中略）

私たちは、世界の圧倒的な情報をすべて処理することなど到底《とうてい》できないし、する必要もない。そのうち極《ごく》一部を取り出しては、「これは、…だ」という一本の時間の流れの中で処理できる形に整理し、なるほどそうかと納得《なっとく》して、次の情報に取りかかるということを繰《く》り返している。それを可能としているのが、〈主語〉＋〈述語〉というワンセットが基本となっている文法の仕組みだ。

「これは、」（［A］）の部分だけ示されて、「…だ」（［B］）の部分が隠されていると、どうにも気になって仕方がない。「事件の真相は、…」で止められてしまうと、誰でもストレスを感じるだろうし、たとえ明らかにされても、納得《なっとく》できなければ、いつまでも、「あの事件の真相は、…だったんだろうか？」と、そのしっくりこない（［C］）の部分のために、頭を悩ませ続けることになる。

「は」、「が」といった格助詞※は、〈［D］〉に選ばれた単語に、方向性を与える〈矢印〉の役割を果たすと、ひとまずは理解しておこう。

（平野啓一郎『小説の読み方　感想が語れる着眼点』より）

ている全員が共有しているものだ。

近代になって、急激に規模が大きくなり、複雑化していった私たちの社会では、各人が分担して仕事を受け持つようになる一方、個別の成果をつなぎ合わせて、全体としてうまく機能するために、ひとつの共通した時間を持たなければならなくなった。

一九世紀に鉄道が普及《ふきゅう》したフランスでは、最初、③地方の農村と首都のパリとで、共通の時刻表を作るのに苦労したという面白い話が残っている。国全体で同じ時間を共有しなければ、せっかく作った農作物も、スムーズに鉄道で運んで、パリの※問屋《とんや》を通して、※小売業者《こうりぎょうしゃ》が売りさばくことはできない。

社会全体が、同じテンポで、同じひとつの〈矢印〉に沿って動き出したのが近代であり、人々は、新聞やテレビといった④マスメディアを通じて、世の中で今、起こっていることを知り、それを過去から未来へという共通の時間の流れの中で整理し、自分自身の生活を、そこにどう結びつけようかと知恵を巡《めぐ》らせる。

⑤そういう時代に発展したのが、小説というジャンルだ。小説の中では、色んな時と場所で、色んな登場人物が、色んな騒動《そうどう》を巻き起こす。それを、前から後ろへ、ページの右から左へという大きな〈矢印〉に沿って、一本の線にまとめ上げるものを、「プロット」（話の筋）と考えてみよう。

プロットとは、空間的にも時間的にもバラバラな出来事を整理し、目の前に差し出されたひとつの小説が、一体、何であるのかを理解してゆくための手段だ。

そもそもの話、どうして人は、小説を手に取るのだろうか？ もちろん、それがどんな話か知りたいからだ。この「知りたい」という欲求こそが、ページを捲《めく》らせる原動力であり、先を知りたいとはやる気持ちの根底には、最後まで辿り着いて、全体を知りたいという欲求がある。

この欲求を少し遠回りして、普段《ふだん》当たり前のように用いている文法というものの仕組みから考えてみよう。

たとえば、目の前に何だか得体の知れない物体がある。何だろうと手に取ってみて、ああ、石ころかと分かる。しかし、石ころといっても、何だかふしぎな輝《かがや》きをしている。色や形を観察する。調べてみると、黒曜石《こくようせき》だと分かる。黒曜石とは何だろう？ 更に調べると、火山岩の一種だと分かる。…

2023年度

聖望学園中学校

【国　語】〈第一回試験〉（四〇分）〈満点：一〇〇点〉

一 ・次の――線①～⑧の漢字の読みをひらがなで、ひらがなを漢字で書きなさい。

① 期待にこたえる。
② 熱にきく薬。
③ てきせつに表現する。
④ 親をそんけいしている。
⑤ 海風が快い。
⑥ 恩師を訪ねる。
⑦ 組織をマネジメントする。
⑧ 今日は七夕だ。

・次の⑨、⑩の□には適する漢字を一字入れなさい。

⑨ □人君子
⑩ 他力本□

二 次の文章を読んで、あとの問いに答えなさい。

①小説は、絵や彫刻などとは違って、鑑賞《かんしょう》するのに一日なり、一週間なりの時間が必要な芸術だ。冒頭《ぼうとう》の一行目から始まって、最後の一行にまで辿《たど》り着いた時点で、作者が世に送り出したひとつの作品は、読者に無事、受け取られたということになる。小説が持っている大きな進行の〈矢印〉は、基本的には、前から後ろへと向いていて、作中で語られる時間が、どんなに、過去と未来とを自在に行き来したとしても、基本的に文章は、上から下に向かって読まれ、ページは右から左へと移動する。当たり前の話だ。改行によって、見えにくくなっているが、一行ずつの文章が、たとえば本ではなく、巻き尺《じゃく》のようなものに連《つら》なって書かれていたとすれば、小説を読むという行為《こうい》が、そのながーい、ながい一本の線を辿ってゆくことだという事実が、よく分かるだろう。

これは、②日常生活を送る私たちの意識に合致《がっち》した構造となっている。どんなに色んな出来事が起こっても、昔のことを思い出したり、未来を妄想《もうそう》してみたりしても、私たちは淡々《たんたん》と現在を生き、過去から未来へという〈矢印〉に従って前進している。この〈矢印〉の方向は、同じ社会に生き

2023年度

聖望学園中学校 ▶解説と解答

算　数　＜第１回試験＞（50分）＜満点：100点＞

解　答

[1] (1)　207　(2)　14　(3)　$1.5\left(1\frac{1}{2},\ \frac{3}{2}\right)$　(4)　4　[2] (1)　60cm，400cm^2

(2)　4200円，3100円　[3] (1)　２通り　(2)　24通り　(3)　72通り

[4] (1)　14000cm^3，14L

(2)　$52.5\left(52\frac{1}{2},\ \frac{105}{2}\right)$分後

(3)　右図

(4)　$26.25\left(26\frac{1}{4},\ \frac{105}{4}\right)$分

[5] (1)　37　(2)　65，16行18列目

(3)　506行507列目

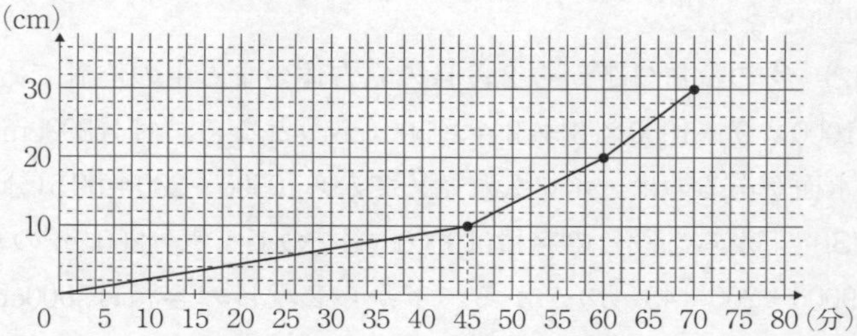

解　説

[1] 四則計算，逆算

(1)　$365-25\times7+68\div4=365-175+17=190+17=207$

(2)　$2\frac{4}{11}\times3\frac{3}{13}+2\frac{5}{13}\div\frac{11}{26}+\frac{8}{11}=\frac{26}{11}\times\frac{42}{13}+\frac{31}{13}\times\frac{26}{11}+\frac{8}{11}=\frac{84}{11}+\frac{62}{11}+\frac{8}{11}=\frac{154}{11}=14$

(3)　$0.75\div3\frac{3}{4}-\frac{1}{10}+1\frac{1}{4}\times2.4\div2\frac{1}{7}=\frac{3}{4}\div\frac{15}{4}-\frac{1}{10}+\frac{5}{4}\times2\frac{2}{5}\div\frac{15}{7}=\frac{3}{4}\times\frac{4}{15}-\frac{1}{10}+\frac{5}{4}\times\frac{12}{5}\times\frac{7}{15}=\frac{1}{5}-\frac{1}{10}+\frac{7}{5}=\frac{2}{10}-\frac{1}{10}+\frac{14}{10}=\frac{15}{10}=\frac{3}{2}\left(1\frac{1}{2},\ 1.5\right)$

(4)　$2\times\{(216-2\times38)\div\square\}\div7=10$，$2\times\{(216-76)\div\square\}=10\times7=70$，$140\div\square=70\div2=35$，$\square=140\div35=4$

[2] 面積，売買損益

(1)　右の計算より，$625=5\times5\times5\times5=(5\times5)\times(5\times5)=25\times25$なので，残りの針金を使って作った正方形の１辺の長さは25cmである。この正方形の４辺の合計は$25\times4=100$(cm)なので，最初に切り取った針金の長さは，$160-100=60$(cm)となる。最初に切り取った正方形の１辺の長さは，$60\div4=15$(cm)なので，その面積は$15\times15=225$(cm^2)である。よって，２つの面積の差は，$625-225=400$(cm^2)となる。

5) 6 2 5
5) 1 2 5
5)　 2 5
　　　 5

(2)　定価の２割引きと３割引きの差が，$260+160=420$(円)である。よって，定価は$420\div0.1=4200$(円)となる。定価の２割引きで売ると利益が260円だから，原価は，$4200\times(1-0.2)-260=3100$(円)となる。

[3] 場合の数

(1)　一番左を赤にすると赤青赤青，一番左を青にすると青赤青赤となるので，ぬり方は全部で２通りある。

(2)　一番左の色は４色あり，二番目の色は一番左の色以外の３色あり，三番目の色はすでに使った色以外の２色あり，四番目の色はすでに使った色以外の１色なので，ぬり方は全部で，４×３×２×１＝24(通り)となる。

(3)　４色の中から３色を選ぶときの選び方は，赤青黄，赤青緑，赤黄緑，青黄緑の４通りある。赤青黄を選んだとき，３色すべて使ったぬり方で，赤が一番左にくる場合は，赤青赤黄，赤青黄赤，赤青黄青，赤黄赤青，赤黄青赤，赤黄青黄の６通りある。青，黄が一番左にくる場合もそれぞれ６通りあるから，ぬり方は全部で，６×３×４＝72(通り)となる。

4　水の深さと体積

(1)　１辺10cmの立方体の体積は10×10×10＝1000(cm^3)で，この立方体が，９＋３＋２＝14(個)あるから，この容器の容積は，1000×14＝14000(cm^3)ある。１L＝1000cm^{3}なので，14000÷1000＝14(L)となる。

(2)　(あ)の位置は下から２段目の立方体のまん中の位置である。よって，(あ)の位置より下の容積は，1000×９＋1000×３÷２＝10500(cm^3)となる。毎分200cm^{3}の割合で水を入れるので，(あ)の位置に水面があるのは，水を入れ始めてから10500÷200＝52.5(分後)である。

(3)　下から１段目の容積は9000cm^{3}なので，毎分200cm^{3}の割合で水を入れるといっぱいになるのに，9000÷200＝45(分)かかる。下から２段目の容積は3000cm^{3}なのでいっぱいになるのに，さらに3000÷200＝15(分)かかり，水面の高さが20cmとなるのに，45＋15＝60(分)かかる。下から３段目の容積は2000cm^{3}なのでいっぱいになるのに，さらに2000÷200＝10(分)かかり，水面の高さが30cmとなるのに，60＋10＝70(分)かかる。よって，グラフは上のようになる。

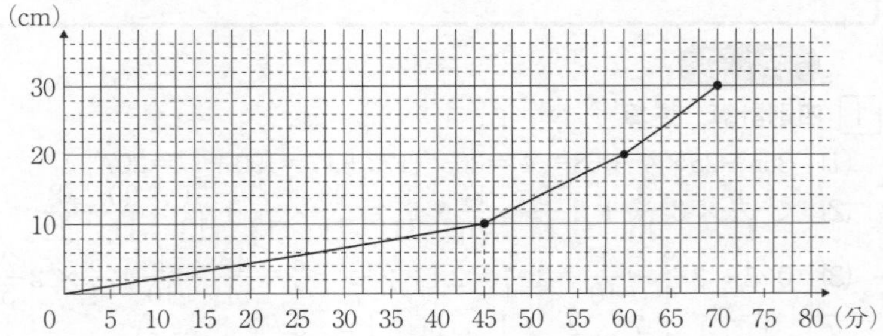

(4)　(い)の位置まで毎分400cm^{3}の割合で水を入れると，9000÷400＝22.5(分)かかる。(う)の位置までは，毎分$400\times\frac{2}{3}=\frac{800}{3}$(cm^3)の割合で水を入れると，さらに$3000\div\frac{800}{3}=11.25$(分)かかる。最後は毎分200cm^{3}の割合で水を入れるので，さらに2000÷200＝10(分)かかる。よって，22.5＋11.25＋10＝43.75(分)かかるので，最初から最後まで毎分200cm^{3}の割合で水を入れるより，70－43.75＝26.25(分)早く満水にすることができる。

5　数列

(1)　それぞれの行の最初の奇数は１行目が１で，次の行から４ずつ増えている。よって，10行目の最初の奇数は，１＋４×(10－１)＝37となる。

(2)　各行の３つの数の合計は，真ん中の数の３倍となっているから，真ん中の数は189÷３＝63であり，一番大きい奇数は，63＋２＝65となる。一番小さい奇数は61なので，(61－１)÷４＋１＝16(行目)である。16行目は16列から始まっているから，一番大きい奇数は18列目となる。

(3)　(2023－１)÷４＝505.5，(2023－３)÷４＝505より，2023はある行の真ん中の奇数である。最初の奇数は2023－２＝2021なので，その行は(2021－１)÷４＋１＝506(行)となる。この行は506列から始まっているから，真ん中の奇数である2023は507列目となる。

社 会 ＜第１回試験＞（20分）＜満点：50点＞

解 答

1 **問１** イ　**問２** エ　**問３** ア　**問４** オ・ク　**問５** 太平洋ベルト　**問６** イタイイタイ病　**問７** ア　2 **問１** 明智光秀　**問２** エ　**問３** ア　**問４** ウ　**問５** 源頼朝　**問６** ウ　**問７** ウ　**問８** 源氏物語　**問９** イ　3 **問１** ウ　**問２** ウ　**問３** ウ　**問４** 所得(税)　**問５** 34.3(％)　**問６** ４(年)　**問７** 知事　**問８** 18(歳)

解 説

1 地理についての総合問題

問１　Ｂにあたる「領域」とは，領土・領海(領土の海岸線から最大12海里までの範囲《はんい》)・領空(領土と領海の上の空域)から成り立つ，国の主権が及《およ》ぶ範囲を指す。

問２　エは中華人民共和国《ちゅうかじんみんきょうわこく》である。2023年２月の入試時点で中国の人口は世界一多かったものの，減少に転じていた。2023年４月に国連が年内にインドの人口が14億2860万人となり，中国の14億2570万人を上回り世界一となるという推計を発表している。さらに，今後もインドの人口増加は続く見込《みこ》みである。

問３　アはロシア連邦《れんぽう》である。ヨーロッパ州とアジア州にまたがっているロシアの国土面積は1709.8万km^2で，世界の陸地の約８分の１を占《し》めており，日本の国土面積の約45倍もある。なお，国土面積２位はイのカナダ，３位はウのアメリカ合衆国，４位はエの中華人民共和国，５位はオのブラジルである。

問４　オはブラジル，クはアルゼンチンである。

問５　太平洋ベルトは京浜《けいひん》工業地帯・中京工業地帯・阪神《はんしん》工業地帯・北九州工業地域〔地帯〕を結ぶ帯状の地域で，交通機関の整備が早くから進み，産業・人口が集中している。戦後，四大工業地帯から派生し，関東内陸工業地域・京葉工業地域・東海工業地域・瀬戸内《せとうち》工業地域など新たな工業地域が形成されていった。

問６　イタイイタイ病は，水俣病《みなまたびょう》・新潟水俣病《にいがたみなまたびょう》・四日市ぜんそくとともに四大公害病の一つとされている。四大公害病はいずれも高度経済成長期に多くの住民に深刻な健康被害を発生させ，大きな社会問題となった。患者《かんじゃ》とその家族は企業を訴える裁判を起こし，裁判所は企業の責任を厳しく追及した。

問７　アについて，「情報があいまいでも広めてよい」という内容が正しくない。インターネット上では誰もが情報発信が可能であるため，あいまいな情報も多い。利用する際には，情報が正確であるのか気を付けることが大切である。

2 大河ドラマで取り上げられた人物についての問題

問１　明智光秀《あけちみつひで》は本能寺の変で織田信長を自害に追《お》い込《こ》んだ後，山崎《やまざき》の戦いで豊臣秀吉《とよとみひでよし》に敗れた。その結果，豊臣秀吉が事実上の織田信長の後継者《こうけいしゃ》となり，天下統一に成功した。

問２　問題文中に「京都に近い現在の滋賀《しが》県」と書かれていることに注目する。なお，アの姫路《ひめじ》城《じょう》は兵庫県，イの大阪城《おおさかじょう》は大阪府，ウの江戸城《えどじょう》は東京都に位置している。

問３　アの参勤交代は大名に江戸と領地に１年おきに滞在《たいざい》することを義務づけたもので，1635年に３代将軍徳川家光が制度化した。

問４　ウの渋沢栄一《しぶさわえいいち》は富岡《とみおか》製糸場の建設や銀行の設立などに力をつくした人物である。なお，アの野口英世は黄熱病の研究などを行った細菌《さいきん》学者で現在の千円札の肖像《しょうぞう》，イの福沢諭吉《ふくざわゆきち》は『学問のすゝ《す》め』などを著した教育者で現在の一万円札の肖像，エの伊藤博文《いとうひろぶみ》は初代内閣総理大臣でかつて発行されていた千円札の肖像である。

問５　源頼朝《みなもとのよりとも》は平治の乱後に伊豆《いず》に流され，北条氏の娘《むすめ》である政子と結婚《けっこん》して地盤《じばん》を固め，源氏の棟梁《とうりょう》として平氏打倒《だとう》を源氏の武士団に命じた。頼朝が開いた鎌倉幕府《かまくらばくふ》は初の本格的な武家政権である。

問６　アの応仁の乱は室町時代に将軍のあとつぎ争いがきっかけとなって京都で起きた約11年にわたる内乱，イの大塩の乱は江戸《えど》時代後期に元幕府の役人だった大塩平八郎《おおしおへいはちろう》が大阪で起こした反乱，エの保元の乱は平安時代末期に朝廷《ちょうてい》内の権力争いが原因となって京都で起きた内乱である。

問７　アの桶狭間《おけはざま》の戦いは1560年に織田信長が今川義元を破った戦い，イの長篠《ながしの》の戦いは1575年に織田信長・徳川家康連合軍が大量の鉄砲《てっぽう》を用いて武田勝頼《かつより》を破った戦い，エの壇ノ浦《だんのうら》の戦いは1185年に源氏が平氏を滅《ほろ》ぼした戦いである。

問８　『源氏物語』は平安時代中期に，藤原道長《ふじわらのみちなが》の娘である彰子《しょうし》に仕えた紫式部《むらさきしきぶ》によって書かれた長編小説である。ほぼ同じ時期に，中宮だった定子《ていし》に仕えた清少納言は三大随筆《ずいひつ》の一つである『枕草子《まくらのそうし》』を著している。

問９　アの書院造《づくり》は室町時代に完成した住宅建築様式，ウの校倉《あぜくら》造は東大寺正倉院に見られる倉庫などの建築様式，エの数寄屋《すきや》造は安土桃山《あづちももやま》時代に誕生した茶室の建築手法を取り入れた住宅建築様式である。

3　政治や財政についての問題

問１　アの国務大臣の任命権を持っているのは国会ではなく内閣総理大臣である。イは戦後の歴代内閣総理大臣はすべて衆議院議員から選ばれてはいるものの，憲法第67条に「国会議員の中から国会の議決で，これを指名する。」と明記されており，参議院議員を指名することも可能である。エは天皇の国事行為《こくじこうい》が内閣の助言と承認を必要としている。

問２　ウは内閣府の説明である。総務省は地方自治・選挙・防災・情報通信など，国民生活の基盤《きばん》を担っている。

問３　アの当初の消費税率は３％だった。イの現在の消費税率は10％であり，軽減税率が認められているのは「酒類・外食などを除く飲食料品」と「定期購読《こうどく》で週２回以上発行される新聞」である。エについて，消費税は物やサービスの取り引きに対して広く均等に課される税である。

問４　個人の収入に対してかかる所得税は，所得が多いほど税率が高くなる累進《るいしん》課税制度がとられている。

問５　グラフ中の「公債《こうさい》金」の説明に「国の借金」と書かれていることに注目する。

問６　市議会議員と同様，任期が４年であるのは都道府県会議員・市町村長・都道府県知事・衆議院議員で，選挙で選出される特別職公務員では，参議院議員のみが任期が６年である。

問７　首長とは，行政機関を統率する長で，国の場合は内閣総理大臣，市町村の場合は市町村長が首長にあたる。

問８　2015年に公職選挙法が改正され，選挙権の年齢《ねんれい》要件が満20歳《さい》以上から満18歳以上に引き下げられた。これは，世界の国々の約９割が満18歳以上に選挙権を与《あた》えていることに足並みをそろえたこと，少子高齢化《こうれいか》が進み若い世代の意見が政治に反映されづらくなっていることを是正《ぜせい》することを目的としている。選挙権を行使できるのは，市議会や県議会の議員選挙以外に，都道府県知事・市町村長選挙，衆議院議員・参議院議員選挙，また，投票によって国民が政治に直接参加できる機会としては，憲法改正の国民投票，最高裁判所裁判官の国民審査《しんさ》がある。

理　科　＜第１回試験＞（20分）＜満点：50点＞

解　答

[1]　**問１**　断層　**問２**　イ　**問３**　こう星　**問４**　イ　**問５**　（例）　電流を大きくする。　**問６**　並列つなぎ　**問７**　イ　[2]　**問１**　ア，イ，ウ　**問２**　デンプン　**問３**　ヨウ素液　**問４**　⑴　アとイ　⑵　イとウ　⑶　イ　**問５**　イ　**問６**　エ　**問７**　ア　[3]　**問１**　①　酸性　②　アルカリ性　**問２**　**アルミニウム**…ア　**鉄**…ア　**問３**　**アルミニウム**…ア　**鉄**…イ　**問４**　白色　**問５**　ウ　**問６**　別のもの

解　説

[1]　**小問集合**

問１　地層に大きな力が加わると，地層が切れてずれることがある。このずれを断層という。

問２　日本付近の上空には，へん西風という強い西風がつねにふいている。そのため，南の海上で発生した台風が日本付近まで北上してくると，へん西風に流されて，イのように東の方へ進むようになる。

問３　太陽や星座をつくる星は，自ら光を放ってかがやいていて，このような星をこう星という。なお，自ら光っていない星のうち，こう星のまわりを回っている大きな星をわく星といい，地球や金星，火星などがあてはまる。また，わく星のまわりを回っている星をえい星といい，月などがあてはまる。

問４　図において，日本から見た月は，太陽の光がちょうど左側から当たっているので，イのように左半分が光って見える。この月を下げんの月という。

問５　電磁石の鉄芯《しん》とコイルの巻き数を変えないときには，コイルに流れる電流の大きさを大きくすると，電磁石の力を強くすることができる。

問６　かん電池１個のときと比べて，かん電池２個を直列つなぎにしたときは，電流を流し出すはたらき(電圧)が大きくなるので，豆電球に流れる電流の大きさも大きくなり，豆電球が明るくなる。それに対して，かん電池２個を並列つなぎにしたときは，電流を流し出すはたらきは変わらない(そのぶんかん電池が長持ちする)ので，豆電球に流れる電流の大きさも変わらず，豆電球の明るさは変化しない。

問７　磁石に引きつけられるのは，鉄やニッケルなどの限られた金属である。よって，鉄でできて

いるスチール缶《かん》(鉄は英語でスチールという)が適切である。なお，ガラス，銅(10円玉のおもな材料)，プラスチックは磁石に引きつけられない。

2 インゲンマメの発芽と成長についての問題

問1　種子が発芽するには，水，空気(酸素)，適当な温度の3つの条件がすべてそろっている必要がある。

問2　種子には，発芽するのに必要な栄養(養分)がたくわえられている。たくわえられている栄養の種類やその割合は植物の種類によって異なるが，インゲンマメの場合はおもにデンプンがたくわえられている。

問3　インゲンマメの種子がおもにたくわえているデンプンのありかを調べるので，デンプンに反応するヨウ素液を使うとよい。ヨウ素液は，デンプンに反応すると青むらさき色に変化する。

問4　(1)　肥料と成長の関係を調べるには，肥料の条件だけが異なり，ほかの条件(日光など)は同じものどうしを組み合わせて比べる。アには肥料がなく，イには肥料があって，両方ともほかの条件は同じになっているから，アとイを比べるとよい。　(2)　日光と成長の関係を調べるには，日光の条件だけが異なり，ほかの条件(肥料など)は同じものどうしを組み合わせて比べる。イには日光が当たっているがウには日光が当たってなく，両方ともほかの条件は同じになっているので，イとウを比べるとよい。　(3)　発芽したあと，よく成長するには，発芽に必要な3つの条件に加え，肥料や日光が必要である。アは肥料がなく，ウは日光が当たらないのに対し，イは肥料があって日光も当たるので，もっともよく成長するのはイと考えられる。

問5　葉には気こうという小さなすき間がたくさんあり，ここでは呼吸や光合成を行うために酸素や二酸化炭素が出入りしているほか，体内の水分を水蒸気にして放出している(蒸散という)。図のように苗《なえ》に袋《ふくろ》をかぶせると，苗が蒸散により水蒸気を出し，その水蒸気が袋にふれて冷やされ水てきにもどるため，袋の内側に水てきがつく。なお，呼吸や光合成によって袋の中の気体が大きく増減することはなく，よって，袋がしぼんだりふくらんだりするようすは観察されない。

問6　葉をすべて取ってしまうと，苗は蒸散することができなくなるため，袋の中では水蒸気が増えず，水てきがつかない。つまり，袋に変化は見られない。

問7　袋をかぶせた苗を日なたにしばらく置いておくと，苗は光合成をさかんに行う。光合成は，空気中から取り入れた二酸化炭素と根から吸い上げた水を使い，日光のエネルギーを利用してデンプンをつくるはたらきのことで，このとき酸素もつくられる。そのため，光合成がさかんに行われているときは，葉の気こうでは二酸化炭素が取り入れられて，酸素が放出される。したがって，3時間たったときの袋の中の空気では，酸素が増えて，二酸化炭素が減っている。

3 水よう液と金属の反応についての問題

問1　酸性の水よう液には塩酸，炭酸水，レモン汁《じる》など，中性の水よう液には食塩水，砂糖水，アルコール水よう液など，アルカリ性の水よう液には水酸化ナトリウム水よう液，アンモニア水，重そう水などがある。

問2　うすい塩酸にアルミニウムや鉄を入れると，どちらもさかんにあわ(水素)を出しながらとける。

問3　うすい水酸化ナトリウム水よう液にアルミニウムを入れると，さかんにあわ(水素)を出しながらとける。しかし，鉄を入れたときは反応が見られない。

問４　うすい塩酸にアルミニウムを入れると，水素のあわがさかんに発生すると同時に，塩化アルミニウムという物質ができる。この物質は水にとけるため，蒸発皿にとった上ずみ液にとけこんでいる。よって，上ずみ液を熱して水分を蒸発させると，あとに塩化アルミニウムの白い固体が残る。

問５　塩化アルミニウムはうすい塩酸と反応しない。しかし，水にはとけるので，塩化アルミニウムをうすい塩酸に入れると，あわを出さずにとけこむ。

問６　塩化アルミニウムは，もとのアルミニウムとはまったく別の物質である。

国　語　＜第１回試験＞（40分）＜満点：100点＞

解　答

一　①〜④　下記を参照のこと。　⑤　こころよ(い)　⑥　たず(ねる)　⑦　そしき　⑧　たなばた(しちせき)　⑨　聖　⑩　願　二　**問１**　ながーい，ながい一本の線を辿ってゆくこと　**問２**　(例)　過去から未来へと前進しながら，現在を生きているという意識。　**問３**　エ　**問４**　ア　**問５**　(最初)社会全体が〜(最後)動き出した(時代。)　**問６**　Ⅰ　オ　Ⅱ　ア　Ⅲ　カ　Ⅳ　ウ　Ⅴ　エ　Ⅵ　イ　**問７**　Ａ　ア　Ｂ　イ　Ｃ　イ　Ｄ　ア　**問８**　ア　三　**問１**　(例)　国語の成績がよくないこと。　**問２**　(例)　漢字の読み書きや語句の意味のドリルを解く。　**問３**　(例)　先生の説明をよく聞いて，大事な点をメモする。　**問４**　(3)『　(4)』　**問５**　(例)　指示語や接続詞に注目し，筆者の主張を読み取ること。　**問６**　(例)　登場人物の気持ちを感じ取ること。　**問７**　(例)　読む人に理解してもらえるようにわかりやすくする。

●**漢字の書き取り**

一　①　応(える)　②　効(く)　③　適切　④　尊敬

解　説

一　漢字の読みと書き取り，四字熟語の完成

①　他からの働きかけに沿《そ》うような反応を示すこと。　②　効果や働きがあらわれること。　③　その場合によく当てはまって，ふさわしいこと。　④　相手を敬うこと。　⑤　気分がよいこと。　⑥　目的を持ってある場所に行くこと。　⑦　人々が協力して目標を達成するための仕組み，そのための団体。　⑧　日本のお祭り行事の一つ。　⑨「聖人君子《せいじんくんし》」とは，非のうちどころのない性格で，知識や教養にすぐれた人のこと。　⑩「他力本願《たりきほんがん》」とは，自分で努力をせずに，ひたすら他人の協力や援助をあてにすること。

二　出典は平野《ひらの》啓一郎《けいいちろう》「小説の読み方　感想が語れる着眼点」による。小説の構造が人間の時間感覚と同じであることを述べつつ，人間が認識したものを主語ー述語という構造に落とし込んでいく様子についても述べられている。

問１　ぼう線部では，小説を読むためには長い時間がかかるということが述べられているため，これをたとえている部分を探す。同じ段落の最後に「小説を読むという行為《こうい》が，そのながーい，ながい一本の線を辿《たど》ってゆくこと」とあることに着目して抜きだす。

問２　同じ段落内に書かれている「私たちは淡々《たんたん》と現在を生き，過去から未来へという〈矢印〉に従って前進している」という部分に着目してまとめる。

問３　直前の段落に着目すると，近代になってから社会の全員が共通の時間を持つ必要が出てきたと述べられている。したがって，近代より前はそのような社会全員の共通の時間がなかったと考えられる。そのため共通の時刻表を作成するのが難しかったのである。

問４　「マスメディア」とは，「大衆《たいしゅう》に対して情報伝達するための媒体《ばいたい》」となるものであるため，アのラジオが正答。

問５　「そういう時代」とあるので，直前から「時代」を説明している部分を探す。直前の段落で「近代」という時代について述べられているので，近代のことをどのような時代と表しているかを探せばよい。ぼう線直前の段落のはじめに「社会全体が，同じテンポで，同じひとつの〈矢印〉に沿って動き出した」とあるので，ここを抜きだす。

問６　空らんの部分は「人間が石を黒曜石《こくようせき》という火山岩の一種と認識する流れ」を説明したものである。そのため直前の段落を読みながら考える。「得体の知れない物体(＝ん？)」→「何だろうと手に取る(＝オ)」→「ああ，石ころか(＝ア)」→「石ころといっても，なんだか不思議な輝きをしている(＝カ)」→「色や形を観察する(＝ウ)」→「調べてみると，黒曜石だと分かる(＝エ)」→「火山岩の一種だと分かる(＝イ)」の順となっている。

問７　本文中の空らんに「主語」「述語」のどちらが当てはまるかを考える。**Ａ**「これは」は主語にあたるためア。次に**Ｂ**「…だ」は文末部分のことを指しているので，述語であるためイ。そして「しっくりこない」部分が**Ｃ**であるが，その部分とは「…だったんだろうか？」を指すので，こちらも述語イである。最後に「は」，「が」といった言葉がつくのは主語なので，空らん**Ｄ**は主語アである。

問８　本文の内容と合わないものを選ぶことに注意する。ア「過去・現在・未来を行き来し」という部分が誤り。問２でも確認したように，たとえ過去や未来のことを考えたとしても，結局は現在を生きており，誰もが過去から未来に向かって生きていると述べられているので，「行き来」という表現が不適切。

三　会話文の読み取り

問１　問題文を読むと「『悩み』についての発言」とあることに注意する。直後でＢさんが「私も六年生になってから，難しくなったと感じる」と言っていること，Ａさんの「悩み」であることを踏《ふ》まえて，「授業・勉強が難しくなったこと」や「国語の成績がよくないこと」などを書けばよい。

問２　「Ｂさんの回答と同じにならないように」とあるので，「普段の授業を集中して受けること」以外の解答を考える。

問３　Ａさんが直後で「ただ聞いているだけじゃダメなんだね」と言っていることに着目して，授業を受けるときに「先生の話を聞く」こと以外で取り組めることを付け加えて書く。

問４　(3)と(4)の間に入るのは，会話文である。したがって会話を示すかぎかっこを入れればよい。

問５　大事な部分に線を引いて読むなど，具体的な行動を書くとよい。

問６　こちらも問５同様，物語文を読むときに自分が心がけていることを書けばよい。心情の部分に注意して読むなど，物語文特有の注意点を考える。

問７　たとえば「一つの段落で一つの内容を書く」，「短い文で書くことで，主語と述語がずれないようにする」といったことが考えられる。相手にとって読みやすい文章を書くためには，どうすればよいかということを考えて書けばよい。また，解答をまとめるときも，短く簡潔に，読む人にとってわかりやすい解答を書けるように注意する。

Memo

2023年度

聖望学園中学校

＊【適性検査Ⅰ】は国語ですので、最後に掲載してあります。

【適性検査Ⅱ】〈第２回・適性検査型試験〉（45分）〈満点：300点〉

1 花子さんと太郎さんは理科室で話をしています。

太郎：この夏はとても暑かったね。外ではウェットシートでずっとあせをふいていたよ。
花子：どうしてウェットシートでからだをふくとひんやりと感じるのだろう。

花子さんと太郎さんは先生に聞いてみました。

先生：それはウェットシートにふくまれている液体が関係しているんだ。ウェットシートの中の液体がからだにふれて蒸発するときに熱をうばう。これによって、からだは熱をうばわれて温度が下がる。つまり、ひんやりするってことなんだ。理科室にある２つのウェットシートでどのくらい温度が下がるか試してみよう。

２つのウェットシートＡとＢを用意し、時間とともにどのくらい温度が下がるか調べてみました。

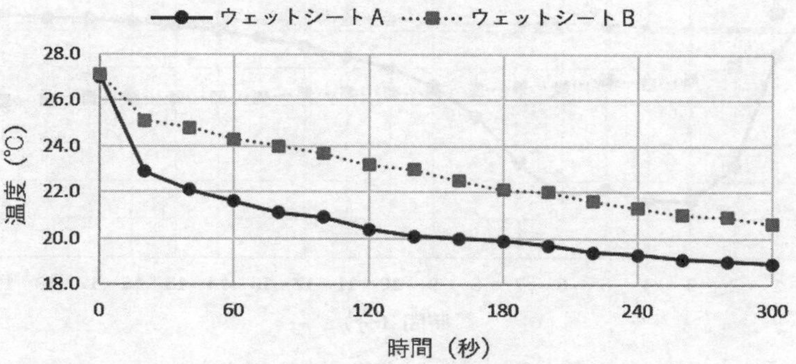

図１　ウェットシートの温度変化

花子：ウェットシートによって、温度の下がり方がちがうんですね。
先生：そうなんだよ。ウェットシートにふくまれている液体の種類によって蒸発のしやすさが異なるんだ。
太郎：アルコール消毒したとき、手がひんやりするのも同じ原理ですか。
先生：その通り。アルコール消毒で使われるエタノールという液体と、水とで蒸発のしやすさのちがいを調べてみようか。

【実験】

①　ペーパータオルで温度計をはさみ、それを２つ用意した。

②　１つのペーパータオルにはエタノールを５mLしみこませ、もう片方のペーパータオルには水を５mLしみこませて、ペーパータオルの温度変化を調べた。

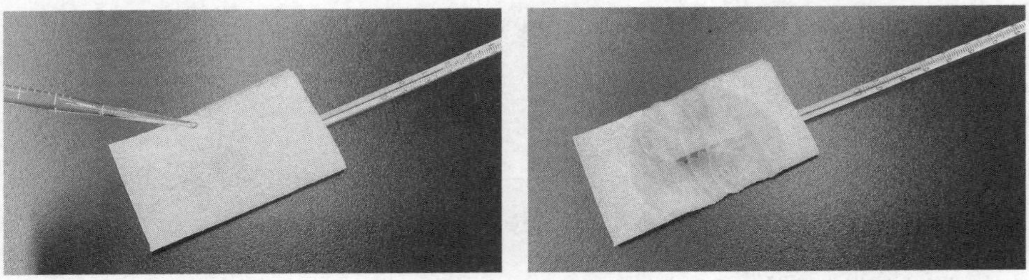

図２　温度計をはさんだペーパータオルにエタノールまたは水をしみこませた様子

【結果】

図３のようになった。

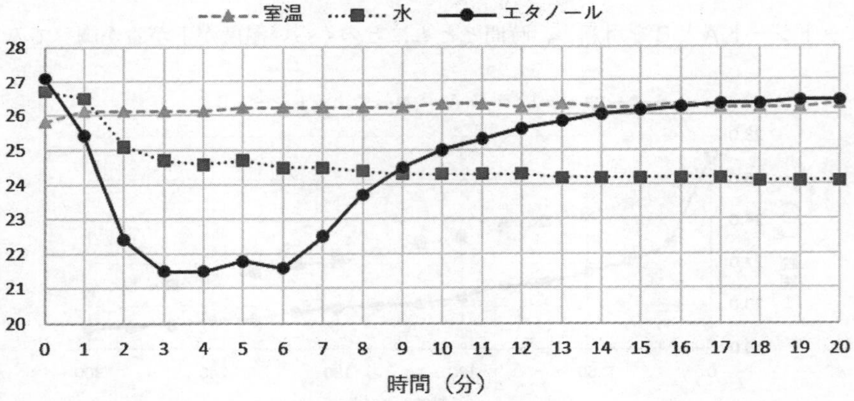

図３　水とエタノールの蒸発による温度変化

〔問題１〕グラフの０分から３分の部分から、エタノールと水のどちらが蒸発しやすいと考えられますか。また、その理由を答えなさい。

〔問題２〕エタノールのグラフについて、６分以降、しだいに温度が上がってきた理由を答えなさい。

先生：おもしろい結果が得られましたね。

花子：先生、この理科室、ちょっと蒸しあついです。

先生：理科室はちょっと湿度《しつど》が高いんだね。

花子：湿度って何ですか。

先生：湿度とは空気の中の水蒸気の割合のことなんだ。同じ気温でも湿度が高いとあたたかく感じ、湿度が低いとすずしく感じるんだ。理科室に乾湿計《かんしつけい》があるから見てみよう。

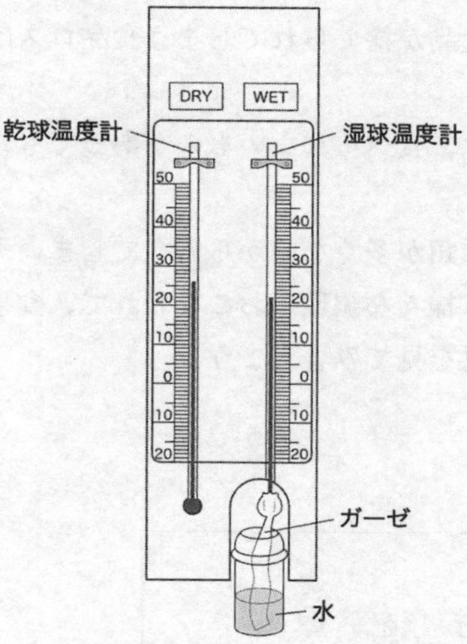

図４　乾湿計

太郎：温度計が２本あるね。

先生：乾球《かんきゅう》温度計が気温を示し、乾球温度計と湿球《しつきゅう》温度計の温度の差を取り、湿度表を読み取ることで湿度を求めるんだ。今の理科室の湿度を求めてごらん。

表　湿度表

乾球の温度〔℃〕	乾球温度計と湿球温度計の温度の差〔℃〕					
	0.0	1.0	2.0	3.0	4.0	5.0
28	100	92	85	77	70	64
26	100	92	84	76	69	62
24	100	91	83	75	67	60
22	100	91	82	74	66	58

太郎：乾球温度計が26℃、湿球温度計が22℃だ。湿球温度計の方が４℃低いんだね。湿度表を読み取ると、今の理科室の湿度は69％だ。

花子：表を見ると、乾球温度計と湿球温度計の温度の差が大きいほど、湿度が低くなっているよ。ちなみに湿球温度計にはガーゼが巻いてあって、ガーゼは水にひたされているね。

先生：そうだね。乾湿計にはこのガーゼの水の蒸発が関係しているんだ。

〔問題３〕乾球温度計と湿球温度計の温度の差が大きいほど湿度が低くなる理由を答えなさい。

2 太郎さんと花子さんと先生が食事について話をしています。
三人の話を読んで、それぞれの問題に答えなさい。

太郎：花子さん、落ち込んでいるようだけど、どうかしましたか。

花子：昨日の夕食に嫌いな食材があって、食べずに残したことを両親にきつく怒られてしまったの。

太郎：確かに食事を残すことはよくないけど、苦手な食材もあるよね。

先生：そうだね。しかし、残された食品が捨てられてしまう食品ロスは国内だけではなく、世界でも問題になっているんだよ。

花子：おいしい食べ物が多い現在では、食べられないものがあっても、そのほかに食べるものがあるから、つい残してしまうね。

太郎：昔の人たちは、今ほど料理の種類が多くないから飽きてしまいそうだね。

先生：そんなことはないよ。古くから様々な調理がおこなわれて、食事を楽しんでいたという歴史資料は残っています。こちらの資料を見てみましょう。

資料１

一、これは、卵鍋にてたまごわりこみ、厚さ一分ほどに焼く。さて蓮のふときをむき、よくゆでて雫をさり、右のたまごに、又たまごの白味をぬり、すこし、うどん粉をふりて、右の蓮の中へ入れて、能〆て巻め、小口に同じく白味をぬり、右の蓮の中のす穴へ、すこし白味をながしこみ、遠火にて、火とりて、よくさまして、切るべし。

参考資料「万宝料理秘密箱　前編」
国文学研究資料館

花子：現在でいう料理レシピみたいなものですか。

先生：その通りです。こちらは1795年の江戸時代に出版《しゅっぱん》された資料です。

太郎：昔の人も食材をおいしく食べる工夫をしていたんだね。

〔問題１〕**資料１**を見て、この手順にしたがって調理をおこなったときに、完成すると考えられる料理の写真を以下から選択し、番号（**写真１～３**）で答えなさい。また、選択した理由を、**資料１**から読み取った内容をふくめて説明しなさい。

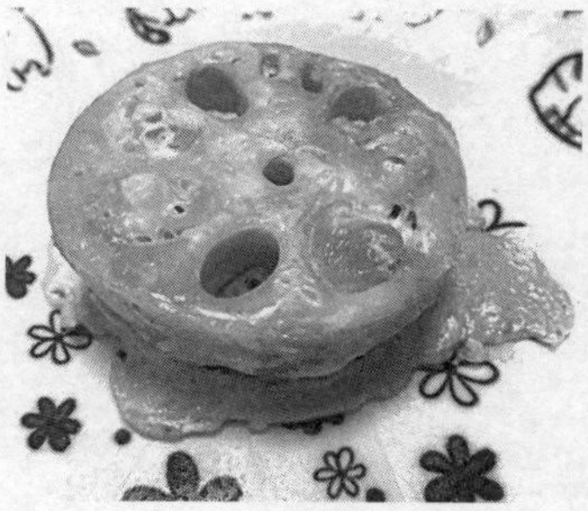

写真１

写真２

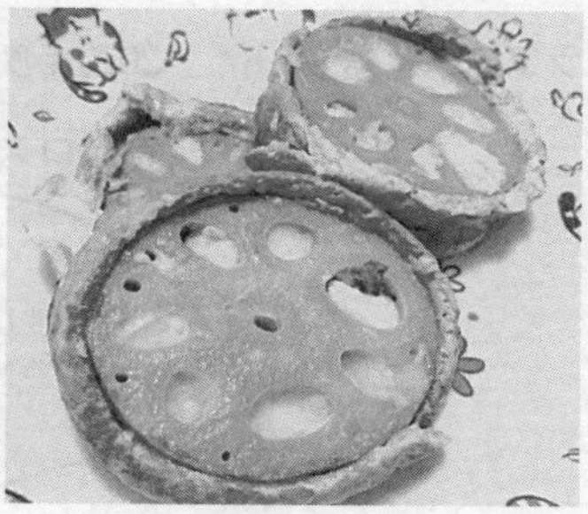

写真３

先生：おいしく調理することも、食品ロスを減らす大切な工夫ですね。

花子：わたしが食事を残してしまったことも、大きな問題の一部なんですね。

太郎：食品ロスについて、もう少し調べてみたくなりましたね。

先生：わかりました。では、どれほどの食品ロスがあるのかを見るために、グラフを見てみましょう。

グラフ１

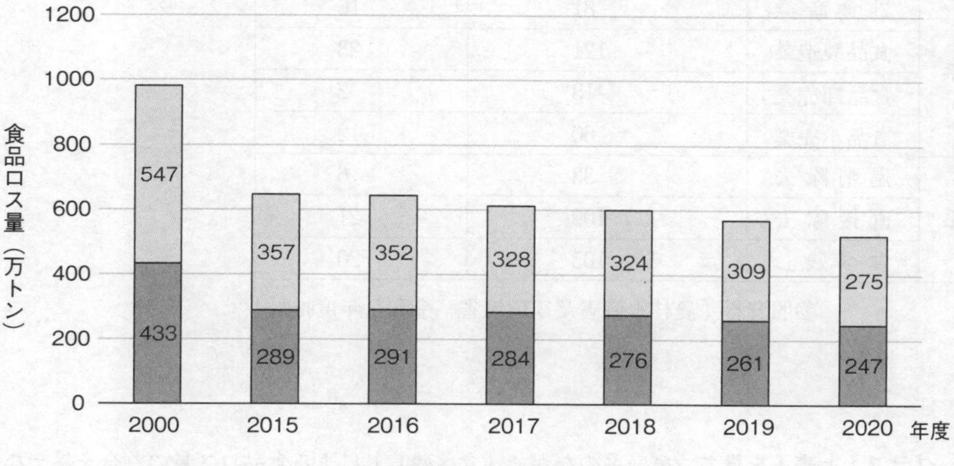

参照資料「消費者庁　食品ロス削減関係参考資料」

花子：なん万トンって想像するのが難しい量ですね。でも、年々減っているんですね。

先生：大体、日本の人口１人あたり毎日おにぎり１つや、お茶碗１杯分のご飯を捨てていると言われていますよ。

太郎：**グラフ１**を見てみると、家庭系と事業系では、事業系の減少が大きいですね。

先生：事業系とは、レストランや、食品をつくる場所、食品を売る場所のことですね。これらは法律の整備などによって、様々な取り組みが義務付けられていきました。
花子：それでは、家庭系はわたしたちが意識しないといけないことですね。
先生：もう少し詳しく調べてみましょう。

グラフ２　2020年度食品ロス量の内訳

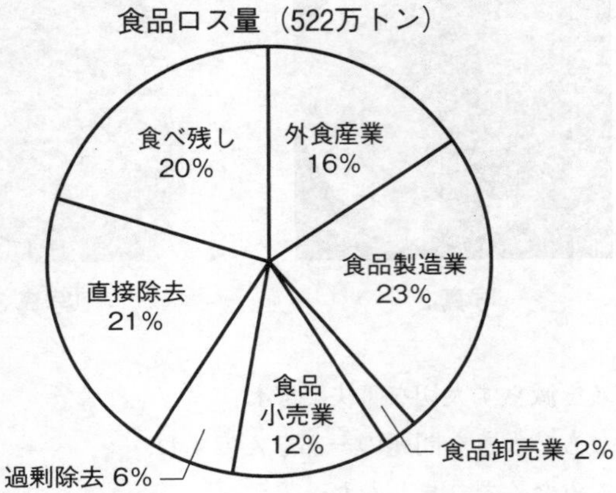

表１　2020年度食品ロス量の内訳表

種別	項目	食品ロス量（万トン）	全体の割合（％）
事業系	外食産業	81	16
	食品製造業	121	23
	食品卸《おろし》売《うり》業	13	2
	食品小《こ》売《うり》業	60	12
家庭系	過剰除去	33	6
	直接除去	109	21
	食べ残し	105	20

参照資料「農林水産省及び環境省　令和２年度推計」

〔問題２〕

(1)　**グラフ１**と**表１**を見て、家庭系のなかで「食べ残し」による食品ロス量の割合を答えなさい。割合は小数第二位を四捨五入して小数第一位まで求め、百分率で表しなさい。

(2)　食品ロスを減らすための取り組みとして、現代の国内でできることを考えて、説明しなさい。ただし、会話文にある、「食事を残さない」「おいしく調理する」ということに関する内容は採点の対象外になります。

太郎：でも、食料をたくさん捨ててしまっているのなら、食料をつくりすぎなければいいのではないですか。

花子：そうね。先生、どのくらい食料をつくっているか調べられますか。

先生：ただつくっている量を見るのではなく、国内でつくったものを、どれだけ国内で食べて（消費して）いるのかを表す、食料《しょくりょう》自《じ》給率《きゅうりつ》という数字を見てみましょう。

グラフ３

昭和40年度以降の食料自給率の推移

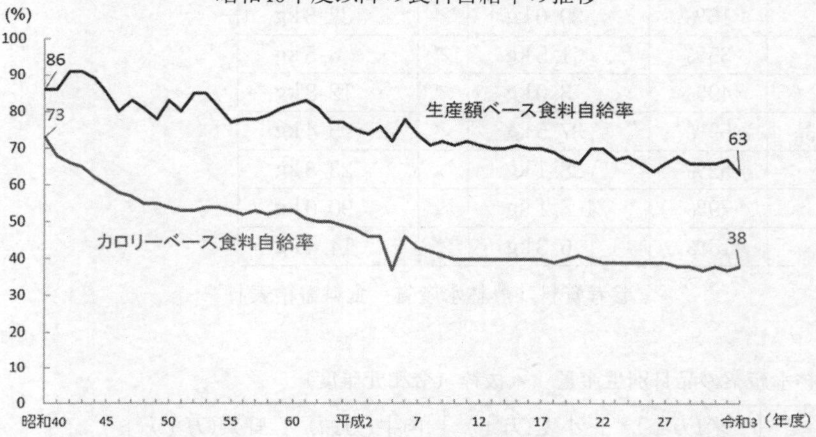

参考資料「農林水産省　食料自給率推移」

先生：今回はカロリーベースの食料自給率に注目してみましょう。これは、国民が食事からとっているエネルギー（カロリー）のうち、どのくらいの割合が国内でつくられた食料からとっているかをあらわしています。

花子：それでは、令和３年度の日本は38％しか国内の食料を食べていないということかしら。

太郎：正確ではないけど、数字だけ見るとそういうことになるね。

花子：ほかの国はどうなっているのでしょうか。

グラフ４

先進諸国食料自給率（カロリーベース）

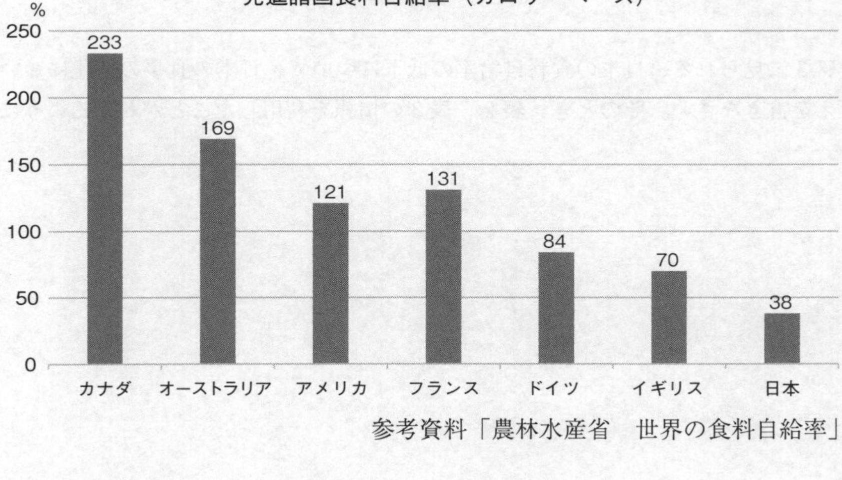

参考資料「農林水産省　世界の食料自給率」

太郎：聞いたことがある国と比べても、日本はとても少ないですね。
先生：品目別に見てみると、特徴《とくちょう》がわかるかもしれませんね。

表２　日本国内の品目別食料推移

品　目	品目別自給率	国民１人１年あたりの消費量の変化		
		昭和40年度		令和元年度
米	97%	111.7kg	↘	53.0kg
小麦	16%	29.0kg	↗	32.3kg
牛肉	35%	1.5kg	↗	6.5kg
豚肉	49%	3.0kg	↗	12.8kg
牛乳・乳製品	59%	37.5kg	↗	95.4kg
魚介類	52%	28.1kg	↘	23.8kg
野菜	79%	108.1kg	↘	90.0kg
油脂類	13%	6.3kg	↗	14.4kg

参考資料「農林水産省　食料需給表」

表３　国別農林水産業の品目別生産量　＊抜粋（令和元年度）

	米(万ｔ)	小麦(万ｔ)	肉牛(万頭)	野菜(万ｔ)
カナダ	—	3235	1150	231
オーストラリア	7	1760	2472	174
フランス	8	4060	1815	443
日本	1053	104	384	1020

参考資料「とうほう　グラフィックワイド地理ⅠⅡ」

〔問題３〕

(1)　**グラフ４**を見たときに、食料自給率が100%を超えている国と日本における、農林水産業の違いについて、**表３**を参考に説明しなさい。

(2)　**グラフ３**に見られる、日本の食料自給率の低下について、日本の食事の変化についてあなたの考えを書きなさい。そのとき、**表２**、**表３**の情報を利用したことがわかるように説明しなさい。

3 太郎さんと花子さんは算数の宿題について話し合っています。

算数の宿題

$$\frac{1}{2}+\frac{1}{6}+\frac{1}{12}+\frac{1}{20}+\frac{1}{30}=$$

太郎：分数の足し算なので、すべて分母を通分して計算すればいいのですが、面倒な計算になりますね。

花子：何か工夫して計算するのだろうけど、どのように工夫するのだろう。

太郎：$\frac{1}{2}=1-\frac{1}{2}$，$\frac{1}{6}=\frac{1}{2}-\frac{1}{3}$，$\frac{1}{12}=\frac{1}{3}-\frac{1}{4}$，…，というように考えたらどうだろう。

花子：あ、なるほど。この考え方を使えば、簡単に計算できるね。

例えば、順番を変えて足し算を先にかくと

$$1-\underline{\frac{1}{2}}+\underset{\sim\sim}{\frac{1}{2}}-\frac{1}{3}=1+\underset{\sim\sim}{\frac{1}{2}}-\underline{\frac{1}{2}}-\frac{1}{3}=1-\frac{1}{3}=\frac{2}{3}$$

(あ)

になるよ。

〔問題１〕花子さんの計算で、(あ)はどのように考えたか説明しなさい。

〔問題２〕太郎さんの考え方を参考にして算数の宿題の答えを求めなさい。ただし、計算式や言葉を使って過程も記しなさい。

太郎：図書館で調べてきたけど、$\frac{1}{2}$，$\frac{1}{3}$ のように分子が１の分数を「単位分数」といいます。

今回の宿題は単位分数の引き算の結果が単位分数になる組み合わせを利用する計算で、有名な問題らしいよ。

花子：図書館の参考書に同じような問題があったので解いてみましょう。

花子さんが見つけた問題

$$\frac{1}{1\times3}+\frac{1}{3\times5}+\frac{1}{5\times7}+\frac{1}{7\times9}+\frac{1}{9\times11}=$$

太郎：この問題、分母が計算されていなくて少しおかしいですね。

花子：そうだね。でも問題作成した人が間違えるわけないから…、何か意図があるのかな。

太郎：分母にある数字を使って先ほどの問題と同じように最初だけ計算をしてみよう。

太郎さんの計算結果

$$\frac{1}{1}-\frac{1}{3}=\frac{2}{3}$$

花子：分子が１となっていないので問題の数字と違うね。
太郎：ひらめいたかもしれません。この数字に $\boxed{\text{ア}}$ 倍すれば、$\frac{1}{3}$ になりますね。
花子：太郎さんの考え方をまとめると次のようになりますね。

太郎さんの考え方のまとめ

$$\frac{1}{1\times 3}=\left(\frac{1}{1}-\frac{1}{3}\right)\times\boxed{\text{ア}}\text{、}\frac{1}{3\times 5}=\left(\frac{1}{3}-\frac{1}{5}\right)\times\boxed{\text{ア}}$$

太郎：他の分数についても次のようになりますね。

太郎さんの計算

$$\frac{1}{5\times 7}=\left(\frac{1}{\boxed{\text{イ}}}-\frac{1}{\boxed{\text{ウ}}}\right)\times\boxed{\text{ア}}$$

$$\frac{1}{7\times 9}=\left(\frac{1}{\boxed{\text{エ}}}-\frac{1}{\boxed{\text{オ}}}\right)\times\boxed{\text{ア}}$$

$$\frac{1}{9\times 11}=\left(\frac{1}{\boxed{\text{カ}}}-\frac{1}{\boxed{\text{キ}}}\right)\times\boxed{\text{ア}}$$

花子：そうだね。例えば、計算の順番を変えて

$$\left(\frac{1}{1}-\frac{1}{3}\right)\times\boxed{\text{ア}}+\left(\frac{1}{3}-\frac{1}{5}\right)\times\boxed{\text{ア}}=\left(1-\frac{1}{3}+\frac{1}{3}-\frac{1}{5}\right)\times\boxed{\text{ア}}$$

$$=\left(1-\frac{1}{5}\right)\times\boxed{\text{ア}}$$

と考えることができるので、これを使ってみよう。

〔問題３〕 $\boxed{\text{ア}}$ ～ $\boxed{\text{キ}}$ にあてはまる数字を答えなさい。

〔問題４〕「太郎さんの考え方のまとめ」、「太郎さんの計算」を利用して、「花子さんが見つけた問題」の答えを求めなさい。ただし、計算式や言葉を使って過程も記しなさい。

【適性検査Ⅲ】〈第２回・適性検査型試験〉（45分）〈満点：300点〉

1　放課後に理科室を訪れた太郎さんと花子さんは、理科の授業で観察に用いたゾウリムシが容器の中で大量に繁殖《はんしょく》していることに気がつきました。

太郎：ゾウリムシはいつまで増え続けるのかな。

花子：理科の授業でゾウリムシは食べ物を食べて生活していると習ったよ。だから、容器の中に食べ物がある間は増え続けるのではないかな。

太郎：でも、たくさん増えすぎてしまうときゅうくつになって、それ以上増えることは難しそうだね。

先生：そうですね。二人が言ってくれたように、容器の中の食べ物や生活するための場所（生活空間）には限りがありますよね。卵や子どもを生んだり、自分が生きていったりするために必要な食べ物や空間などを資源といいます。この資源に限りがある場合、その環境《かんきょう》の中で生きていける個体数には上限があります。

太郎：ゾウリムシは容器の中で際限なく増え続けるわけではないのですね。

先生：その通りです。ある環境の中で生物の個体数が増加していくと、その生物の出生率（卵や子どもが生まれる割合）や死亡率（死んでしまう割合）が変化し、個体数の増加がおさえられてしまうのです。

〔問題１〕下線部について、生物の出生率と死亡率はそれぞれどのように変化すると考えられますか。

先生：動物の出生や死亡に関しては、さらに面白《おもしろ》い話があります。自然界では、生まれた卵や子どものすべてが大人になるまで生き残れるわけではありませんよね。どのようなことが考えられますか。

太郎：卵や子どもがほかの動物にエサとして食べられてしまうことがあります。

花子：環境の急激な変化や病気で突然《とつぜん》死んでしまうこともあります。

先生：そうですね。二人は、動物の一生の中でもっとも死亡率が高い時期はいつだと思いますか。

花子：やっぱり小さい子どものときなのかな。

太郎：年をとってからのほうが死んでしまう割合は高いんじゃないかと僕《ぼく》は思うな。

先生：では、ある**［動物あ］**を例にして確かめてみましょう。この**表**は、同時期に生まれた**［動物あ］**が時間の経過とともにどのように減っていくかを示したものです。**表**の中の「生存数」は各年齢《ねんれい》の開始時にみられる個体数、「死亡数」は各年齢の期間内に死亡した個体数を表しています。

花子：この**表**を見ると、**［動物あ］**が１年間で死んでしまう割合もわかるね。

表　[動物あ] の生命表

年齢(歳《さい》)	生存数	死亡数	死亡率(%)
0	1000	60	6.0
1	940	94	10.0
2	846	（　ア　）	5.4
3	800	14	1.8
4	786	12	1.5
5	774	30	3.9
6	（　イ　）	56	7.5
7	688	48	（　ウ　）
8	640	69	10.8
9	571	132	23.1
10	439	187	42.6
11	252	156	61.9
12	96	89	92.7
13	7	5	71.4
14	2		

〔問題２〕**表**の空欄《らん》（　ア　）～（　ウ　）に入る数を計算して求めなさい。死亡率について割り切れない場合は、小数点以下２位を四捨五入して小数点以下１位で答えなさい。

太郎：この**表**を使えば、時間とともに個体数がどのように減っていくかをグラフにすることができるね。

先生：このようにしてかいたグラフを生存曲線といいます。生存曲線を縦軸《たてじく》によく注意してかいてみましょう。

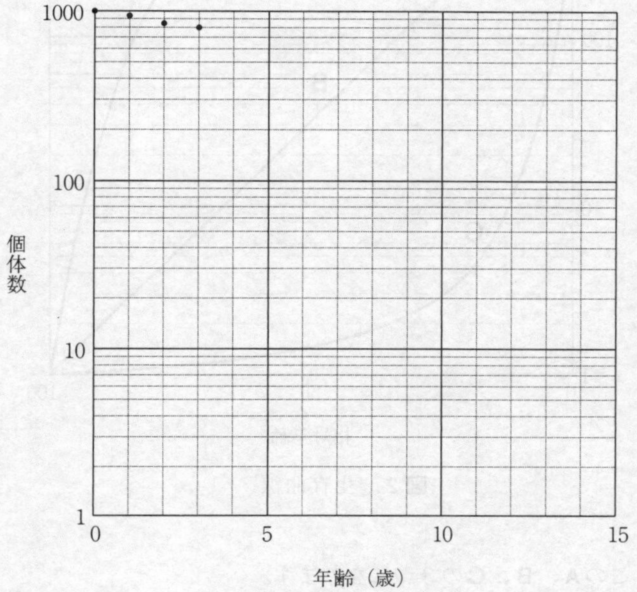

図１　［動物あ］の生存曲線

〔問題３〕**［動物あ］**の生存曲線の続きを解答欄《らん》のグラフにかき加え、完成させなさい。

太郎：グラフは年を取ってからのほうが急に下降しているね。

先生：そうですね。生存曲線をいろいろな動物でかいてみるとまったく違《ちが》う形のものもあるのですよ。グラフの形を比べてみると、それぞれの動物の繁殖や子育てのことがわかりますよ。

花子：そうなんですね。でも、動物の種類によって寿命《じゅみょう》の長さは違うから、例えば、ゾウとメダカを一つのグラフにかいて比べることは難しいよね。

先生：それは、それぞれの動物の年齢を相対年齢にすることで比較できます。

花子：相対年齢とはなんですか。

先生：同時期に生まれたある世代の個体がすべて死んでしまったときまでの期間を100とする考え方です。

太郎：なるほど。そうすれば、寿命の長さの違う動物どうしでも比較することができるね。

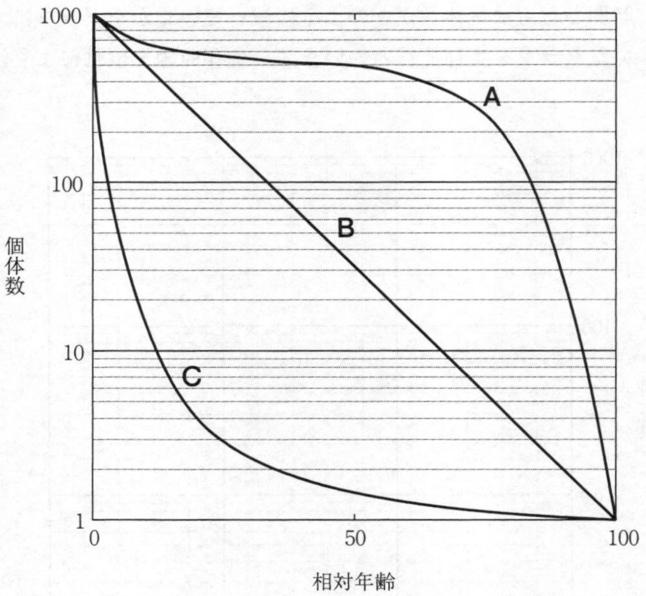

図２　生存曲線

先生：代表的なものは、この**A**、**B**、**C**の３つになります。

太郎：まったく違う形だね。さっきかいた［**動物あ**］のグラフに似たものもあるね。

先生：**B**のグラフは一直線ですね。これは生涯《しょうがい》にわたって【　※　】がほぼ一定であることを表しています。

花子：**C**のグラフは、生まれてから短い間に個体数が激減しているわ。

太郎：早い段階でほとんどの個体が死んでしまうということだね。どうしてだろう。

花子：卵や生まれたばかりの小さい子どもは、ほかの生物のエサになってしまいそうだわ。もしも、全部食べられてしまったら絶滅《ぜつめつ》してしまうのかしら。

先生：そうですね。でも、自然界ではそんなことにはあまりなっていませんよね。

太郎：何か工夫があるのかな。

先生：**C**のグラフとは反対に、**A**のグラフは生まれてから間もない時期では個体数にあまり変化がないことが読み取れますね。どの生物も、次の世代の親になる個体を残すために、さまざまな工夫をしています。それぞれどのような特徴《とくちょう》があるか考えてみましょう。

〔問題４〕

(1)　【　※　】に当てはまる語句を次の①～④から１つ選び、番号で答えなさい。

①　生存数　　②　死亡数　　③　死亡率　　④　成長率

(2)　生存曲線**A**、**C**になるような動物には、それぞれどのような特徴があるかと考えられますか。「生まれる卵や子どもの数」および「親による子育て」に着目して答えなさい。

2 太郎さんは次のようなルールにしたがって、ゲームをします。

ゲームのルール

- 太郎さんは当たりくじとはずれくじが１本ずつ入った袋から１本のくじを引きます。
- 当たりのくじを引いた場合はアメを１個獲得し、はずれを引いた場合は１個失います。
- アメの個数が途中で０個となった場合はくじの結果によらず、１個獲得できます。
- 始め、太郎さんはアメを２個持っています。

太郎さんが８回ゲームをしたところで、太郎さんのアメの個数が初めて０個になりました。このとき、以下の問いに答えなさい。

太郎さんの持っているアメの個数を縦軸、ゲームの回数を横軸にとり、ゲームの回数とアメの個数の関係を記入します。

例えば、ゲームが０回のとき太郎さんのアメは２個（点**A**）で、１回目のゲームで太郎さんが当たりくじを引いたらアメは３個（点**B**）となり、はずれくじを引いたらアメは１個（点**C**）となります。（**図１**）

さらに、ゲームの様子の一部を点と矢印を用いて記入したのが**図２**と**図３**です。

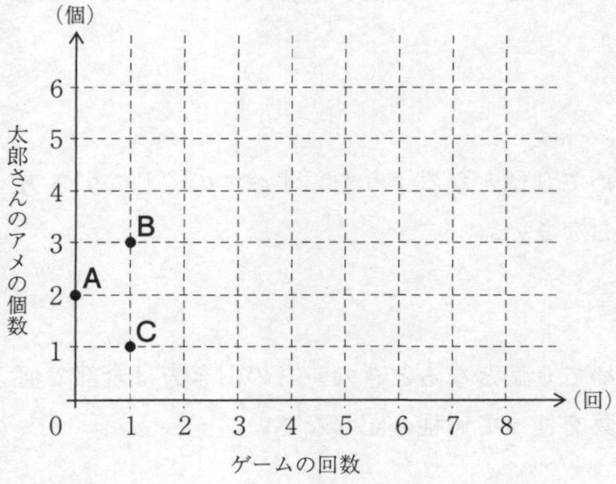

図１

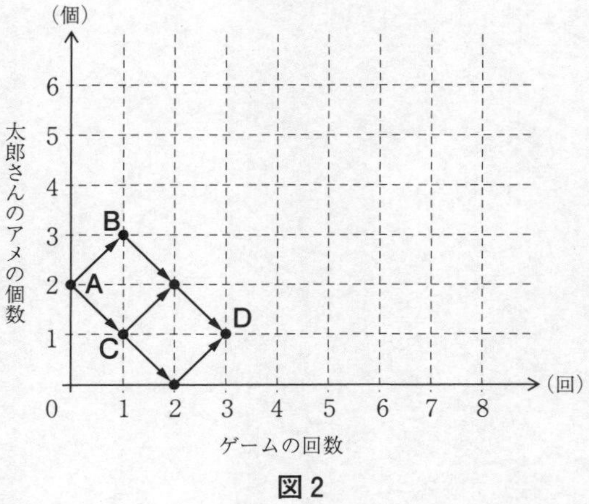

図２

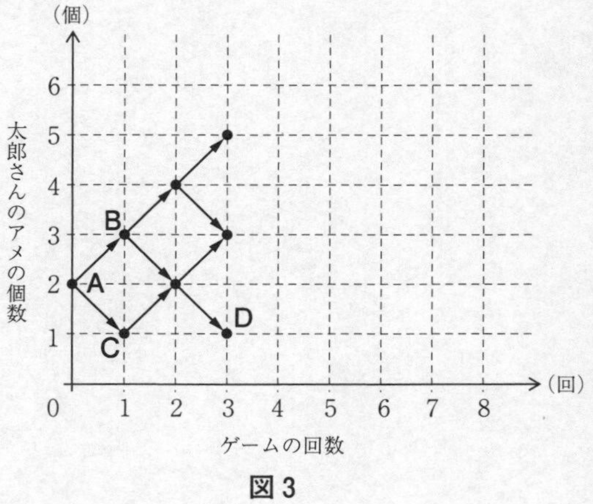

図３

図2において、点**D**は太郎さんが [ア] 回のゲームでアメの個数が [イ] 個となることを表しています。

また、右斜め上の矢印は、太郎さんがアメ1個を [ウ] こと、右斜め下の矢印は、太郎さんがアメ1個を [エ] ことをそれぞれ表しています。このことより、点**A**から点**D**までの矢印は、太郎さんがアメを [オ] 個獲得し、[カ] 個失ったことを表しています。

〔問題1〕 [ア] , [イ] , [オ] , [カ] にあてはまる数字を、
[ウ] , [エ] にはあてはまる言葉を答えなさい。

次に、**図3**を使って、8回目のゲームで太郎さんのアメの個数が初めて0個になるようなくじの引き方が何通りあるかを求めます。

〔問題2〕 8回目のゲームで太郎さんのアメの個数が初めて0個となるとき、8回のゲームで太郎さんが当たりくじを引いた回数は何回であるかを求めなさい。ただし、計算式や言葉を使って過程も記しなさい。

〔問題3〕 8回目のゲームで太郎さんのアメの個数が初めて0個となるような、すべてのくじの引き方を考えて、解答用紙の**図3**に点と矢印を記入しなさい。

〔問題4〕 8回目のゲームで太郎さんのアメの個数が初めて0個となるときのくじの引き方は全部で何通りあるか求めなさい。ただし、計算式や言葉を使って過程も記しなさい。

[設問一] ——①「飼い主にとって、ペットは家族の一員」とありますが、自然災害の際、ペットの安全を守る上で重要なことは何ですか。文章1の本文中の言葉を用いて、四十五字以内でまとめなさい。

[設問二] ——②「周囲の日本人がやさしい日本語を使えば、助けになるはずだ」とありますが、日本人が外国人に対して伝え方を工夫することで、日本人にどのようなことが生じますか。文章2の本文中から三十三字で抜き出し、答えなさい。(句読点《くとうてん》も字数に含めます)

[設問三] 文章1と文章2は、自然災害時から学ぶ他者への配慮の仕方について書かれています。あなたは非常の出来事が起こった際、周囲の人にどのような配慮をすべきだと考えますか。あなたが実際に経験したことを踏まえて、四百字以上四百五十字以内で書きなさい。ただし、次の条件と【きまり】に従《したが》いなさい。

条件1　三段落構成で書くこと。

条件2　内容を書く際に、あなたが実際に経験して感じたことを、内容やまとまりに応じて自分で構成を考えて書くこと。

【きまり】

○　題名は書きません。

○　最初の行から書き始めます。

○　各段落の最初の字は一字下げて書きます。

○　行をかえるのは、段落をかえるときだけとします。会話を入れる場合も行をかえてはいけません。

○　句読点やカギカッコなども、それぞれ字数に数えます。これらの記号が行の先頭に来るときには、前の行の最後の字と同じます目に書きます。(ます目の下に書いてもかまいません。)

○　段落をかえたときの残りのます目は、字数として数えます。

○　最後の段落の残りのます目は、字数として数えません。

といった具合だ。

もとより言い換え方に「正解」があるわけではなく、こう言わなければ、と堅苦《かたくる》しく考える必要はないのだろう。場面に応じて相手の気持ちを想像し、反応を確かめながら話したり書いたりすれば、それがやさしい日本語なのではないだろうか。

伝え方を工夫することは相手との文化・慣習の違いを知り、自国を見つめ直すきっかけにもなる。働く人や学生を海外から迎え入れ、共に地域社会をつくっていく上で、相手への理解を深めることは欠かせない。

一九年に日本語教育推進のための新法が※施行《しこう》されたが、自分の住む市町村に日本語教室がない外国人は五八万人（二〇年一一月時点）に上る。地域住民が使うやさしい日本語を理解できるよう、学習の機会を提供する※責務《せきむ》は国・自治体にある。本腰を入れて取り組んでもらいたい。

（京都新聞　社説「やさしい日本語　共生社会をつくるために」による）

〔注〕

※行政――立法により形成された公共の意思や目的に基づいて、国や公共団体の執行《しっこう》機関が業務を行うこと。

※ＰＴＡ――各学校で組織された保護者と教職員による社会教育関係団体。

※阪神大震災――一九九五年一月一七日午前五時四六分、兵庫県を中心として阪神地方に甚大《じんだい》な被害を与えた巨大地震災害。

※京滋――京都府と滋賀県。

※外国籍――日本国内において、日本以外の国籍。

※自治体――自治の権能《けんのう》を持つ団体。

※技能実習生――日本で技術・技能・知識などの研修を修了した技能実習生のうち、それらを雇用《こよう》関係の下で、より実践的に修得しようとする者。

※公用語――ある国や地域で、おおやけの場での使用が定められている言語。

※京都府国際センター――京都府全域を対象とした、市町村の国際交流協会や自治体と協働しながら、多文化共生《きょうせい》の地域づくりを推進する地域国際化協会。

※施行――政策・計画などを実行すること。

※責務――責任と義務。

※道半ば――志《こころざし》や目標がまだ達成されていないことを比喩《ひゆ》的に表現される場合に使われる。
※車中泊――自動車の中で寝泊まりすること。
※円滑――物事がすらすらと滞《とどこお》りなく運ぶこと。
※逸する――のがす。
※講じる――問題を解決するための手段・方法を考えて実施する。

文章２

地域に住む外国人とのコミュニケーションに「やさしい日本語」を使おうという動きが広がっている。※行政《ぎょうせい》窓口や町内会、※ＰＴＡなどで使う言葉を、日本語に不慣れな外国人にも伝わりやすい表現に置き換える取り組みだ。

例えば「けさ（今朝）」は「きょう　あさ」、「危険」は「あぶない」、「確認する」は「よく見る」にする。漢字には全てふりがなを付ける。

二七年前の※阪神大震災で外国人支援が不十分だったことから、防災情報の伝え方を中心に専門家やボランティアが研究を重ねてきた。東日本大震災で生かされ、今ではガイド本や支援ソフトがあり、※京《けい》滋《じ》でも市民講座を見かけるようになった。

※外国籍《がいこくせき》住民への情報提供は、新型コロナウイルスを巡っても立ち遅れている。国・地方※自治体に一層の努力を求めるとともに、同じ地域住民としてできることを考えたい。

二〇二〇年末時点で日本に住む外国人は二八九万人。※技能実習生や専門職を中心に増え、この二〇年間で一・七倍になった。国籍は中国、ベトナム、韓国、フィリピン、ブラジルの順に多く、外国籍住民のほぼ全員に出身国の※公用語で情報を提供しようとすると、一七もの言語が必要になるという。

長期滞在目的で来日する人の多くは、日本語の基礎を学んでいるか、学びたいと思っている。英語より日本語の方が分かるという人も少なくない。②周囲の日本人がやさしい日本語を使えば、助けになるはずだ。

専門家によると、一文を短くする▽主語を省略しない▽敬語や受け身表現を使わない▽伝えたい内容を絞《しぼ》り込む―といったことが効果的という。

※京都府国際センターがホームページで公開している「外国人のための防災ガイドブック　やさしい日本語版」が、防災情報の言い換えについては参考になる。京都市も「分かりやすく伝えるための手引き」を作り、行政用語や日常会話の言い換え例を示している。「大型ごみは、来週の月曜日です」を、より具体的に、文節を分けて「机や　いすなどの　大きい　ごみは　○月○日に　捨てて　ください」にする

ただ、過去の被災地の実例《じつれい》をみると、一般の避難者と分けて飼い主とペットが過ごせるスペースを設《もう》けた方が※円滑《えんかつ》な運営につながっている。

津波や豪《ごう》雨災害の場合、避難所で受け入れてもらえるかどうかと飼い主が二の足を踏《ふ》んでいては、逃げるタイミングを※逸《いっ》しかねない。そうならないように、飼い主は普段から地域と交流しておきたい。避難訓練があったらペットと参加し、同行避難の希望を伝える。飼っていないと分からないこともあるので、運営にも関わろう。

ペットの安全を確保する上で最も大事なことは何か。それは飼い主が無事でいることだ。早めに避難したり、家具の転倒《てんとう》防止策を※講《こう》じたりして自らの身を守り、さらには大切な家族を守ってほしい。

(河北新報　社説「ペットの同行避難　日頃の準備と交流が大切」による)

〔注〕

※動物愛護週間――動物愛護管理法において、国民の間に広く動物の愛護と適正な飼養《しよう》についての理解と関心を広めるために、九月二〇日から二六日に定められている。

※広報――官公庁《かんこうちょう》・企業・各種団体などが、施策《しさく》や業務内容などを広く一般の人に知らせること。

※一般社団法人――「一般社団法人及び一般財団法人に関する法律」に基づいて設立される社団法人。

※推計――推定して計算すること。

※世帯――住居と生計を共にしている人の集まり。

※新型コロナウイルス禍――新型コロナウイルスが招いた災難や危機的状況。

※東日本大震災――二〇一一年三月一一日午後二時四六分頃に発生した東北地方太平洋沖地震およびそれに伴う津波により、主に東北地方および関東地方の太平洋沿岸の諸市町村に生じた大震災。

※環境省――国の行政《ぎょうせい》機関の一つ。環境の保全《ほぜん》に関する行政を総合的に推進。

※ガイドライン――政府や団体が指導方針として掲《かか》げる大まかな指針《ししん》。

※策定――政策や計画などを考えてきめること。

※メリット――ある物事を行って生じる利益。

2023年度 聖望学園中学校

【適性検査Ⅰ】〈第二回・適性検査型試験〉（四五分）〈満点：二〇〇点〉

文章1 と 文章2 を読み、あとの問題に答えなさい。

（※印の付いている言葉には、本文のあとに〔注〕があります。）

文章1

※動物愛護《あいご》週間が二〇日から始まる。人と動物が安心して暮らせる社会を目指し、イベントや※広報《こうほう》活動が行われる。

※一般社団《しゃだん》法人ペットフード協会の※推計《すいけい》によると、新たに犬や猫を飼い始めた※世帯《せたい》は二〇二〇年、二一年と二年連続で前年を上回った。※新型コロナウイルス禍《か》をきっかけに、ペットに癒《い》やしを求める世帯が増えたとみられる。

①飼い主にとって、ペットは家族の一員。近年、自然災害が多発している。病気や事故はもちろん、災害からもペットを守れるように、日頃から備《そな》えておきたい。

※東日本大震災ではいったん避難した後、ペットを避難させるために自宅に戻り、津波に巻き込まれた飼い主がいた。混乱の中で飼い主とはぐれた犬や猫も続出《ぞくしゅつ》した。

教訓を踏まえ、※環境省は二〇一三年にペット救護の※ガイドラインを※策定《さくてい》。ペットと一緒に逃げる同行避難の原則を初めて打ち出し、避難所に飼育スペースの設置《せっち》を促《うなが》した。

一八年に改訂《かいてい》し、ペットの健康と安全を守る責任は飼い主にあること、飼育用品の備蓄《びちく》、予防接種など事前にすべきことを明示している。

中でも、決められた場所で排《はい》せつしたり、ペット用のおりに入ったりといったしつけはとても重要だ。避難所でおとなしく過ごすことができれば、周囲に迷惑がかからない。ペットにも※メリットがあり、慣れておくことでストレスをため込まなくて済む。

策定から九年になるが、同行避難の浸透《しんとう》は※道半《みちなか》ば。災害発生のたびに、ペットを連れて避難所に行って他の避難者とトラブルになったり、避難所に入れず※車中泊《しゃちゅうはく》を続けたりした話が聞こえてくる。

一方で、日本は犬と猫の数が一五歳未満の子どもの数よりも多い。避難する住民の一定数がペットを連れてくると考えるのが現実的だ。

ガイドラインは同行避難について「ペットと飼い主が同じスペースで過ごすことではない」と説明している。犬や猫が苦手な人がいるほか、避難所が人であふれた場合は配慮《はいりょ》が必要だからだ。

2023年度

聖望学園中学校

▶解　答

※　編集上の都合により，第２回・適性検査型試験の解説は省略させていただきました。

適性検査Ⅰ　＜第２回・適性検査型試験＞（45分）＜満点：200点＞

解　答

１　設問１　（例）　飼い主が早めに避難《ひなん》したり，家具の転倒《てんとう》防止策を講じたりして自らの身を守り，無事でいること。

設問２　（例）　相手との文化・慣習の違《ちが》いを知り，自国を見つめ直すきっかけにもなる。

設問３　（例）　非常の出来事が起こった際に，配慮《はいりょ》すべきことは自分の周りだけではなく，周囲を広く見て行動するという点である。

　実際，私の住む地域では大きなひょうが降ってきて，家や周りの木々に大きな被害を受けた経験がある。その際，私はひょうが止み外に出られる状態になった時に，自分の家や庭がどのような被害を受けたのかということだけを確認した。しかし，私の親や近所の人は辺り一帯を歩き回って被害の確認をした。その後，車が移動できるように，道路に広がる木の枝や落ち葉の掃除《そうじ》を始めた。その時私は非常時こそ周囲を思いやることの大切さを学んだ。非常の出来事が起こった際，自分の力だけではどうにもならないことが多々ある。しかし，それらのことは一人ひとりが協力することによって解決できることもある。

　この経験から，自分のことだけ考えて行動するのではなく，周囲を広く見渡して行動することが，日常生活を送る上で重要なことなのだと改めて痛感した。今後，非常の出来事がもし起きても自己中心的な行動を控《ひか》えるよう配慮していきたい。

適性検査Ⅱ　＜第２回・適性検査型試験＞（45分）＜満点：300点＞

解　答

１　問題１　選んだもの　エタノール　　**理由**　（例）　液体が蒸発するときに熱をうばうので，温度計の温度が下がっている方がより蒸発しやすいといえる。グラフより，エタノールの方が水よりも温度が下がっているので，エタノールの方が蒸発しやすいと考えられるから。

問題２　（例）　エタノールが完全に蒸発したことで温度が下がらなくなり，周りの空気によってペーパータオルが温められたから。

問題３　（例）　湿球温度計のガーゼの水が蒸発することで湿球温度計の温度が下がる。湿度が低いほど水が蒸発しやすいので，湿球温度計の温度がより下がって乾球温度計との差が大きくなるから。

２　問題１　選択した写真　３　　**選択した理由**　（例）「巻め」という説明があり，れんこんを卵焼きで巻いている説明だとわかったから。

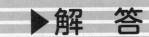

問題２　⑴　42.5％（別解40％）　⑵（例）　残った食事を回収し，動物のエサや，植物の肥料として利用する。

問題３　⑴（例）　食料自給率の高い国は，日本に比べ，小麦や肉牛の生産量が多く，米や野菜の生産量が少ない。　⑵（例）　表３から日本が他国に比べて生産量が多い米や野菜の消費量が，表２から昭和40年度に比べ令和元年度には減っていることがわかる。また，表３から日本が他国に比べて生産量が少ない小麦や肉牛の消費量が，表２から昭和40年度に比べ令和元年度には増えていることがわかる。このことから日本は自国よりもカナダやフランス，オーストラリアで生産されているものを食べる機会が増え，食料自給率が低下していると考えられる。

3　**問題１**　（例）　同じ数字どうしを引いたので答えは０となる。

問題２　**答**　$\frac{5}{6}$　**過程**　（例）　$\frac{1}{2}+\frac{1}{6}+\frac{1}{12}+\frac{1}{20}+\frac{1}{30}=\left(1-\frac{1}{2}\right)+\left(\frac{1}{2}-\frac{1}{3}\right)+\left(\frac{1}{3}-\frac{1}{4}\right)+\left(\frac{1}{4}-\frac{1}{5}\right)+\left(\frac{1}{5}-\frac{1}{6}\right)=1+\left(\frac{1}{2}-\frac{1}{2}\right)+\left(\frac{1}{3}-\frac{1}{3}\right)+\left(\frac{1}{4}-\frac{1}{4}\right)+\left(\frac{1}{5}-\frac{1}{5}\right)-\frac{1}{6}=1-\frac{1}{6}=\frac{5}{6}$

問題３　**ア**　$\frac{1}{2}$　**イ**　５　**ウ**　７　**エ**　７　**オ**　９　**カ**　９　**キ**　11

問題４　**答**　$\frac{5}{11}$　**過程**　（例）　$\frac{1}{1\times3}+\frac{1}{3\times5}+\frac{1}{5\times7}+\frac{1}{7\times9}+\frac{1}{9\times11}=\frac{1}{2}\times\left(1-\frac{1}{3}\right)+\frac{1}{2}\times\left(\frac{1}{3}-\frac{1}{5}\right)+\frac{1}{2}\times\left(\frac{1}{5}-\frac{1}{7}\right)+\frac{1}{2}\times\left(\frac{1}{7}-\frac{1}{9}\right)+\frac{1}{2}\times\left(\frac{1}{9}-\frac{1}{11}\right)=\frac{1}{2}\times\left\{1+\left(\frac{1}{3}-\frac{1}{3}\right)+\left(\frac{1}{5}-\frac{1}{5}\right)+\left(\frac{1}{7}-\frac{1}{7}\right)+\left(\frac{1}{9}-\frac{1}{9}\right)-\frac{1}{11}\right\}=\frac{1}{2}\times\left(1-\frac{1}{11}\right)=\frac{5}{11}$

適性検査Ⅲ　＜第２回・適性検査型試験＞（45分）＜満点：300点＞

解　答

1　**問題１**　**出生率**　下がる　**死亡率**　上がる

問題２　**ア**　46　**イ**　744　**ウ**　7.0

問題３　右の図

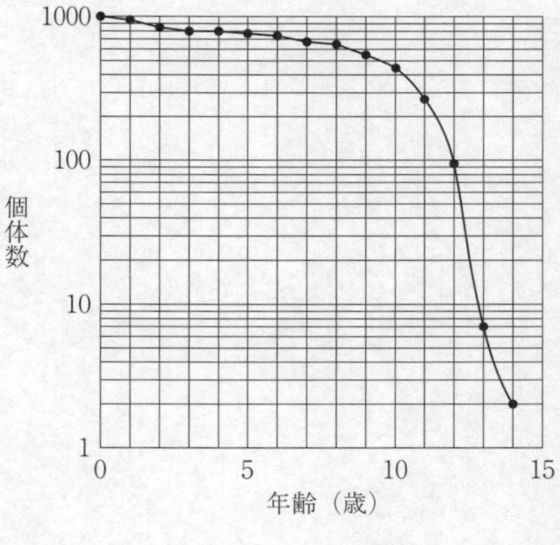

問題４　⑴　③　⑵（例）　生存曲線Ａになる動物は，生まれる卵や子どもの数は少ないが，親による子育てがみられる。／生存曲線Ｃになる動物は，生まれる卵や子どもの数が多く，親による子育てはあまりみられない。

2　**問題１**　**ア**　３　**イ**　１　**ウ**　獲得《かくとく》する　**エ**　２　**オ**　失う　**カ**　１　**キ**　２

問題２　**答**　３（回）　**過程**　（例）　合計８回のくじを引く中で，途中でアメの個数が０個になる場合を除くと，当たりくじを引く回数よりもはずれくじを引く回数の方が２回多ければよいので，当たりくじを引く回数は３回とわかる。

問題３　右の図

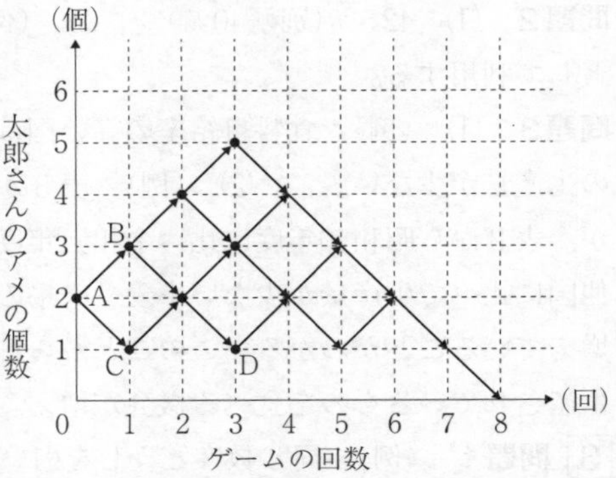

問題４　**答**　14(通り)　**過程**　(例)　問題３のグラフで，８回目で初めてアメの個数が０個となる点をＥとする。点Ａから点Ｅまでの経路となる矢印の総数を数えればよいので，14通りとわかる。

2023年度　聖望学園中学校

〈編集部注：この試験は筆記のほかに面接（最大で約20分，満点：30点）を行います。本誌では，筆記のみを掲載しています。〉

【英　語】〈第４回・英語試験〉（40分）〈満点：70点〉

【注意事項】※アルファベットの書き方についての注意が問題の終わりにあります。

1 記述問題《きじゅつもんだい》　例《れい》に従《したが》って、アルファベット順《じゅん》になるように並《なら》べ替《か》え、解答用紙《かいとうようし》に書《か》きなさい。

例《れい》1：q w e r t y　→　答《こたえ》：e q r t w y

例《れい》2：A S D F G　→　答《こたえ》：A D F G S

(1)　m d o l x

(2)　U K E R Q

(3)　p j y i c

(4)　G S B H W

2 記述問題《きじゅつもんだい》　(　　　) 内《ない》の下線部《かせんぶ》に１文字《もじ》ずつ入《い》れ、与《あた》えられた文字《もじ》で始《はじ》まる単語《たんご》を作《つく》り、意味《いみ》の通《とお》る文《ぶん》を完成《かんせい》させなさい。

(1)　A：What (m ____ ____ ____ ____) do you like?
　　B：I like action.

(2)　I saw the cherry blossoms in (s ____ ____ ____ ____ ____) with my aunt. The weather was cool.

(3)　I will eat curry and rice for (d ____ ____ ____ ____ ____) tonight. Then, I will do my homework.

(4) A：When is Halloween?

B：It is on（ O ____ ____ ____ ____ ____ ____ ）31st.

(5) I saw my（ u ____ ____ ____ ____ ）yesterday for my birthday! He gave me a new book.

3 次《つぎ》の（　　）に入《い》れるのに最《もっと》も適切《てきせつ》なものを１～４の中《なか》から選《えら》び、その番号《ばんごう》を答《こた》えなさい。

(1) He can dance（　　　　）than his brother.

１．good　　２．gooder　　３．better　　４．best

(2) Maki likes（　　　　）dramas after dinner.

１．watch　　２．watches　　３．watched　　４．watching

(3) My mother was（　　　　）for her glasses.

１．taking　　２．getting　　３．listening　　４．looking

(4) A：James,（　　　　）is your i-Pad, this one or that one?

B：This one.

１．which　　２．when　　３．who　　４．what

(5) A：Hi, Ken. Where did you go last weekend?

B：I（　　　　）to the movie theater.

１．go　　２．went　　３．gone　　４．goes

4 **記述問題《きじゅつもんだい》** 次《つぎ》の表《ひょう》のＡとＢの関係《かんけい》がＣとＤの関係《かんけい》になるように、（　１　）～（　５　）に入《はい》る語《ご》を答《こた》えなさい。

A	B	C	D
left	right	west	（　１　）
slow	fast	late	（　２　）
cup	cups	city	（　３　）
fish	fishing	shop	（　４　）
this	that	these	（　５　）

5 次《つぎ》の会話文《かいわぶん》で、（　）に入《い》れるのに最《もっと》も適切《てきせつ》なものを１～４の中《なか》から選《えら》び、その番号《ばんごう》を答《こた》えなさい。

(1) A：**Do you live near here? I'm looking for the library.**

B：(　　　　) **But, you can ask the station workers.**

A：**I see. Thank you.**

1. **No, I don't.**
2. **It's over there.**
3. **It'll be here.**
4. **I can do it.**

(2) A：**How was your weekend?**

B：(　　　　) **I went to the cinema.**

1. **Yes, I did.**
2. **Let's go there.**
3. **It was great.**
4. **I'm fine.**

(3) A：**I made some cookies. Would you like one?**

B：(　　　　)

1. **It's one p.m.**
2. **Thank you!**
3. **Yes, I like them.**
4. **No, you can't.**

(4) A：**Hello? Who is this?**

B：**This is Rina. May I speak to Matt?**

A：(　　　　)

1. **This is Matt's father.**
2. **The month is June.**
3. **One moment.**
4. **Yes, I can. I can speak.**

6 それぞれの会話《かいわ》を読《よ》み、(1)はどんな靴《くつ》を買《か》ったのか、(2)は Yuna がいつ映画《えいが》を観《み》るのかを１～４の中《なか》から選《えら》び、その番号《ばんごう》を答《こた》えなさい。

(1) C : Welcome to Zoft's Shoes!! Buy one pair, get one more pair of shoes for free!!

G : Excuse me. Can you help me?

C : Good afternoon. Sure, I can help you.

G : I'm looking for sandals.

C : All sandals are 8 dollars for each pair.

G : Nice! That's cheap.

C : What size do you need? We have them in small, medium, and large.

G : I need medium ones. Do you have them in yellow?

C : I'm sorry. They are only in the small size.

G : I see. How about blue ones?

C : Yes, we do.

G : Great! I'll take them.

１. small yellow sandals　　２. small blue sandals

３. medium yellow sandals　　４. medium blue sandals

(2) Y : Mom, can we go on a hiking trip this weekend? Let's visit Mt. Takao.

M: I'm so sorry, Yuna. It's not a good time.

Y : What? Why not?

M: The weather is going to be bad this weekend. You'll catch a cold if you hike in the rain.

Y : I see. You're right.

M: Maybe we can go at the end of this month, okay?

Y : Okay!

M: Let's watch a movie at home. You can invite your friend, Nozomi. Is she free this weekend?

Y : I'll ask her tomorrow at school.

M: Sounds good.

１. tomorrow　　２. next weekend

３. this weekend　　４. at the end of this month

7 次《つぎ》の日本文《にほんぶん》の意味《いみ》を表《あらわ》すように、㋐～㋔までの語《ご》を並《なら》べかえて □ の中《なか》に入《い》れなさい。そして、２番目《ばんめ》と４番目《ばんめ》にくるものの最《もっと》も適切《てきせつ》な組《く》み合《あ》わせを１～４の中《なか》から選《えら》び、その番号《ばんごう》を答《こた》えなさい。

(1) 私《わたし》たちはパーティーで楽《たの》しい時間《じかん》を過《す》ごしました。

We (㋐ the party ㋑ at ㋒ a good ㋓ had ㋔ time).

２番目《ばんめ》　４番目《ばんめ》

We □ □ □ □ □.

1．㋑－㋒　2．㋔－㋐　3．㋒－㋑　4．㋓－㋑

(2) あなたの住所《じゅうしょ》を私《わたし》に教《おし》えてください。

(㋐ me ㋑ address ㋒ your ㋓ please ㋔ tell).

２番目《ばんめ》　４番目《ばんめ》

□ □ □ □ □.

1．㋒－㋐　2．㋔－㋒　3．㋔－㋑　4．㋒－㋓

(3) 私《わたし》の父《ちち》は有名《ゆうめい》な音楽家《おんがくか》に似《に》ています。

My (㋐ a ㋑ looks ㋒ father ㋓ famous ㋔ like) musician.

２番目《ばんめ》　４番目《ばんめ》

My □ □ □ □ □ musician.

1．㋓－㋐　2．㋒－㋑　3．㋐－㋔　4．㋑－㋐

8 - A　次《つぎ》の掲示《けいじ》の内容《ないよう》に関《かん》して(1)と(2)の文《ぶん》を完成《かんせい》させるのに最《もっと》も適切《てきせつ》なものを１～４の中《なか》から一《ひと》つ選《えら》び、その番号《ばんごう》を答《こた》えなさい。

Music Night at West City Hall

This year's Music Night is coming soon!

When : Friday, September 10 to Sunday, September 12
5 : 30 p.m. to 9 : 00 p.m.
Where : West City Hall second floor
Ticket Price : $5
(Buy tickets from the Internet before 5 : 00 p.m. on September 8)

★Please be careful because tickets can be sold out!

A famous pianist and guitarist are going to play on the last day.
You can buy snacks and drinks.
(Children under 3 can get a free drink)
Let's enjoy the night with nice music and delicious food!

(1)　If you want to join the music night, you will (　　　　　).

1. have to go to the hall
2. have to call the hall
3. have to use the Internet
4. have to go to the second floor

(2)　Children under three can (　　　　　).

1. join the music night free
2. get a free drink
3. play the piano and the guitar
4. make delicious food

8 - B　次《つぎ》のＥメールの内容《ないよう》について、質問《しつもん》に対《たい》する答《こた》えとして最《もっと》も適切《てきせつ》なものを、１～４の中《なか》から一《ひと》つ選《えら》び、その番号《ばんごう》を答《こた》えなさい。

From : Sarah Woods
To : Pacific Bakery
Date : November 23, 2022　19 : 24
Subject : Your cooking class

Dear Pacific Bakery,

Hello. My name is Sarah. I'm in the cooking club at Harrison Junior High School. I was looking at your website and read about the cooking class at your shop. My club wants to join it. Can you tell me about it?

Thank you,

Sarah Woods

From : Pacific Bakery
To : Sarah Woods
Date : November 24, 2022 10 : 14
Subject : My class

Dear Sarah,

The class is every Tuesday afternoon from three to five o'clock. How many students are in your club? We have 18 seats for students. What day can you come? We will make pumpkin pie in the class, and I'll be one of the teachers.

Hope to see you soon,

Tari Colgan

From : Sarah Woods

To : Pacific Bakery

Date : November 24, 2022 15 : 36

Subject : Thank you

Dear Ms. Colgan,

Thank you for your e-mail. My club is going to visit on January 9. There are 12 girls and 3 boys.

See you then,

Sarah

(1) What club is Sarah in at school?

1. The dance club.
2. The cooking club.
3. The science club.
4. The photograph club.

(2) Sarah wants to...

1. get more members for her club.
2. buy a new camera for her club.
3. make a large statue with her club.
4. take a cooking lesson with her club.

(3) How many students will visit the shop?

1. 3.
2. 9.
3. 12.
4. 15.

8 - C　次《つぎ》の英文《えいぶん》の内容《ないよう》に関《かん》して、(1)～(5)の質問《しつもん》に対《たい》する答《こた》えとして最《もっと》も適切《てきせつ》なものを１～４の中《なか》から一《ひと》つ選《えら》び、その番号《ばんごう》を答《こた》えなさい。また、(6)は指示《しじ》に従《したが》って英文《えいぶん》を書《か》きなさい。

My Winter Vacation

Hello, my name is Tara. Last month, I went on a trip with my friend, Mei. It was for winter vacation.

On the first day, we traveled to Osaka by bullet train. The trip was three hours long. When we arrived, Mei and I were very hungry. I asked her, “What do you want to eat?” She smiled and answered, “Okonomiyaki!” Mei ate a seafood one and I ate one with cheese.

On the second day, we visited a famous amusement park. We went there by bus. It is famous for rides, live shows, and fantasy characters. Mei watched her favorite live shows. It was her best memory of the trip. There was cute food at the park, but the price of the food was not cheap. The price of popcorn was one thousand yen and cake was one thousand five hundred yen.

On the third day, we visited a famous castle. The castle was okay, but the weather was terrible. It was cold and rainy. After we visited the castle, we drank cocoa at a cafe. When the weather was nice, we got souvenirs. We bought chocolates and crackers for our family. In the evening, we left Osaka by plane.

Our winter vacation made Mei and I happy. And, we made many good memories. My favorite was the roller-coaster ride at the amusement park. Maybe I’ll visit Osaka next year, too.

(1)　How long did they stay in Osaka?

１．One day.
２．Two days.
３．Three days.
４．Four days.

(2) What did Tara eat on the first day?

1．Seafood takoyaki.

2．Cheese okonomiyaki.

3．Popcorn.

4．Chocolates.

(3) How did Mei and Tara go to the amusement park?

1．By train.

2．By bullet train.

3 By bus.

4．By plane.

(4) What is the price of cake at the park?

1．1,000 yen.

2．100 yen.

3．1,500 yen.

4．5,100 yen.

(5) What was Mei's favorite memory of the trip?

1．The live shows.

2．The roller-coaster ride.

3．The tour at Osaka's castle.

4．The okonomiyaki dinner.

(6) 本文《ほんぶん》を参考《さんこう》にして、"私《わたし》の冬休《ふゆやす》み"をお題《だい》に５文《ぶん》以《い》上《じょう》の英文《えいぶん》を書《か》きなさい。ただし、went, ate, watched, visited, was のいずれかの動詞《どうし》を必《かなら》ず使《つか》うこと。

※下《した》にあるアルファベットの正《ただ》しい例《れい》を参考《さんこう》にして書《か》いて下《くだ》さい。

良《よ》くない例《れい》	正《ただ》しい例《れい》	正《ただ》しい例《れい》
a	a	u
h	h	n
r	r	n
v	r	v
u	n	u
d	a	d
t	f	t
c	o	c

2023年度

聖望学園中学校

▶解　答

※　編集上の都合により，第４回・英語試験の解説は省略させていただきました。

英　語　＜第４回試験＞（40分）＜満点：70点＞

解　答

1 (1)　d l m o x　(2)　E K Q R U　(3)　c i j p y　(4)　B G H S W　2 (1)　[m]ovie　(2)　[s]pring　(3)　[d]inner　(4)　[O]ctober　(5)　[u]ncle　3 (1)　3　(2)　4　(3)　4　(4)　1　(5)　2　4 (1)　east　(2)　early　(3)　cities　(4)　shopping　(5)　those　5 (1)　1　(2)　3　(3)　2　(4)　3　6 (1)　4　(2)　3　7 (1)　3　(2)　2　(3)　4　8－A (1)　3　(2)　2　8－B (1)　2　(2)　4　(3)　4　8－C (1)　3　(2)　2　(3)　3　(4)　3　(5)　1　(6)　Hello, my name is Hana.　I went to Kyoto with my family.　We visited many famous places.　It was exciting.　My winter vacation was great.　We had a good time.

※2の，与えられている語頭の文字を[　]で表記しています。

Memo

Memo

2022年度　聖望学園中学校

〔電　話〕　(042) 973－1500
〔所在地〕　〒357－0006　埼玉県飯能市中山292
〔交　通〕　JR八高線 ―「東飯能駅」より徒歩13分
西武池袋線 ―「飯能駅」より徒歩15分

【算　数】〈第１回試験〉（40分）〈満点：100点〉

【注意事項】※答えを出すための考え方や式などを消さずに残しておいて下さい。
※グラフの作成には，定規やコンパスを使用して下さい。

1　次の □ に正しい数を入れなさい。

（１）　$(94-28)\div 11\times 12=$ □

（２）　$4\frac{2}{3}\div\left(2-1\frac{5}{6}\right)\div 5\frac{3}{5}=$ □

（３）　$\left(9-\frac{1}{9}\right)\times 0.9+\left(2-\frac{1}{2}\right)-\left(4-\frac{1}{4}\right)\div 0.75=$ □

（４）　$12+\left\{1000-\left(171+\square\times 3\right)-286\right\}\div 18=33$

2　次の □ に正しい数を入れなさい。

（１）　マスク２枚と消毒液３本の代金は1010円，マスク10枚と消毒液７本の代金は3050円です。このとき，マスク１枚の値段は □ 円です。

（２）　母の年れいは30才，子は４才です。母の年れいが，子の３倍になるのは今から □ 年後です。

3　10円，50円，100円の３種類の硬貨があります。

（１）　10円硬貨を２枚，50円硬貨を１枚，100円硬貨を３枚使って支払うことのできる金額は，全部で □ 通りです。

（２）　10円硬貨を２枚，50円硬貨を３枚，100円硬貨を３枚使って支払うことのできる金額は，全部で □ 通りです。

（３）　10円硬貨を７枚，50円硬貨を５枚，100円硬貨を３枚使って支払うことのできる金額は，全部で □ 通りです。

4　下の図のような，高さが等しい円柱の形をした水そうＡ，Ｂがあります。Ａには水が20Ｌ入っています。

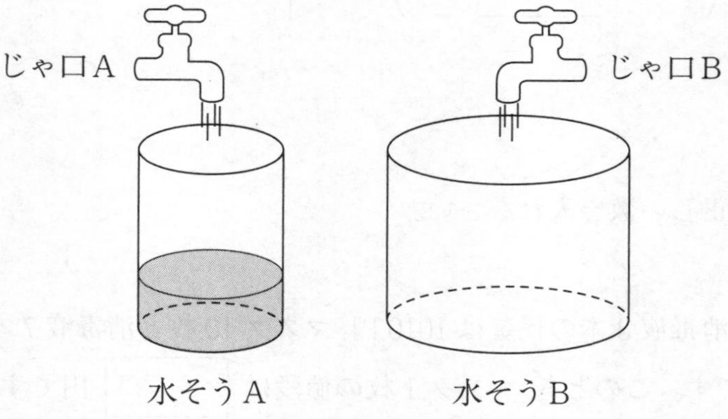

図１，２は，じゃ口Ａ，Ｂから同じ割合で水を入れたとき，水そうＡ，Ｂそれぞれが満水になるまでの時間と水かさの関係を表したものです。

図１

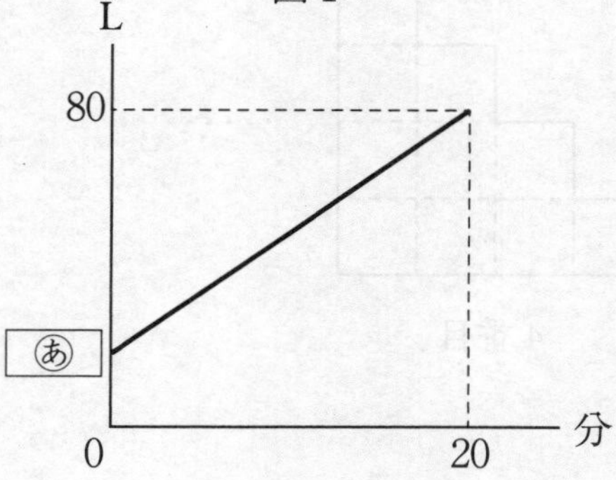

図２

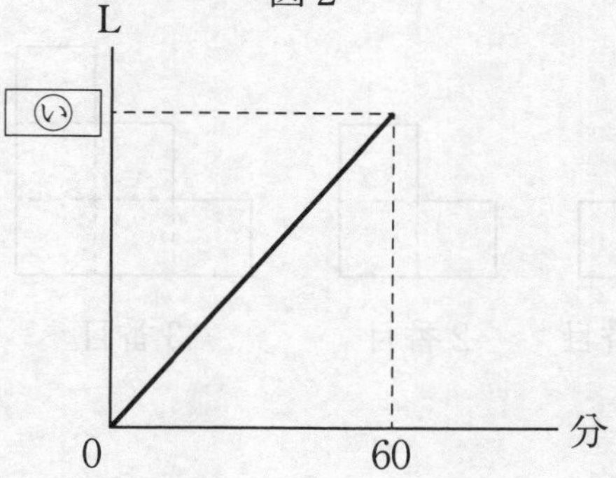

（１）　図１の(あ)に入る数は □ ，図２の(い)に入る数は □ です。

（２）　水そうＡ，Ｂの底面積の比を最もかんたんな整数の比で表すと
□ ： □ です。

（３）　水そうＡ，Ｂに同時に水を入れ始め，そして同時に満水にするためには
じゃ口Ｂから毎分 □ Ｌの水を入れることになります。

（４）　じゃ口Ａからは図１の割合で，じゃ口Ｂからは（３）で求めた割合で同時に
水を入れ始めます。入れ始めから □ 分後に水かさが等しくなります。

5 下の図のように, ある規則にしたがって１辺が１cm の正方形の形をしたタイルを並べて, 図形を作ります。

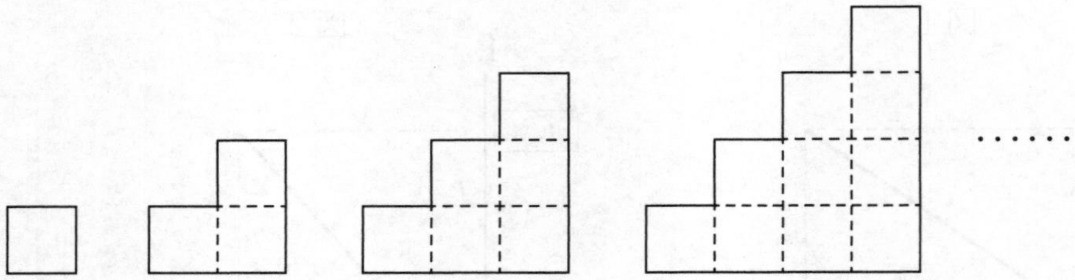

１番目　２番目　３番目　４番目

（1） ５番目の図形に使われているタイルは □ 枚です。

また, この図形の周囲の長さは □ cm です。

（2） 周囲の長さが, 16 m になる図形は □ 番目の図形です。

また, このとき使われているタイルは □ 枚です。

（3） 連続して並んでいる２つの図形のタイルの合計枚数が, 2025 枚になるとき小さい方の図形は □ 番目の図形です。

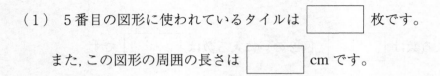

【社　会】〈第１回試験〉（20分）〈満点：50点〉

【注意事項】特に指示がない場合は、ひらがなも可とします。

1　以下の問いに答えなさい。

問１　下の地図は、六大陸と三大洋を表しています。この地図を参考に、あとの問題に答えなさい。

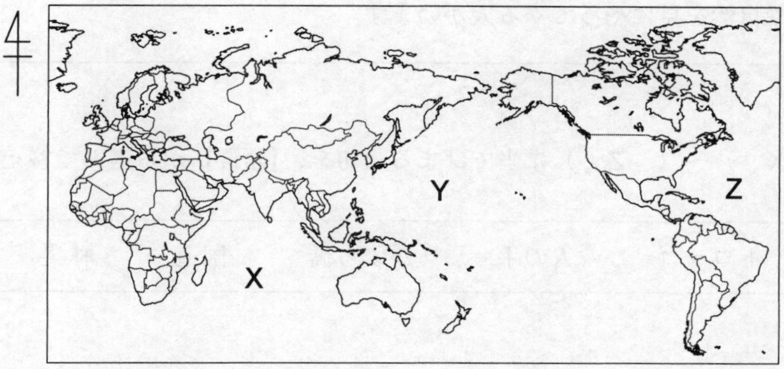

①　六大陸のうち、日本のちょうど南にある大陸は何ですか。

②　ユーラシア大陸と陸でつながっている大陸は何ですか。

③　地図中**X**～**Z**の海洋の名前として正しいものを**ア**～**エ**より選び記号で答えなさい。

ア　**X**―大西洋　　**Y**―インド洋　　**Z**―太平洋
イ　**X**―インド洋　　**Y**―大西洋　　**Z**―太平洋
ウ　**X**―インド洋　　**Y**―太平洋　　**Z**―大西洋
エ　**X**―大西洋　　**Y**―太平洋　　**Z**―インド洋

④　海と陸の面積を比べると、どちらが広いですか。

問２　以下の山地のまちに関する文章を読み、次の①〜②の問いに答えなさい。

山地では、ほ装された道路ができるまでは山の上の道や（　**X**　）がおもな交通路で、多くの荷物を（　**Y**　）で運んでいた。ほ装された道路ができて便利にはなったが、それまでさかんだった（　**Z**　）をする人が減り、**A**<u>若い人の数もじょじょに減っている</u>。しかし、きれいなわき水であったり、今日ではめずらしくなった（　**X**　）や自然を見にやってくる人がいます。

①　文中の（　**X**　）〜（　**Z**　）に当てはまる語句を、**【語群】**から選んで答えなさい。

【語群】

トロッコ	人の手	かずら橋	国道	林業

②　下線部**A**によって、山地のまちはどうなりましたか。**ア〜ウ**の文より当てはまるものを選び記号で答えなさい。

ア　高れい者の割合が増えた。

イ　高れい者の数が減った。

ウ　子どもの数が増えた。

2　次の文章を読んで、文と表の内容に関する以下の問いに答えなさい。

2021年７月、国連教育科学文化機関（ユネスコ）の世界遺産委員会は、「奄美大島《あまみおおしま》、徳之《とくの》島《しま》、沖縄島北部及《およ》び西表島《いりおもてじま》」（鹿児島、沖縄両県）を世界自然遺産に、「①<u>北海道・北東北の縄文遺跡《いせき》群</u>」（北海道と青森、岩手、秋田の３県）を世界文化遺産に登録しました。これによって、日本における世界遺産登録は（　②　）件となりました。

もともと日本の歴史について学ぶことが好きだった太郎《たろう》さんは、このニュースをきっかけに日本の世界文化遺産について関心を持ちました。太郎さんは、自分が持っていた歴史の教科書の中で世界文化遺産となっているものを探し、特に興味があったものをまとめ、つぎのような**表**を作成しました。

〔日本のおもな世界文化遺産〕

登録名	説明	所在地
法隆寺《ほうりゅうじ》地域の仏教建造物	法隆寺は（　③　）が建てたお寺で、五重塔《とう》や金堂で知られている。世界で一番古い木造建築物とされている。	奈良県
古都京都の文化財 （京都市、宇治市、大津市）	（　④　）が建てた鹿苑寺《ろくおんじ》（金閣）や、10円玉のデザインでもおなじみの（　⑤　）などが登録されている。	京都府 滋賀県
古都奈良の文化財	東大寺や薬師寺など多くの寺院が登録されている。このうち唐招提寺《とうしょうだいじ》は、唐から招かれた僧《そう》である（　⑥　）の創建である。	奈良県
日光の社寺	江戸《えど》幕府の初代将軍である（　⑦　）をまつる日光東照宮が有名である。関東で最初に世界遺産に登録された。	栃木県
富岡製糸場と絹産業遺産群	明治時代、近代的な工場として初めて造られた富岡製糸場で生まれた高品質の生糸は、日本の輸出品の中心として世界中に輸出されました。	（　⑧　）
百舌鳥《もず》・古市古墳群《ふるいちこふんぐん》 ―古代日本の墳墓群―	日本最大の前方後円墳である（　⑨　）を含《ふく》む百舌鳥古墳群と、誉田山《こんだやま》古墳（応神天皇陵）を含む古市古墳群があります。	大阪府

問１　下線部①について、この遺跡群の中に含まれている、青森県にある縄文時代の遺跡を何というか。この遺跡の名前を答えなさい。（答えはひらがなでもよい）

なお、この遺跡は、大型掘立《ほったて》柱建物など、これまでにない大きな建造物の跡《あと》などが見つかっていることで有名です。

問２　空らん（　②　）にあてはまる数字として、正しいものを１つ選び記号で答えなさい。

ア　10　　**イ**　25　　**ウ**　40　　**エ**　55

問３　空らん（　③　）にあてはまる人物の名前を答えなさい。（答えはひらがなでもよい）

なお、この人物は仏教をあつく信仰《しんこう》し、冠位《かんい》十二階や十七条の憲法を定めた人物です。

問４　空らん（　④　）にあてはまる人物は、室町幕府の３代将軍で、中国（明《みん》）と貿易を行うとともに、文化や芸術を保護した人物です。この３代将軍の名前として、正しいものを１つ選び記号で答えなさい。

ア　足利尊氏　　**イ**　足利義満　　**ウ**　足利義政　　**エ**　足利義昭

問５　空らん（　⑤　）にあてはまる語句として、正しいものを１つ選び記号で答えなさい。

ア　中尊寺金色堂　　**イ**　清水寺　　**ウ**　厳島神社　　**エ**　平等院鳳凰《ほうおう》堂

問６　空らん（　⑥　）にあてはまる人物として、正しいものを１つ選び記号で答えなさい。

ア　行基　　**イ**　鑑真《がんじん》　　**ウ**　空海　　**エ**　雪舟《せっしゅう》

問７　空らん（　⑦　）にあてはまる人物の名前を答えなさい。（答えはひらがなでもよい）
なお、この人物は関ヶ原の戦いに勝利し、江戸に幕府をひらいた人物です。

問８　空らん（　⑧　）にあてはまる県として、正しいものを１つ選び記号で答えなさい。

ア　広島県　　**イ**　岐阜県　　**ウ**　群馬県　　**エ**　兵庫県

問９　空らん（　⑨　）にあてはまる古墳の名前を答えなさい。（答えはひらがなでもよい）
なお、この古墳は、全長が486ｍもある、５世紀につくられた日本最大の古墳です。

3　次の文章を読んで、以下の問いに答えなさい。

私たちのくらしの中には多くのルールがありますが、国の決まりの中でも最高のものが①日本国憲法です。この憲法は②それまであった憲法を改正したかたちで作られましたが、その中身は大きく変わっています。

まず、第一に憲法の三大原則と言われるものがあります。一つは「③国民主権」です。これは政治の主人公は国民であるということを指し、④参政権として政治に関わることができます。

次に「⑤基本的人権の尊重」です。基本的人権とは人間が生まれながらに持つ権利とされており、誰《だれ》もがその命や体の自由を大切にされ、⑥人間らしく生きる権利を持っているということです。

三つ目が「平和主義」です。明治維新《いしん》後、日本は多くの戦争を経験しましたが、その被害《ひがい》は国内外に広がりました。このようなことを二度と起こさないように憲法に戦争をしないこととそのために戦力を持たないことを記したのです。

問1　文中の下線部①について、日本国憲法が公布された日付が現在は国民の祝日となっています。何月何日で何という名称《めいしょう》の祝日か答えなさい。

問2　文中の下線部②について、この憲法は1889年に発布された憲法ですが、この憲法において主権者とされたのは誰ですか、漢字で答えなさい。

問3　文中の下線部③について、最高裁判所の裁判官を罷免《ひめん》（やめさせること）ができる制度を何というか答えなさい。

問4　同じく文中の下線部③について、憲法第７条で規定されている内閣の助言と承認の下、天皇が行う仕事を何というか答えなさい。

問5　文中の下線部④について、我が国において、国政選挙で投票できるようになるのは何歳《さい》からか答えなさい。

問6　文中の下線部⑤について、憲法第20条では「信教の自由」を保障していますが、同時に国や地方公共団体が特定の宗教と結びついてはならない原則が書かれています。これを何というか答えなさい。

問7　同じく文中の下線部⑤について、憲法に規定されていない新しい人権のうち、みだりに個人の情報を公開されない権利を何というか答えなさい。

問8　文中の下線部⑥について、憲法第25条において「健康で文化的な最低限度の生活」を営む権利が書かれていますが、これを何というか答えなさい。

【理　科】〈第1回試験〉（20分）〈満点：50点〉

【注意事項】グラフや図表の作成には、定規とコンパスをできるだけ使用してください。

1　以下の各問いに答えなさい。

問1　温度計を使うとき、目盛りはどの角度から見るべきですか。次の**ア**～**ウ**から１つ選び、記号で答えなさい。

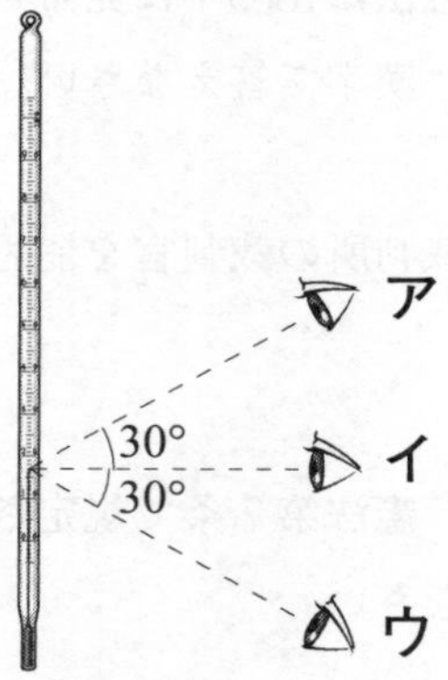

問2　ロウソクなどに使われるロウの体積は、同じ重さで比べると、液体と固体ではどちらが大きいですか。

問3　空気に最も多くふくまれている物質は何ですか。

問4　こん虫は幼虫から成虫へと成長するとき、体のつくりが変化します。これを何といいますか。名前を答えなさい。

問5　下の図は花のつくりをあらわしています。（　**ア**　）に入る名前を答えなさい。

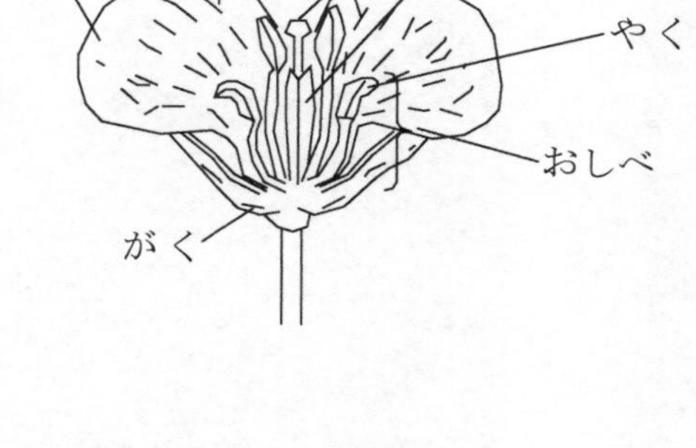

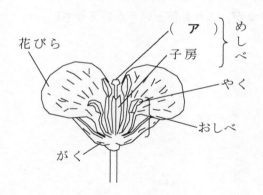

問６　気温が１日の中で大きく変わるのはどんな天気の日ですか。次の**ア**～**ウ**から１つ選び、記号で答えなさい。

ア　晴れ　　　**イ**　くもり　　　**ウ**　雨

問７　太陽の姿を、望遠鏡を使って紙に映すと、白い丸に見え、その中に黒い点を見ることができます。この太陽の表面で観測される黒い点を何といいますか。

2　磁石の性質を調べます。以下の各問いに答えなさい。

問１　磁石につくものはどれですか。次の**ア**～**カ**から１つ選び、記号で答えなさい。

ア　アルミニウム　　**イ**　紙　　**ウ**　鉄
エ　プラスチック　　**オ**　木　　**カ**　銅

問２　**図１**のように、棒磁石にくぎをつけました。そのくぎを**図２**のように方位磁針に近づけたときの方位磁針のようすとして正しいものを、次の**ア**～**ク**から１つ選び、記号で答えなさい。ただし、方位磁針は黒くぬっている方をＮ極とします。

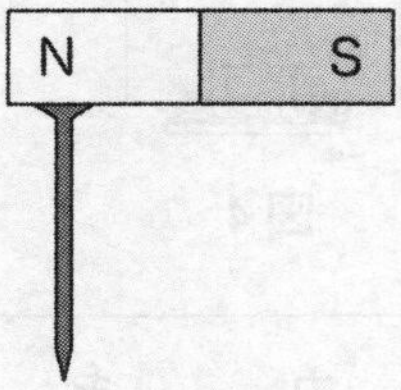

図１

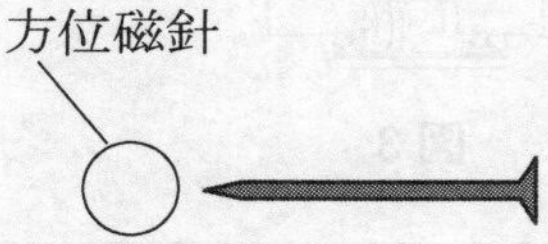

図２

選択肢

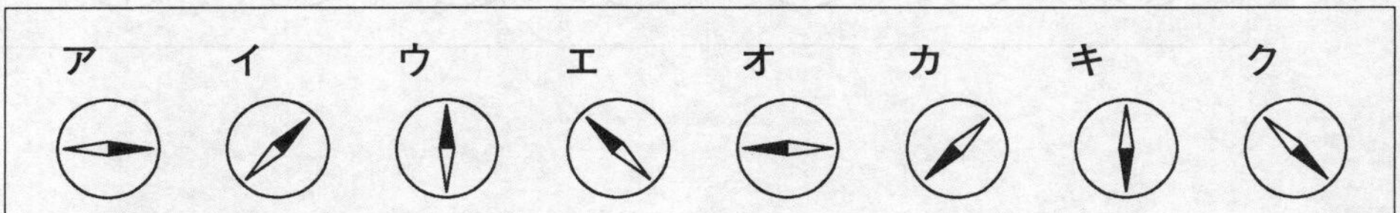

問３　方位磁針の説明として正しいものはどれですか。次の**ア～エ**から１つ選び、記号で答えなさい。

ア　地球の北半球がＳ極、南半球がＮ極なので、方位磁針のＳ極が北を指し、Ｎ極が南を指す。

イ　地球の北半球がＳ極、南半球がＮ極なので、方位磁針のＮ極が北を指し、Ｓ極が南を指す。

ウ　地球の北半球がＮ極、南半球がＳ極なので、方位磁針のＳ極が北を指し、Ｎ極が南を指す。

エ　地球の北半球がＮ極、南半球がＳ極なので、方位磁針のＮ極が北を指し、Ｓ極が南を指す。

問４　**図３**は電磁石に方位磁針を近づけたところです。この状態から、**図４**のように電池の向きを逆向きにし、**(あ)**、**(い)** の位置に方位磁針を置いたときのようすとして正しいものを、次の**ア～ク**からそれぞれ１つずつ選び、記号で答えなさい。ただし、方位磁針は黒くぬっている方をＮ極とします。

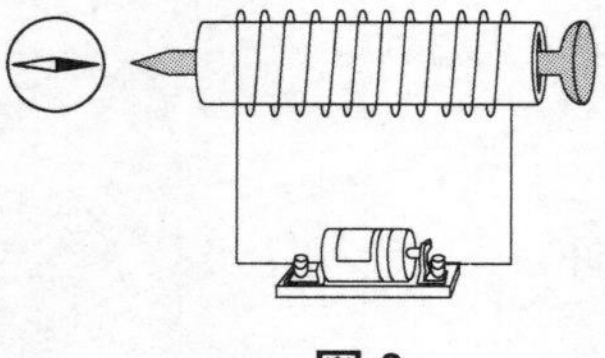

図３

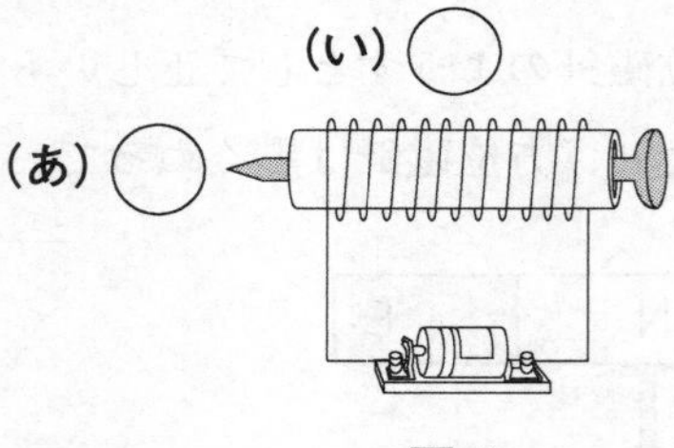

図４

選択肢

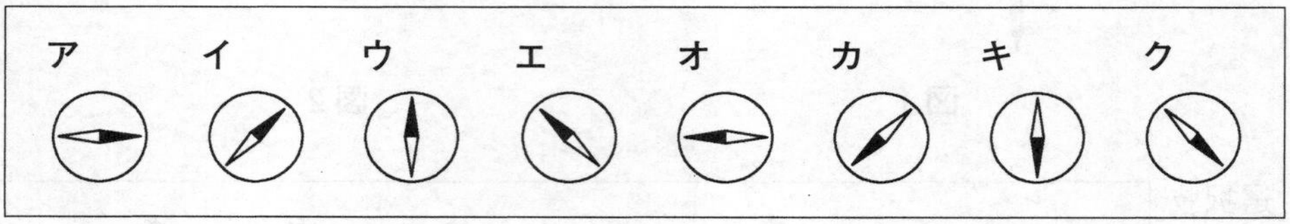

①～④のような電磁石を作り、電磁石の強さを調べます。

①

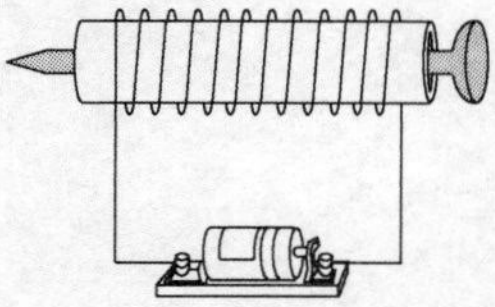

②

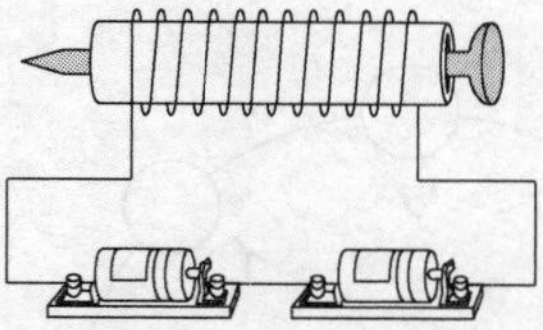

③

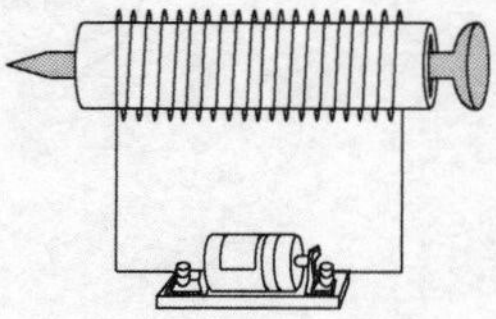

④

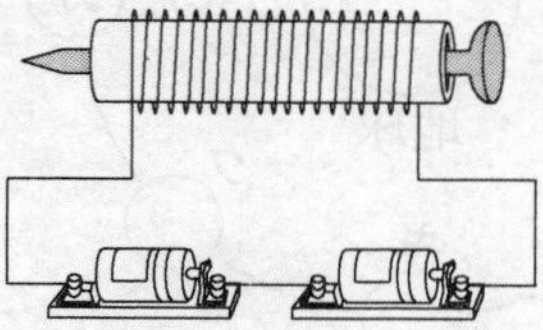

問５　電流の強さと電磁石の強さの関係を調べるのに適した組み合わせを、次の**ア～カ**からすべて選び、記号で答えなさい。

ア　①と②　　**イ**　①と③　　**ウ**　①と④

エ　②と③　　**オ**　②と④　　**カ**　③と④

問６　最も強い電磁石はどれですか。①～④から１つ選び、番号で答えなさい。

3　俳句には季語や自然の様子を表現する言葉が入っているので、さまざまな事を推測することができます。

『菜の花や　月は東に　日は西に』与《よ》謝《さ》蕪《ぶ》村《そん》

『古池や　蛙《かわず》飛び込む　水の音』松《まつ》尾《お》芭《ば》蕉《しょう》

それぞれの俳句を読み、分かることについて以下の各問いに答えなさい。

問１　『菜の花や　月は東に　日は西に』は、いつ頃《ごろ》の季節をよんだものですか。次の**ア～エ**から１つ選び、記号で答えなさい。

ア　３～５月頃　　**イ**　６～８月頃　　**ウ**　９～11月頃　　**エ**　12～２月頃

問２　『菜の花や　月は東に　日は西に』の俳句で、月、太陽ともに地平線に見えたとき、月と地球と太陽はどのような位置にあったと考えられますか。下図の**ア～ク**から１つ選び、記号で答えなさい。

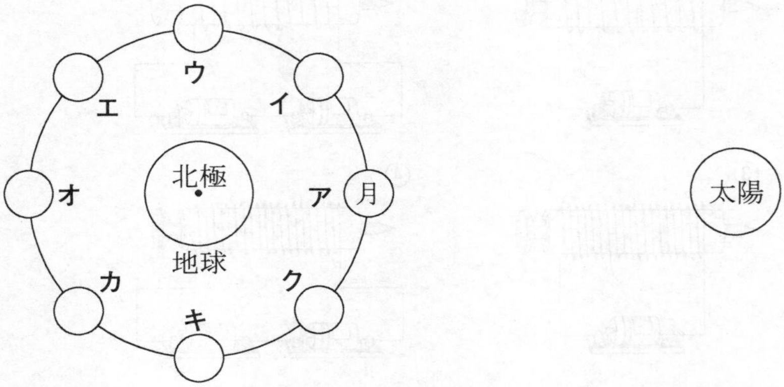

問３　**問２**のとき、見える月の形はどれですか。下図の**ア～ク**から１つ選び、記号で答えなさい。

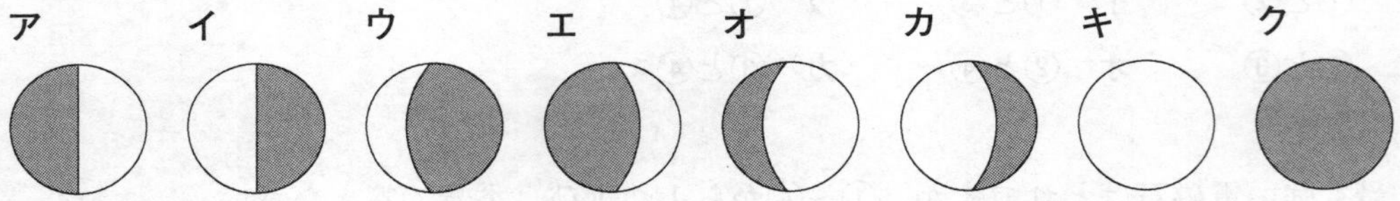

問４　**問３**の月が真南の空に見える時刻は何時頃ですか。次の**ア～エ**から１つ選び、記号で答えなさい。

ア　午後９時頃　　**イ**　午後12時頃　　**ウ**　午前３時頃　　**エ**　午前６時頃

問５　『古池や　蛙《かわず》飛び込む　水の音』は、いつ頃の季節をよんだものですか。次の**ア～エ**から１つ選び、記号で答えなさい。ただし蛙とはカエルのことで、この俳句は梅雨がくる前のころ、田んぼに水がはられ、カエルがにぎやかに鳴き出す時期によまれたとします。

ア　春　　**イ**　夏　　**ウ**　秋　　**エ**　冬

問６　カエルはどのようにして呼吸をしていますか。次の**ア～エ**から１つ選び、記号で答えなさい。

ア　水の中で生活し、えらで呼吸している。

イ　水の中で生活し、肺で呼吸している。

ウ　陸で生活し、えらで呼吸している。

エ　陸で生活し、肺で呼吸している。

五月十日

岡橋　優希

小川　哲二　様

問一　最初に「若葉が美しく見られるころとなりました。」とありますが、この一文にはどのような意味がありますか。

問二　岡橋さんは、なぜ手紙を書いたのですか。

問三　岡橋さんは、どのような人ですか。

問四　小川さんは、どのような仕事をしている人ですか。

問五　小川さんは、岡橋さんに贈《おく》り物をして何年になりますか。

問六　岡橋さんと小川さんは、メールやラインを使って連絡を取ることもあるそうです。手紙と比べたとき、メールやラインの良いところはどのようなところですか。

イ　昔の俳句はもちろんのこと、現代の俳句も十分に研究しなければ、自然に新しい俳句を作れるようにはならない。

ウ　新しい俳句を作るためには、日本語や日本の文化にこだわらず、外国語や外国の文化を取り入れる必要がある。

エ　新しい俳句を作ろうと思うなら、古人が築き上げてくれたものを尊重しつつ、新しい力を加えてゆくのがよい。

問七　本文の主題「俳句」について、「俳句」の形式はどのようなものか。次の空欄《らん》に入る数字を、それぞれ漢数字で答えなさい。

［　］・［　］・［　］

三　次の手紙文を読んで、あとの問いに答えなさい。なお、手紙を書いた「岡橋さん」は高校三年生の女の子です。

拝啓《はいけい》

若葉が美しく見られるころとなりました。みなさまには、お変わりなくお過ごしのことと存じます。先月、ラインのやり取りの中でご報告いたしましたが、こちらも家族一同、元気に暮らしておりますのでご安心ください。

さて、先日はたくさんのいちごをお送りいただきまして、ありがとうございます。家族全員季節の風味を十分に味わい、楽しい時を過ごせました。同時にいちごをはじめ、愛情込めて果物や野菜などを栽培《さいばい》なさるご苦労を感じました。食物のありがたみを知ることもでき、関わる人たちの大変さを痛感しました。

私が小学校六年生の頃から、毎年のことですが、わたしたちのためにお心づかいいただき心から感謝いたします。

最後になりますが、風邪《かぜ》などひかれませんよう、お体を大切になさってください。

敬具《けいぐ》

問一 ＝＝線Ａ・Ｂの語句の意味として、最も適当なものをそれぞれ次の中から一つ選び、記号で答えなさい。

Ａ 十中八九

ア いつも

イ たまに

ウ ちょっと

エ ほとんど

Ｂ とりもなおさず

ア だから

イ しかし

ウ すなわち

エ ところで

問二 ――線①「『新』ということは相対のことであります」の意味として最も適当なものを、次の中から一つ選び、記号で答えなさい。

ア 「古い」が存在しなければ「新しい」も存在しないということ。

イ 「古い」ものを捨てなければ「新しい」ものが生まれないこと。

ウ 「古い」と「新しい」は違うように見えて実は同じであること。

エ 「古い」と「新しい」はよく考えないと区別できないということ。

問三 ――線②「この点」とあるが、「この」が指しているのはどのような態度か。六十字以内で答えなさい。

問四 [Ⅰ]・[Ⅱ]にあてはまる語句を、本文よりそれぞれ四字で書き抜きなさい。

問五 ――線③「そういう力を持っていない」とあるが、人間が持っていないのはどのような力か。三十字以内で答えなさい。

問六 筆者の考えとして最も適当なものを、次の中から一つ選び、記号で答えなさい。

ア 芸術的才能を持っている人であれば、どのように取り組もうとも、自然に新しい俳句を作ることができる。

ちょっと余談として申しますが、実を申すとそれは俳句ばかりではないのであります。また能楽や歌舞伎や日本画ばかりでもないのであります。人間そのものがそうなのであります。人間は現在の生活をすべて改善しようとしてもそれはついにできない相談なのであります。たとえば、衣服にしたところで、従来の日本服がきらいだから、何か新しいものを創造しようとしたところで、さてどんなものを想像したらいいでしょうか。仮に何物かを造るとするとそれは洋服に近くなるか、日本服に近くなるか、そうしてそれは遂《つい》に在来の日本服にしかず、洋服にしかぬものになるのであります。すなわち在来のものにあきたらないといったところで、決して全然新しいものをポカッと浮き出すことはできないのであります。それは人力がどうすることもできないのであります。③人間というものがそういう力を持っていないのであります。すなわち全然新しい、そうして現在のすべての服装よりも優れた新服装を造り上げるまでには多くの歳月《さいげつ》を要するのであります。仮に今後千年後に我々が再生してくると仮定すれば、その時我等の子孫の着ている着物を見たらあるいはそういうものができているかもしれません。人間の力は新しいものに一歩一歩を進めてゆく力はあるが、従来のすべての※因縁《いんねん》を切り離して、絶対に新しいものをここに創造するということはできないのであります。ある建築家の話に、建築が一の様式から他の様式に移るにはおよそ百年を要するということであります。これは面白いことだと思います。すなわち人間のすべての仕事、いわば人間それ自身というものが決して因縁を切り離してものをすることはできないものであるということを十分に考える必要があると思います。

（高浜虚子《たかはまきょし》『俳句の作りよう』より）

注　※羅列…連ね並べること。
※陳…古いこと。
※骨董品…美術的な価値や希少価値のある古美術品。
※範疇…同じような性質のものが含まれる範囲。
※料簡…考えをめぐらすこと。
※能楽・歌舞伎…日本の伝統芸能。
※因縁…以前からの関係。

るのであります。「古人の句を見ることなかれ」ということはB とりもなおさず、いずれが新、いずれが※陳《ちん》かの研究をすることなかれ、ということであります。これほど無意味な言葉はないのであります。

そこで結論はきわめて簡単であります。新しい句を作ろうと思えば古人の句先輩《ぱい》の句を読まねばなりません。十分に古人の句先輩の句を研究して古人や先輩はどういう俳句を作っておったかということを研究して、それからその古人や先輩の手の及んでいなかった方面に手をつけて新しい句を作るようにしなければなりません。「古人の句に接するな。古人の句を読むな」ということは、②この点から申しますと「新古の判断さえつかぬ人になれ」ということになるのであります。先人の足跡を踏まぬという心掛けは結構でありますが、その先人の足跡を十分に究めぬということは非常な不覚であります。すなわち新しい句を作るという立場からいって、ぜひとも古い句先進の人の句を研究しなければならないのであります。

私は俳句というものは決して小説などのように新しがるべきものではないと思います。もとより俳句も※骨董品《こっとうひん》として取り扱われるのでなく、生きた文芸として取り扱われるのであります。古人の※範疇《はんちゅう》を出た新しい句を作らなければならぬのでありますが、それでも俳句というものは伝統文芸として、小説などよりも比較的古い匂いのするものであるということはまず頭においておかないととんだ※料簡《りょうけん》違いをするようになります。古い匂いがするということは、いやだという人がありましたら、もしそういう人があったらしばらく俳句に遠ざかっていて、他日古い匂いのするものがなつかしく恋《こい》しい時代がきた時分に、その時に改めて俳句に近づいたらよかろうと思います。いやであろうが好きであろうが、ものそのものが古い匂いのするものである以上、それはどうすることもできないのでありますから、遠ざかるよりほかに道はないことと思います。そうして、他日その匂いが好きになってきた時分にまた近づいてくればそれでいいことだと思います。

俳句は［Ⅰ］のする文芸、すなわち是非《ぜひ》ある約束の下に立たなければならぬ［Ⅱ］である以上、それは※能楽《のうがく》や※歌舞伎《かぶき》が全然古い型を習熟し、日本画がある点まで古法に則《のっと》ることを必要とするに準じ、俳句もまたある点まで俳句らしい俳句を作るために、古俳句を習熟する必要があるのであります。

二〇二二年度
聖望学園中学校

【国　語】〈第一回試験〉（四〇分）〈満点：一〇〇点〉

一

・次の――線のひらがなを漢字で、漢字の読みをひらがなで答えなさい。

① 迷子を家にみちびく。

② きびしい寒さが続く。

③ 国民にはのうぜいの義務がある。

④ せいじつな態度を心がける。

⑤ 子どもは尊い存在だ。

⑥ 三十名の生徒を率いる。

⑦ フィンランドに永住する。

⑧ 野菜を自給する。

・次の□に漢字を入れ、四字熟語を完成させなさい。

⑨ 意気□合

⑩ 大□成就

二

次の文章を読んで、あとの問いに答えなさい。

古人の句を読む方がようございますか、作る方がようございますか、という質問を私はしばしば受けます。

今の若い人たちの頭に一つの大きな迷いがあります。あらゆる芸術を通じてそれがあるのであります。それは何かと申しますと「新」ということであります。それらの若い人たちは何でも新しければいいと思っています。新しいことを私も悪いとは申しませぬが、果たして「何が新しいか」ということも十分に研究せずにただ新しければいいと思っている人がA十中八九であります。

新しいと申すことは古いことを十分に研究した上で申すべきことであります。①「新」ということは相対のことであります。十分に古いことを研究せねば何が新しいのだか古いのだか判ろうはずがありません。初めて俳句を作るものが俳句の約束をも了解せずにただ文字を※羅列《られつ》して新しがったところで、一般《ぱん》の俳句界には通用しないことであります。伝統文芸としての従来の俳句の真価を了解せずにおいて、「ただ自然より直接に新しいものを採り来たれ」と言ったところで、世間に通用しないことであります。新しいということは古いものを熟知した上で初めて意味ある言葉とな

2022年度

聖望学園中学校 ▶解説と解答

算　数　＜第１回試験＞（50分）＜満点：100点＞

解　答

1 (1)　72　(2)　5　(3)　$4\frac{1}{2}\left(4.5,\ \frac{9}{2}\right)$　(4)　55　2 (1)　130円　(2)　９年後
3 (1)　23通り　(2)　29通り　(3)　62通り　4 (1)　あ　20　い　180　(2)　４：９
(3)　９Ｌ　(4)　$3\frac{1}{3}\left(\frac{10}{3}\right)$分後　5 (1)　15枚，20cm　(2)　400番目，80200枚　(3)
44番目

解　説

1　四則計算，逆算

(1)　$(94-28)\div11\times12=66\div11\times12=6\times12=72$

(2)　$4\frac{2}{3}\div\left(2-1\frac{5}{6}\right)\div5\frac{3}{5}=\frac{14}{3}\div\left(\frac{12}{6}-\frac{11}{6}\right)\div\frac{28}{5}=\frac{14}{3}\div\frac{1}{6}\div\frac{28}{5}=\frac{14}{3}\times\frac{6}{1}\times\frac{5}{28}=5$

(3)　$\left(9-\frac{1}{9}\right)\times0.9+\left(2-\frac{1}{2}\right)-\left(4-\frac{1}{4}\right)\div0.75=8\frac{8}{9}\times\frac{9}{10}+1\frac{1}{2}-3\frac{3}{4}\div\frac{3}{4}=\frac{80}{9}\times\frac{9}{10}+1\frac{1}{2}-\frac{15}{4}\times\frac{4}{3}=8+1\frac{1}{2}-5=4\frac{1}{2}$

(4)　12＋｛1000－(171＋□×３)－286｝÷18＝33より，｛1000－(171＋□×３)－286｝÷18＝33－12＝21，1000－(171＋□×３)－286＝21×18＝378，1000－(171＋□×３)＝378＋286＝664，171＋□×３＝1000－664＝336，□×３＝336－171＝165，□＝165÷３＝55

2　消去算，年れい算

(1)　1010円の５倍の5050円は，マスクが２×５＝10(枚)と，消毒液が３×５＝15(本)の代金である。よって，消毒液１本の値段は，(5050－3050)÷(15－７)＝250(円)となる。また，マスク１枚の値段は，(1010－250×３)÷２＝130(円)である。

(2)　母と子の年れいの差は，30－４＝26(才)である。母の年れいが子の年れいの３倍になるとき，２人の年れいの差が子の年れいの２倍となるので，このとき子の年れいは，26÷２＝13(才)である。よって，今から，13－４＝９(年後)となる。

3　場合の数

(1)　10円硬貨の使い方は０枚，１枚，２枚の３通りあり，50円硬貨の使い方は０枚，１枚の２通りあり，100円硬貨の使い方は０枚，１枚，２枚，３枚の４通りある。全部で，３×２×４＝24(通り)あるが，10円硬貨，50円硬貨，100円硬貨のすべてが０枚のときは支払うことができないので，24－１＝23(通り)となる。

(2)　50円硬貨を２枚いっしょにすると100円となるので，10円硬貨が２枚，50円硬貨が１枚，100円硬貨が４枚あると考えられる。10円硬貨の使い方は３通り，50円硬貨の使い方は２通り，100円硬貨の使い方は５通りある。全部で，３×２×５＝30(通り)あり，３種類とも０枚の場合をのぞくと，30－１＝29(通り)となる。

⑶　10円硬貨を７枚，50円硬貨を５枚，100円硬貨を３枚使って支払うことができる最も小さな金額は10円で，最も大きな金額は，10×７＋50×５＋100×３＝620(円)である。10円硬貨が７枚と50円硬貨が２枚あると，10円から620円までの10円きざみの金額をすべて作ることができるので，全部で62通りある。

4 水の深さと体積

⑴　水そうＡには，はじめ20Lの水が入っていたから，㋐に入る数は20である。水そうＡは20分で，80－20＝60(L)増えたから，１分間に入る水は，60÷20＝３(L)となる。よって，水そうＢに20分間で入る水の量は，３×60＝180(L)なので，㋑に入る数は180である。

⑵　水そうＡと水そうＢは高さが同じで，入る水のかさは，水そうＡが80L，水そうＢが180Lなので，底面積の比は，80：180＝４：９となる。

⑶　水そうＡにはさらに60L，水そうＢには180Lの水を入れる必要があるので，毎分入れる必要がある水は，60：180＝３：９となる。じゃ口Ａからは毎分３Lの水を入れているので，じゃ口Ｂからは毎分９Lの水を入れればよい。

⑷　はじめに２つの水そうに入っている水のかさの差は20Lある。１分あたり，９－３＝６(L)ずつ，水のかさの差が小さくなるので，水のかさが等しくなるのは，20÷６＝$3\frac{1}{3}\left(\frac{10}{3}\right)$(分後)となる。

5 図形と規則

⑴　５番目の図形に使われるタイルは，１＋２＋３＋４＋５＝15(枚)である。４番目の図形を見ると，上側，下側，左側，右側ともに４つの辺があるので，５番目の図形には，上下左右ともに辺が５本ずつあり，周囲の長さは，５×４＝20(cm)となる。

⑵　周囲の長さが，16m＝1600cmになる図形は，上下左右のそれぞれに辺が，1600÷４＝400(本)ある400番目の図形である。このときのタイルの枚数は，１＋２＋３＋…399＋400＝(１＋400)×400÷２＝80200(枚)となる。

⑶　右の図のように，３番目の図形を回転させて４番目の図形の上にのせると，４×４＝16(枚)のタイルが並んだ正方形ができる。これより，○番目と(○＋１)番目の図形のタイルの合計は，(○＋１)×(○＋１)（枚)となることがわかる。右の計算より，2025＝３×３×３×３×５×５＝(３×３×５)×(３×３×５)＝45×45である。よって，小さい方の図形は，45－１＝44(番目)となる。

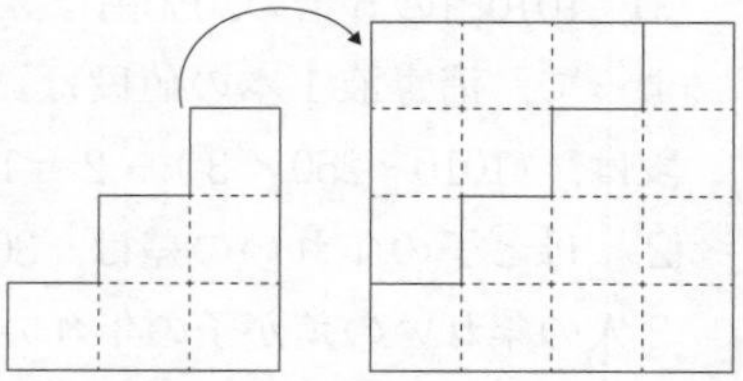

3) 2025
3) 675
3) 225
3) 75
5) 25
5

社　会　＜第１回試験＞（20分）＜満点：50点＞

解　答

1 **問１**　①　オーストラリア(大陸)　②　アフリカ(大陸)　③　ウ　④　海　**問２**　①　**X**　かずら橋　**Y**　人の手　**Z**　林業　②　ア　**2** **問１**　三内丸山(遺跡)

問２　イ　**問３**　厩戸王〔聖徳太子・厩戸皇子〕　**問４**　イ　**問５**　エ　**問６**　イ
問７　徳川家康　**問８**　ウ　**問９**　大仙〔大山・大仙陵・仁徳天皇陵・仁徳陵〕(古墳)
3　**問１　何月何日**…11(月)３(日)　**祝日の名称**…文化の日　**問２**　天皇　**問３**　国民審査〔最高裁判所裁判官国民審査〕　**問４**　国事行為　**問５**　18(歳)　**問６**　政教分離〔政教分離の原則〕　**問７**　プライバシーの権利〔プライバシー権〕　**問８**　生存権

解　説

1　地理についての総合問題

問１　①　六大陸とは，面積順にユーラシア大陸・アフリカ大陸・北アメリカ大陸・南アメリカ大陸・南極大陸・オーストラリア大陸である。　②　ユーラシア大陸とアフリカ大陸を結ぶ位置にスエズ地峡《ちきょう》がある。1869年にスエズ運河が完成したことで，アジア―ヨーロッパ間の海上交通の輸送距離《きょり》が大幅《おおはば》に短縮された。また，北アメリカ大陸と南アメリカ大陸を結ぶ位置にはパナマ地峡があり，1914年にパナマ運河が開通している。　③　三大洋のうち太平洋が最も広く，インド洋が最もせまい。　④　地球の表面の約70%を海が占めている。

問２　①　**X**　文中の「ほ装された道路ができるまで」という部分に注目する。選択肢《せんたくし》にある国道は国が管理する幹線道路なのであてはまらない。かずら橋とはつる草を編んでつくった原始的な吊《つ》り橋で，現在，徳島県三好《みよし》市の「祖谷《いや》のかずら橋」が重要有形民俗《みんぞく》文化財に指定されている。
Y　選択肢にあるトロッコはレールの上を走らせる手押《お》し車であることから，山の上の道やかずら橋では利用できない。　**Z**　林業で働く人は1985年には約12万６千人いたが，2015年には約４万５千人まで減少している(林野庁 HP より)。　②　若い人の数が減少すれば，高齢《こうれい》者の人口が変わらなくても，その割合は高くなる。

2　ユネスコの世界遺産についての問題

問１　三内丸山遺跡《いせき》は大規模な集落遺跡で，この遺跡の調査によって縄文《じょうもん》時代が採集や狩猟《しゅりょう》，漁によって定住生活を営んだ豊かな社会であったことがわかってきた。

問２　2022年４月現在，日本国内では世界遺産のうち文化遺産が20件，自然遺産が５件登録されている。

問３　厩戸《うまやと》王(聖徳太子)は，おばである推古天皇の摂政《せっしょう》として，天皇中心の政治をめざし，蘇我《そが》馬子《うまこ》の協力のもとに改革をすすめた。

問４　足利義満がおこなった明との貿易は，正式な遣明船であることを証明するために勘合《かんごう》(割札)を用いたことから勘合貿易ともいう。また，義満が建てた金閣が京都の北山にあったことから，このころの文化を北山文化という。なお，アの足利尊氏は室町幕府を開いた初代将軍，ウの足利義政は応仁の乱の原因の一つであるあとつぎ問題を起こし，京都の東山に銀閣を建てた８代将軍，エの足利義昭は織田信長に京都から追放された，室町幕府最後の15代将軍である。

問５　平等院鳳凰堂《ほうおうどう》は11世紀に藤原頼通《ふじわらのよりみち》が宇治に建てた阿弥陀堂《あみだどう》である。なお，アの中尊寺金色堂は12世紀に奥州藤原氏が平泉に建てた仏堂で「平泉―仏国土(浄土)を表す建築・庭園及《およ》び考古学的遺跡群―」の構成資産，イの清水寺は平等院鳳凰堂とともに「古都京都の文化財」の構成資産，ウの厳島神社は12世紀に平清盛が修築した世界文化遺産である。

問６　鑑真《がんじん》はたび重なる渡航《とこう》の失敗によって失明しつつも来日を実現し，日本に正式な戒律《かいりつ》を伝えた。なお，アの行基は奈良《なら》時代に大仏造立に協力した僧《そう》，ウの空海は平安時代初期に唐で密教を学び，真言宗を開いた僧，エの雪舟《せっしゅう》は室町時代に明に渡《わた》って水墨画《すいぼくが》を学び，独自の技法を確立した禅僧《ぜんそう》である。

問７　徳川家康は朝廷《ちょうてい》から東照大権現という神としての称号《しょうごう》を死後に授けられ，日光東照宮に神としてまつられた。日光東照宮は３代将軍徳川家光が大規模改築をおこない，現在のような豪華《ごうか》な建造物となった。

問８　製糸業は蚕のまゆから生糸をつくる産業である。群馬県富岡《とみおか》では蚕のエサとなる桑《くわ》を栽培《さいばい》するのに適した水はけのよい扇状地《せんじょうち》が広がり，古くから養蚕がさかんだった。また，工場用地や工業用水も豊富だったことから，明治政府は官営の製糸場の建設を決定した。

問９　大仙《だいせん》古墳は大阪府堺市に位置する古墳で，仁徳天皇が葬《ほうむ》られていると伝えられている。

3　憲法の三原則についての問題

問１　日本国憲法は，公布の半年後の1947年５月３日に施行《しこう》された。この日は憲法記念日として国民の祝日となっている。

問２　それまであった憲法とは大日本帝国《ていこく》憲法のことである。現在の日本国憲法では，主権者は国民であり，天皇は「日本国の象徴《しょうちょう》であり日本国民統合の象徴である」と規定されている。

問３　最高裁判所裁判官は任命後初めておこなわれる衆議院議員総選挙の際，その任に適しているかどうか国民からの審査《しんさ》を受け，その後も10年ごとに審査を受ける。国民審査で有効投票の過半数が適していないとした場合に罷免《ひめん》されるが，2022年４月現在，これまでに罷免された裁判官はいない。

問４　天皇は国政に関する権能を有しておらず，天皇の国事行為《こうい》の責任は助言と承認をおこなった内閣が負う。

問５　2016年，改正公職選挙法が施行され，選挙年齢が満20歳《さい》以上から満18歳以上に引き下げられた。世界の多くの国で選挙年齢が18歳以上であることに合わせることが理由の一つであるが，少子高齢化が急速に進む日本では高齢者の意見が優先されやすいため，若い世代の意見を政治に反映させることが大きな理由である。

問６　江戸時代にはキリスト教徒への弾圧《だんあつ》，戦前には神道以外の宗教への圧迫《あっぱく》などがおこなわれた。政治と宗教を切り離《はな》すことは，個人の信教の自由を確実に保障する大前提であるといえる。

問７　プライバシーの権利を守るために制定されたのが個人情報保護法で，国や地方公共団体，企《き》業《ぎょう》などに個人情報を厳重に管理することを義務づけている。

問８　生存権は基本的人権の社会権の一つである。憲法第25条の２項《こう》に，国はすべての生活部面について，社会福祉《ふくし》・社会保障・公衆衛生の向上と増進に努めなければならないことが明記されている。

理　科　＜第１回試験＞（20分）＜満点：50点＞

解　答

1　**問１**　イ　**問２**　液体　**問３**　ちっ素　**問４**　変態　**問５**　柱頭　**問６**　ア
問７　黒点　2　**問１**　ウ　**問２**　オ　**問３**　イ　**問４**　(あ)　オ　(い)　ア　**問５**

ア，カ　**問６**　④　　**3**　**問１**　ア　**問２**　オ　**問３**　キ　**問４**　イ　**問５**　ア
問６　エ

解　説

1　小問集合

問１　温度計の目盛りを読み取るときは，目線が温度計に対して直角になるようにする。

問２　同じ重さあたりの物質の体積はふつう，固体より液体の方が大きく，液体より気体の方が大きい。ロウソクなどに使われるロウも同様で，同じ重さあたりで比べると，液体の方が固体よりも大きい。なお，水の場合は特別で，液体(水)より固体(氷)の方が大きく，それらより気体(水蒸気)の方が大きい。

問３　空気は，約78％がちっ素，約21％が酸素，約１％がその他の気体(アルゴンや二酸化炭素など)となっている。

問４　こん虫は，幼虫から成虫へと成長するときに体のつくりを大きく変え，これを変態という。なお，幼虫から成虫へと成長する途中《とちゅう》にさなぎの時期があるものとないものがあり，たとえばカブトムシやハチ，ハエなどは卵→幼虫→さなぎ→成虫の順に姿を変えながら成長し，これを完全変態という。一方，バッタ，セミ，トンボなどは卵→幼虫→成虫の順に姿を変えながら成長し，これを不完全変態という。

問５　花の中心にあるめしべの先たん部分を柱頭という。柱頭に花粉がつくことを受粉といい，受粉してはじめて実ができる。

問６　昼に気温が上がるのは，太陽光によって地上があたためられるからである。よって，晴れの日の方がくもりや雨の日に比べて気温が上がりやすい。また，夜に気温が下がるのは，地上の熱が宇宙に放出されるからであるが，雲があると，宇宙に放出される熱の一部がさえぎられる。したがって，晴れの日の方がくもりや雨の日に比べて気温が下がりやすい。以上より，晴れの日は気温が上がりやすくて下がりやすいから，くもりや雨の日に比べて気温が大きく変わりやすい。

問７　太陽の表面には，黒点とよばれる黒いシミのようなものがあらわれることがある。これは周囲より温度が低くなった(それでも4000℃ぐらいある)部分である。

2　磁石と電磁石についての問題

問１　磁石につくのは，鉄やニッケルなどの限られた金属である。

問２　図１のように棒磁石のＮ極にくぎ(鉄のくぎとする)をつけると，くぎも磁石の性質をもつようになって，棒磁石のＮ極についたくぎの頭がＳ極，くぎの先がＮ極となる。そして，このくぎの先を方位磁針に近づけると，方位磁針のＳ極(黒くぬっていない方)がくぎの先のＮ極と引き合うので，オのようになる。

問３　地球はその全体が磁石の性質をおびていて，北極付近にＳ極，南極付近にＮ極がある。そのため，方位磁針のＮ極は，北極付近のＳ極と引き合って北を指す。

問４　図３で，くぎの先と方位磁針のＮ極が引き合っているので，電磁石の左はし(くぎの先)はＳ極になっている。ここで電池の向きを逆向きにすると，コイルに流れる電流の向きが逆になるため，電磁石にできる磁極が逆になる。すなわち，電磁石の左はし(くぎの先)はＮ極になる。したがって，㈠の方位磁針は，Ｓ極がくぎの先を向いたオのようになる。また，㈡の方位磁針は，Ｓ極が，くぎ

の先がある左側を向いてアのようになる。

問５　電流の強さと電磁石の強さの関係を調べるときは，電流の強さはちがい，それ以外の条件は同じものどうしで比べる。電流の強さは電池の数(１個か，直列つなぎの２個か)で決まるので，コイルの巻き数は同じで電池の数が異なる①と②の組み合わせと，③と④の組み合わせが適している。

問６　コイルに流れる電流の強さが強いほど，また，コイルの巻き数が多いほど，電磁石が強くなる。コイルに流れる電流の強さは，電池１個のときより電池２個の直列つなぎの方が強いので，電池２個の直列つなぎとなっている②と④のうち，コイルの巻き数が多い方の④が最も強い電磁石である。

3　有名な俳句に関連する問題

問１　菜の花はふつうアブラナのことをいい，関東地方では３～５月が花の見頃《みごろ》である。なお，菜の花は春の季語である。

問２　太陽が西にあるときに月が東に見えるということだから，地球から見て太陽と月が反対の方向にある。図で，地球から見て太陽と反対の方向の月はオである。

問３　図で，地球から見たオの月は，月の光っている面がすべて地球から見えるので，満月である。満月は太陽が西にしずむ頃に東からのぼるので，「月は東に　日は西に」と言い表したのである。

問４　満月は，日の入りの頃(午後６時頃)に東からのぼり，真夜中頃(午後12時頃)に真南の空に来て，日の出の頃(午前６時頃)に西にしずむ。

問５　６月から７月にかけての期間は，くもりや雨の日が続きやすく，これを梅雨《つゆ》という。よって，梅雨がくる前の頃とは５月と考えられる。また，田んぼに水がはられるのは，田植えを行う前なので，やはり５月頃である。したがって，春の終わり頃をよんだものと考えられる。

問６　カエルは両生類で，子のオタマジャクシのときは水の中で生活し，えらで呼吸しているが，親のカエルになると陸で生活し，肺で呼吸する。

国語　＜第１回試験＞（40分）＜満点：100点＞

解答

一　①～④下記を参照のこと。　⑤　とうと(い)　⑥　ひき(いる)　⑦　えいじゅう　⑧　じきゅう　⑨　投　⑩　願　二　**問１**　Ａ　エ　Ｂ　ウ　**問２**　ア　**問３**　(例)　新しい句を作るときには，古人の句を読んで研究してから，古人の手が及んでいなかった方面に手をつけて作るべきだという態度。　**問４**　Ⅰ　古い匂い　Ⅱ　伝統文芸　**問５**　(例)　従来のすべての因縁を切り離して絶対に新しいものを創造する力。　**問６**　エ　**問７**　五・七・五　三　**問１**　(例)　手紙を書いた季節を知らせること。　**問２**　(例)　小川さんにお礼を述べたいから。　**問３**　(例)　礼儀正しい人柄で，他人を思いやることのできるやさしい人物。　**問４**　(例)　農家　**問５**　七年　**問６**　(例)　メールやラインは，相手に自分の気持ちを伝える際，手紙よりも早く伝えることができる。

●漢字の書き取り

一　①　導(く)　②　厳(しい)　③　納税　④　誠実

解説

一　漢字の読みと書き取り，四字熟語の完成

①　道案内をする，目的の場所に連れていくこと。　②　厳格で，容赦《ようしゃ》がないようす。　③　税金を納めること。　④　まじめで，真心があること。　⑤　価値が高いこと。「たっとい」という読み方もある。　⑥　引き連れていくこと。　⑦　末永くそこに住むこと。　⑧　自分に必要な物資を自分の力で獲得し，用立てること。　⑨「意気投合《いきとうごう》」とは，互いに気持ちや考えがぴったり合うこと。　⑩「大願成就《たいがんじょうじゅ》」とは，大きな望みがかなえられること。

二　出典は高浜虚子《たかはまきょし》「俳句の作りよう」による。新しいことに注目しがちな人々に対し，「新しい」ということが「古いこと」との対比によって見出されるものだと述べ，古人の俳句を研究したうえで新しい俳句を作るべきだと主張している。このことをふまえ，人間が他のものから全く影響《えいきょう》を受けずに，自力で新しいものを作り上げることはできないと述べられている。

問１　**A**「十中八九《じゅっちゅうはっく》」とは，「十のうち八か九までの割合。おおかた。ほとんど。」という意味である。　**B**「とりもなおさず」とは，「すなわち。つまり。言い換えると。」という意味である。

問２　このぼう線内の「相対のこと」がどのような意味かをおさえる。同じ段落の「新しいと申すことは古いことを十分に研究した上で申すべきことであります。」や「新しいということは古いものを熟知した上で初めて意味ある言葉となる」という点に注目する。ここでは，古いものがどういうものかを知らなければ，新しいということがどういうことなのかが分からないということである。この点をふまえた選択肢《せんたくし》はアである。イは古いものを捨てるという点，ウは古いと新しいが同じとみなされていること，そしてエはよく考えないと区別できないという点がそれぞれ誤りである。

問３　指示語の内容をおさえる問題である。ぼう線部を含む一文をふまえると，「古いもの」から学ばない姿勢を批判する一文となっている。その批判の理由に当たる部分が「この点」の指す内容だと読み取れる。「この」という指示語は直前の内容を指すので「古人の句先輩《せんぱい》の句を研究して古人や先輩はどういう俳句を作っておったかということを研究して，それからその古人や先輩の手の及んでいなかった方面に手をつけて新しい句を作るようにしなければなりません。」という部分をまとめる。

問４　「俳句は［　Ⅰ　］のする文芸，すなわち是非《ぜひ》ある約束の下に立たなければならぬ［　Ⅱ　］」という部分をよく読み，空欄《くうらん》の前後の言葉のつながりをよく考える。直前の段落で「俳句というものは伝統文芸として，小説などよりも比較的古い匂いのするものである」と述べられているところに注目すればよい。

問５　人間が持っていない力についての説明は文章の後半にある。ぼう線部の直後に「すなわち」とあるため，ぼう線部以後の内容をおさえていくと，その後の部分に「人間の力は……が，従来のすべての因縁《いんねん》を切り離して，絶対に新しいものをここに創造するということはできないのであります。」と述べられているので，この部分を利用して解答すればよい。

問６　筆者の考えを選ぶ問題である。アは「どのように取り組もうとも，自然に新しい俳句を作ることができる」という点が誤りである。本文では古人の俳句を研究することで新しい俳句を作ると述べられている。イは「現代の俳句も十分に研究しなければ」という点が誤り。ウは「外国語や外国の文化を取り入れる必要がある」が誤り。本文ではあくまで「古人」の作品を研究するとしか述べられていない。よってエがあう。

問７　俳句の形式は「五・七・五」である。

三　手紙文の読み取り

問１　手紙やハガキの冒頭《ぼうとう》で頭語の後に続く，書き出しの言葉のことを時候の挨拶《あいさつ》という。手紙を書いた季節を知らせるために書かれるものである。

問２　手紙を書いた理由を読み取る問題である。本題については「さて，」から始まる部分に書かれている。「先日はたくさんのいちごをお送りいただきまして，ありがとうございます。」とあるので，この手紙がお礼の手紙であることが分かる。

問３　岡橋さんの手紙の書きぶりをよく観察して，岡橋さんの人となりを説明する。手紙では，相手に対して丁寧な言い回しを用いて書かれていることから，岡橋さんが礼儀正しいことが分かる。また，相手の仕事の大変さを思いやる言葉が書かれているところから，相手のことを考えるやさしさを持ち合わせた人物であると判断できる。

問４　手紙の受け手である小川さんの職業を答える問題である。「さて，」から始まる部分に「愛情込めて果物や野菜などを栽培《さいばい》なさるご苦労を感じました」とあることから，小川さんが「農家」であることが分かる。

問５　小川さんが岡橋さんに贈り物をして何年になるかを答える問題である。冒頭に岡橋さんは高校三年生であることと，本文の中に「私が小学校六年生の頃から，」という記述があることに注目する。小学校六年生から高校三年生までの間なので，七年と分かる。

問６　手紙とラインやメールの違いを説明する問題である。手紙は一つ一つのことばを丁寧に記し，返事を待つものであるが，ラインやメールは手早くやり取りができるツールである。この点を簡潔にまとめればよい。他のよい点としては，手軽に送り合うことができ，相手との接点を増やせることなども挙げられるだろう。

2022年度　聖望学園中学校

〔電　話〕　(042) 973－1500
〔所在地〕　〒357－0006　埼玉県飯能市中山292
〔交　通〕　JR八高線 ―「東飯能駅」より徒歩13分
西武池袋線 ―「飯能駅」より徒歩15分

＊【適性検査Ⅰ】は国語ですので、最後に掲載してあります。

【適性検査Ⅱ】〈第２回・適性検査型試験〉（45分）〈満点：300点〉

1　太郎さん、花子さん、先生が、理科の教科書にのっているふりこの実験をしています。

先生：ふりこが１往復する時間を周期《しゅうき》といいます。ふりこの周期にはどんなことがえいきょうすると思いますか。

太郎：ふりこの長さかな。

花子：ふりこの重さが関係あると思う。

先生：それではふりこの長さや使うおもりの重さを変えて実際に実験してみましょう。

【実験１】

①　20 cm、30 cm、80 cm、120 cm、180 cmの長さのひもと、20 g、40 gのおもりを用意した。

②　ひもとおもりでふりこを作った。

③　ふりこの周期を調べた。

④　ひもとおもりの組み合わせを変え、②と③を行った。

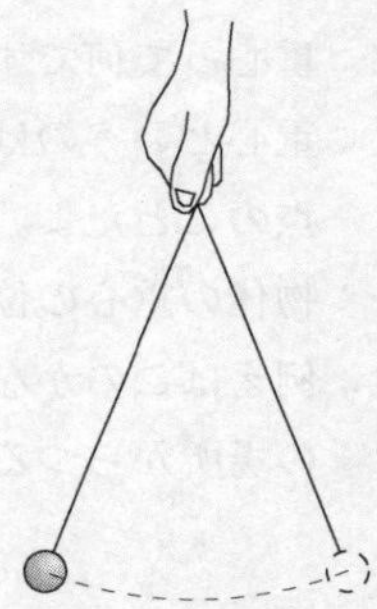

【結果１】

表１、**表２**のようになった。

表１　20 gのおもりを使ったときの結果

ひもの長さ〔cm〕	20	30	80	120	180
周期〔秒〕	0.9	1.1	1.8	2.2	2.7

表２　40 gのおもりを使ったときの結果

ひもの長さ〔cm〕	20	30	80	120	180
周期〔秒〕	0.9	1.1	1.8	2.2	2.7

〔問題１〕**【結果１】**の**表１**、**表２**から読み取れることを書きなさい。

先生：この実験を行ってみて、他に疑問はうかびますか。

太郎：ひもの長さとおもりの重さが同じでも、おもりの形を変えたらどうなるかな。

花子：同じ重さで形のちがうおもりを使って試してみようよ。

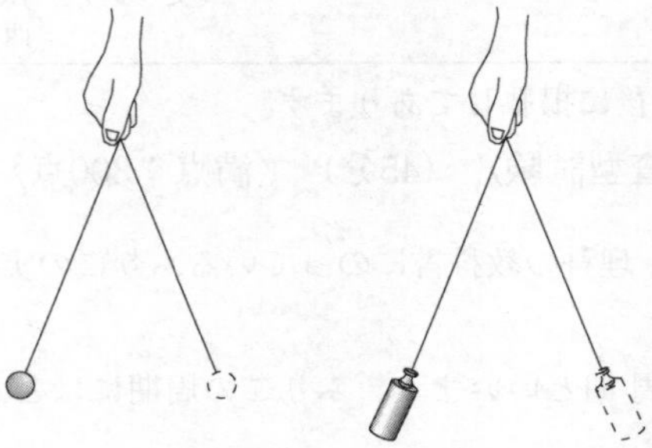

太郎：同じ重さで形のちがうおもりを使い、ふりこを作って試してみたら、少しだけ周期がずれたね。

花子：なんでだろう。

先生：おもりの形によって、ひものつなぎ目からおもりの重心《じゅうしん》までの距離が変わるから、それが原因ではないかな。

太郎：重心って何ですか。

先生：重心というのは、重さの中心となっている点で、物体を一点で支えたときにちょうど支えられる点のことだよ。

花子：物体の重心の位置はどうすれば調べられますか。

先生：例えばこのかなづちだと、図のようにいくつかの場所からつるすことで調べられます。いくつかの場所からつるしたときのひもを通る直線の交点が、かなづちの重心の位置です。

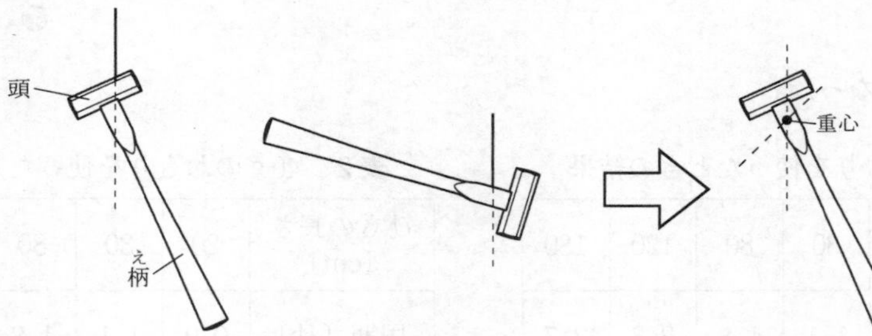

花子：重心は物体の中心にあるわけではないんだね。

太郎：このかなづちは柄の部分よりも頭の部分のほうが重いね。つまり、重心の位置は物体の重い部分にかたよっているんだね。

先生：ひもでつるさなくても、重心の位置の目安《めやす》を知る方法があります。例えば、箱を用意し、**図１**のように箱の中心におもりを入れ、おもりがずれないように綿をつめてふたをします。これを３つ作り、３つの箱をテープでつなげたものを作ります。**図２**のように２セット作りました。

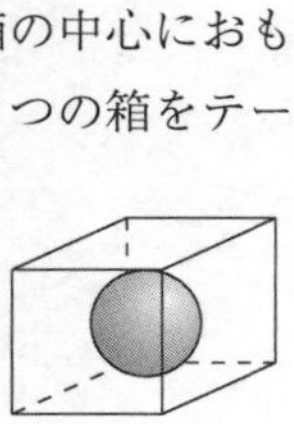

図１

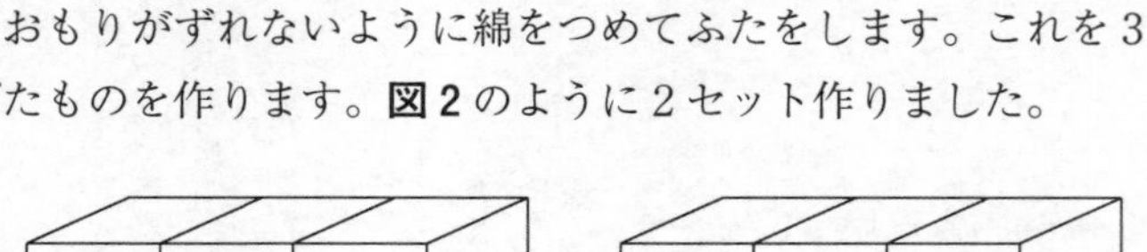

図２

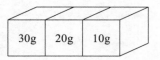

太郎：この２つは両方とも合計60ｇの重さですね。

先生：その通りです。この２セットそれぞれの重心がどのあたりにあるのかを次のような計算で求めることができます。

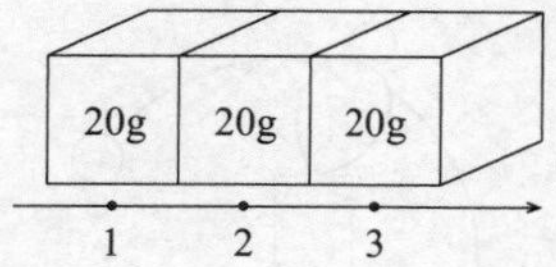

$1\times20+2\times20+3\times20=120$

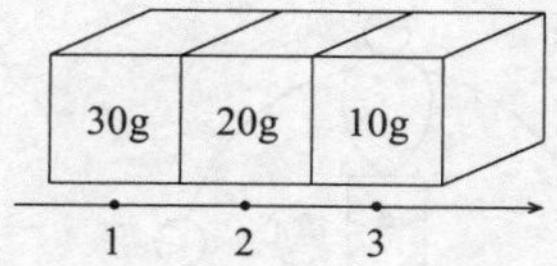

$1\times30+2\times20+3\times10=100$

花子：左を１、真ん中を２、右を３として、その数字とその場所にあるおもりの重さをかけ算して、出てきた３つの数字を足《た》すんですね。

先生：すべて20ｇの箱をつなげたものは、重心も真ん中にあるはずで、この方法で出てきた数字が120になります。この方法なら、つなげた箱の重さの合計が60ｇの場合、計算して出てきた数が120より大きな数字になればなるほど、重心は中心より右にあり、120より小さな数字になればなるほど、重心は中心より左にあります。

太郎：なるほど、この方法で重心の位置の目安を求めることができるのですね。

花子：ひものつなぎ目からおもりの重心までの位置がふりこの周期に影響しているかどうかを確かめたいな。

太郎：**図３**の **(ア)** ～ **(カ)** の６種類のふりこをつくって周期を比べてみよう。

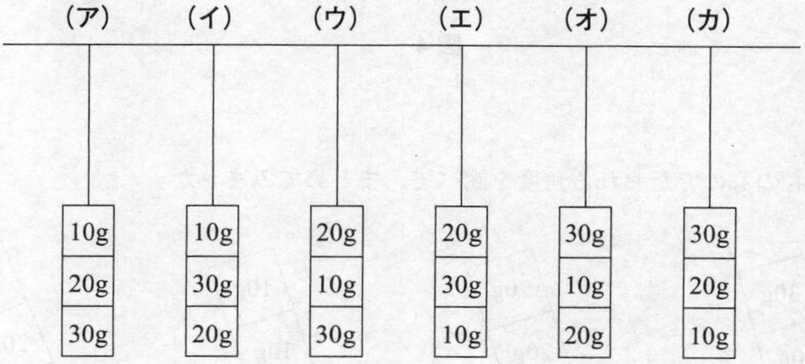

図３

〔問題２〕**図３**の **(ア)** ～ **(カ)** のふりこの中で最も周期が短いものはどれですか。

〔問題３〕**(ア)** ～ **(カ)** の中に **(イ)** と同じ周期になるものがもう１つあります。それはどれですか。理由とともに答えなさい。

太郎：重心って他にどんな性質があるのかな。

先生：やじろべえは重心が下の方にあることを利用したおもちゃだよ。重心が下の方にあるから、やじろべえをゆらしても左右にゆれ動くだけでたおれないんだ。

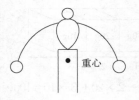

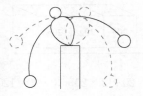

花子：なるほど。重心が下の方にあると安定するんだね。

太郎：物体が安定しているかどうかを調べるには、どうすればよいのだろう。

花子：**図４**のようにして、たおれやすいか、たおれにくいかを調べるのはどうかな。

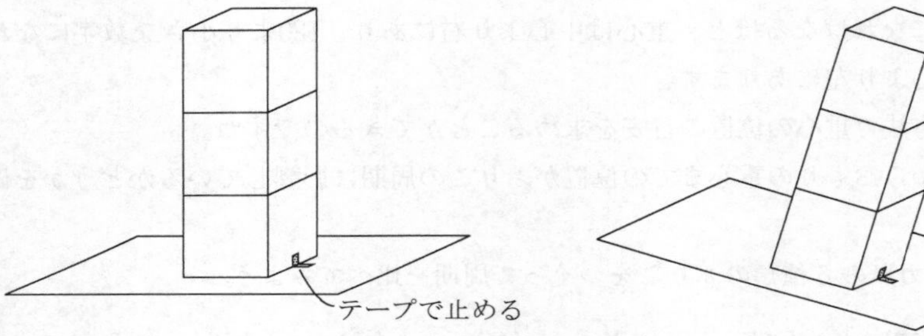

図４

花子：いろいろな重心のものでたおれる角度を調べて、まとめてみました。

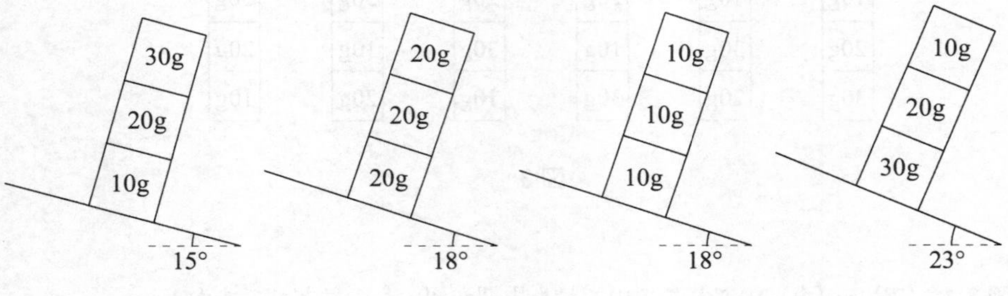

太郎：やっぱり重心の位置が上の方にあると、たおれやすいね。

花子：20ｇの箱を３つつなげたものと、10ｇの箱を３つつなげたものは同じ角度でたおれたから、合計の重さは関係ないようだね。

〔問題４〕次の **（ア）～（イ）** はそれぞれどの範囲《はんい》の角度でたおれますか。次の **選択肢①～④** の中から１つ選び、番号で答えなさい。

（ア）

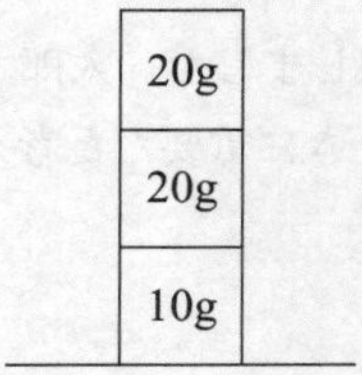

（イ）

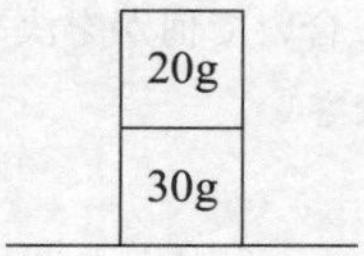

〈選択肢〉

①	0°～15°
②	15°～18°
③	18°～23°
④	23° 以上

2

太郎さんと花子さんと先生が学級会の出し物について話をしています。
三人の話を読んで、それぞれの問題に答えなさい。

太郎さん：花子さん、なにか困っていることがあるのですか。
花子さん：はい。私のクラスは学芸会の出し物がなかなか決まらなくて困っています。
太郎さん：花子さんはクラスをまとめる委員なのですね。大変そうですね。
花子さん：やりがいはあるけど大変なことも多いです。太郎さんのクラスはもう決まりましたか？
太郎さん：はい。私のクラスでは、演劇をやることになりました。学級をまとめる委員になった友達がとても上手に話をまとめてくれました。
花子さん：すごいですね。どのような話し合いだったのでしょう？
太郎さん：私は書記係として話し合いの様子を書いてまとめているので見てみますか。
花子さん：それは助かります。ありがとうございます。

資料１　太郎さんのクラスの話し合いの様子

私たちのクラスでは出し物を決めるときに、はじめにクラスメイトのひとりひとりに、みんなで何をやりたいか考えてもらい、考えてもらったことを紙に書いて、意見として集めました。まずは委員の生徒が紙に書かれたことを黒板に書きだしていきました。次にクラスメイトの質問の時間でした。黒板に書きだされたことについて、質問を集めたり、細かい説明をしました。そして、最後にクラスメイト全員で自分がやってみたいと思うことに、一人一回手をあげて、それぞれ何人が手をあげたか数えました。この時、「演劇」をしたい人が16人、「おばけやしき」をしたい人が10人、「衣装《いしょう》をつくってダンス」をしたい人が４人となりました。ここから出し物で何をするか決定していく話し合いになりました。手をあげる前に、みんなで質問や説明、考える時間もあったので、やりたいと手をあげた人が一番多かった「演劇」をすることになりました。ここで、委員の生徒が、やりたい人が一番多くはなかったけど、意見として出された「おばけやしき」や「衣装《いしょう》をつくってダンス」についても、なにか取り入れられないか考えようとみんなに話しました。やりたい人の少なかった意見も無視しないということです。みんなで話し合い、私たちのクラスは、「学校の怖い話演劇」をすることになり、舞台《ぶたい》で演劇をする人と、衣装《いしょう》をつくる人に分かれて準備をしていくことになりました。

花子さん：私たちのクラスと似ているけど、少し違うこともあります。

先生　　：素晴らしい話し合いと決め方ですね。

〔問題１〕太郎さんのクラスでは、「学校の怖い話演劇」が出し物として決定しました。太郎さんのクラスの出し物を決める話し合いの中で、話し合いで何かを決めるときに重要だと考えられることを、**資料１**を参考にして、**２つ**説明しなさい。

先生　　：今回のようにクラスの皆さんで話し合いをして、何かを決めることは政治を行うことに似ている部分がたくさんありますね。

花子さん：この前授業で政治の勉強をしました。国会議員という方たちが私たちの代表者として国の政治について話し合いをしているのですよね。

太郎さん：そうですね。国民の全員では話し合いはしませんね。

花子さん：私たち国民の全員で話し合いをしたら、それはとても時間がかかってしまったり、意見をまとめることも大変になってしまいそうですね。

先生　　：そうですね。そこで私たちの代表者を選挙という行為で選び、選ばれた代表者の人たちが国会議員として、国の様々なことを考え、決めています。

太郎さん：日本中の人が投票して、代表者を選ぶのも大変そうですね。どのくらいの人が投票するのでしょうか。

グラフ１

第25回参議院議員選挙当選者１人に対する有権者数

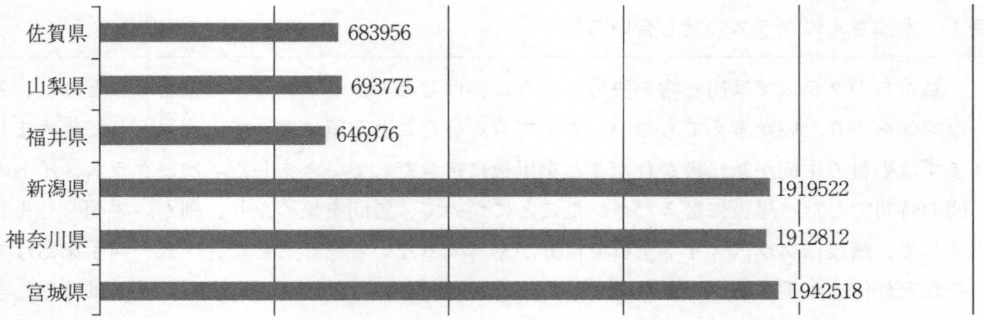

参照資料「総務省　選挙関連資料　第25回参議院議員選挙　2019年」

先生　　：参議院議員選挙は都道府県別に分けた選挙区で選挙が行われます。都道府県によって選ばれる人数は異なりますが、**グラフ１**は代表者になる当選者１人に対して、投票することができる有権者の人数を表していますね。

花子さん：**グラフ１**を見てみると、選挙区（都道府県）によって、人数が異なっていますね。

太郎さん：授業で「一票《いっぴょう》の格差《かくさ》」ということを教えてもらったときに同じような資料を見せてもらいました。しかし、どのような問題かよくわかりませんでした。

先生　　：それでは、ここで例題を使って考えてみましょう。

資料２　先生が出題した例題

ある学校では、英語クラス40名、数学クラス20名、国語クラス10名の生徒がいました。この学校の修学旅行では、行先として沖縄県か、長崎県か各クラスの話し合いと、クラスの代表者による話し合いで決めることになっています。クラスでの話し合いは以下の通りに決まりました。

	沖縄県	長崎県
英語クラス	35 ○	15
数学クラス	8	12 ○
国語クラス	3	7 ○

英語クラスの代表者は沖縄県を希望した人から選ばれ、数学クラス、国語クラスの代表者は長崎県を希望した人から選ばれました。そのため代表者の話し合いでは、１対２で長崎県が修学旅行先に決まりました。この決定に対して英語クラスの生徒たちは反対の意見を出しました。

太郎さん：人数を減らしてみると考えやすいですね。

〔問題２〕

(1)　**グラフ１**を見て、新潟県の有権者数は、福井県の有権者数の何倍になるか答えなさい。その時、小数第三位を四捨五入して答えなさい。

(2)　**資料２**を見て、英語クラスは修学旅行先が長崎県に決まったことに対して、どのような意見で反対したのか説明しなさい。

(3)　「一票の格差」問題は憲法に違反しているかどうか議論されることがありますが、以下の**ア**～**エ**の憲法の条文のうち、「一票の格差」問題はどの条文ともっとも関係が深いか選んで、記号で答えなさい。

ア． 天皇は、日本国の象徴《しょうちょう》であり、日本国民統合の象徴《しょうちょう》であって、この地位は、主権の存《そん》する日本国民の総意に基づく。

イ． この憲法が国民に保障する自由及び権利は、国民の不断《ふだん》の努力によって、これを保持《ほじ》しなければならない。〈略〉

ウ． すべて国民は、法の下《もと》に平等であって、〈略〉政治的、経済的又は社会的関係において、差別されない。

エ． 思想及び良心《りょうしん》の自由は、これを侵《おか》してはならない。

花子さん：みんなで決めたことで学芸会が盛り上がるといいですね。

太郎さん：はい。最近は地域のお祭りなどに参加できず、みんなで楽しむ機会も減っていたのでたくさんの人に楽しんでもらいたいですね。

花子さん：日本では各地域にたくさんのお祭りがありますよね。

先生　　：そうですね。しかし、国内では地域のお祭りについていくつかの問題があげられています。資料を見て考えてみましょう。

グラフ２

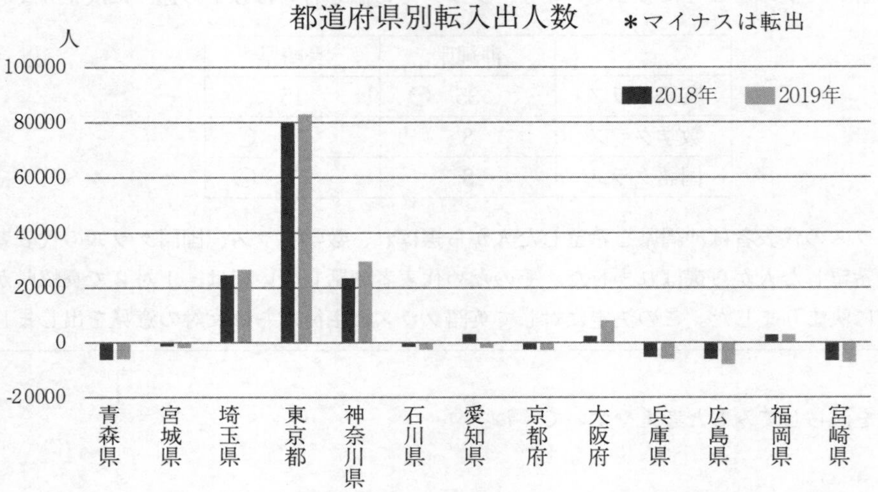

参照資料「e-Stat 住民基本台帳人口移動報告　2019年」

グラフ３

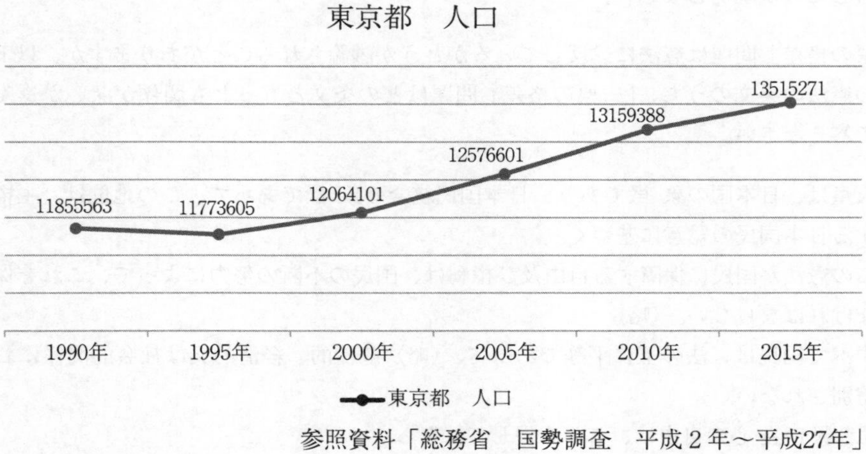

参照資料「総務省　国勢調査　平成２年～平成27年」

グラフ４

日本の人口推移（万人）

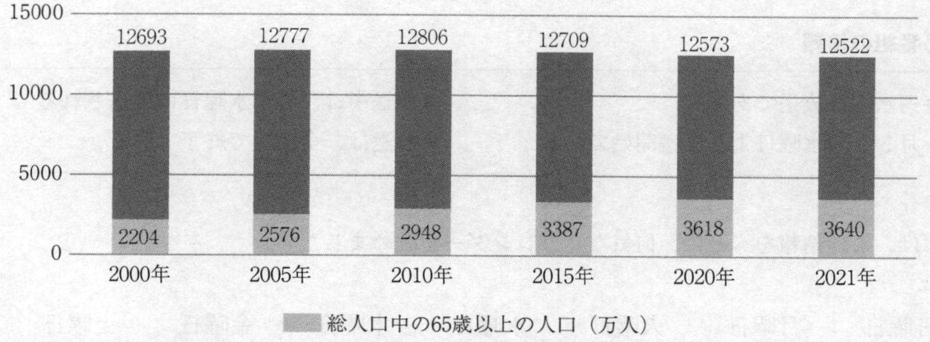

参照資料「総務省　国勢調査 平成12年～平成27年、人口推計 令和２年、令和３年」

太郎さん：なるほど。資料を比べてみると、地域のお祭りの課題が見えてきますね。
花子さん：なにか解決する方法はないでしょうか。
先生　　：たくさんの人の協力や取り組みによって、よりよいものになっていきます。政治の「政」も「祭」も「まつり」と読むので、共通点がありますね。

資料３

祭りには、①地域コミュニティのリーダー育成、②移住促進《いじゅうそくしん》、③参加者、見学者による観光集客《しゅうきゃく》、④しきたりなど伝統を知る高齢者《こうれいしゃ》の活躍の場、⑤子供が社会を知るきっかけづくり、⑥準備などによる体力づくり・健康増進《けんこうぞうしん》、⑦祭りに関わる出し物等の制作による障害者活躍の場の提供《ていきょう》などの社会福祉《しゃかいふくし》、⑧神輿《みこし》・出し物などの関連物の制作や地元企業のＰＲ・広告による経済効果、などがあると考えられる。

参照資料「三菱ＵＦＪリサーチ＆コンサルティング　2018年７月30日」

〔問題３〕

⑴　会話文中の下線部、「資料を比べてみると、地域のお祭りの課題が見えてきます」について、**グラフ２、３、４**を見て、どのような地域のお祭りの課題を発見したか答えなさい。

⑵　**資料３**を見て、②、③、④、⑤、⑧の項目について、現実ではどのような取り組みや行動がありますか。５つの項目から**２つ**選び、番号を書いたあと、それぞれあなたの考えを書きなさい。
　＊②、③、④、⑤、⑧以外の項目を選択した場合は採点対象になりません。

3 太郎さんは、今年2022年１月より始まるあるテレビ番組に興味を持っています。その番組については、以下のような情報を太郎さんは得ています。

テレビ番組の情報

- 毎週水曜日放送である
- １月５日の水曜日より放送開始である
- 放送中は、必ず水曜日に放送される
- 放送は、全22回で終了である

太郎さんは、この情報をもとに、何気なくカレンダーを眺めました。

日曜日	月曜日	火曜日	水曜日	木曜日	金曜日	土曜日
12月26日	27日	28日	29日	30日	31日	１月１日
２日	３日	４日	５日	６日	７日	８日

図１

そこで、太郎さんは、放送終了日は、何月何日であるのかと疑問に持ちました。**図１**を用いて太郎さんは以下のように考えました。

太郎さんの考え

初回の放送日は１月５日なので、第２回目の放送日は、１月 ア 日で、第３回目の放送日は、１月 イ 日である。

このことから、放送日の日にちには、ある規則性があることが分かる。

この規則性を使うと、第22回目の放送日は、１月１日から数えると、 ウ 日目であることが分かる。

この結果より、１月分の日数である31日、２月分の日数である28日、………をひいていくと、第22回目の放送日を求めることができる。

【注意】以下の内容を使うこと。

・１月５日は、１月１日から数えると５日目である。

・それぞれの月の日数は、１、３、５、７、８、10、12月は31日である。

・２月は、2022年はうるう年でないので、28日である。

・４、６、９、11月は30日である。

〔問題１〕 ア 、 イ に入る数字を答えなさい。

〔問題２〕「放送日の日にちには、ある規則性がある」について、この規則性を説明しなさい。

〔問題３〕 ウ に入る数字を答えなさい。ただし、過程も記しなさい。

〔問題４〕太郎さんの考えを用いて、第22回の放送日を求めなさい。ただし、過程も記しなさい。

【適性検査Ⅲ】 〈第２回・適性検査型試験〉 (45分) 〈満点：300点〉

1 太郎さんと花子さんが先日の聖望学園高校の文化祭について話しています。

花子：聖望学園高校の文化祭で、入浴剤《ざい》を作る体験に参加したわ。このピンク色で丸い物が、私が手作りした入浴剤なの。

太郎：いいなあ。この入浴剤をお風呂に入れると、お湯の色がピンク色になるんだね。

花子：そうなの。それに、色がつくだけじゃなく、たくさんのあわも出てくるんだって。聖望学園高校の先ぱいが言っていたけれど、このあわは炭酸ガスといって、入浴剤を水に入れると出てくるのよ。

太郎：炭酸ガスって、二酸化炭素という気体のことだよね。炭酸飲料にも含まれているね。あと、①ものを燃やしても二酸化炭素は出てくるね。

〔問題１〕 下線部①について、燃やしたときに二酸化炭素が発生する物を、次の**ア**～**オ**からすべて選び、記号で答えなさい。

ア ガラス　　**イ** 木材　　**ウ** プラスチック　　**エ** 鉄　　**オ** 紙

花子：二酸化炭素って地球温暖化の話で聞いたことあるわ。

太郎：たしか二酸化炭素は温室効果ガスって言われているよね。くわしくはわからないけれど。

花子：先生に聞いてみよう。

太郎と花子は先生に話を聞きに行きました。

先生：温室効果というのは、地表で発生した熱が宇宙へ放射されるとき、その熱の一部を空気中の温室効果ガスが吸収して、再び地表に向かって熱を放射することで地球の温度が高くなることなんだ。二酸化炭素も温室効果ガスのひとつなんだよ。**図１**を見てみよう。

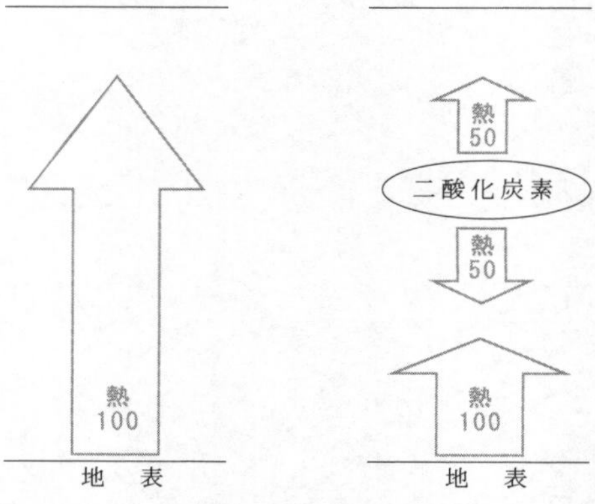

図１ 二酸化炭素がないとき(左)とあるとき(右)の熱放射

先生：**図１**の左は二酸化炭素がないときの図だよ。地表から放射される熱を100とすると、100すべてがそのまま宇宙に逃げていくね。一方、右は二酸化炭素があるときの図で、地表から放射された熱100は二酸化炭素に一度吸収される。その後、二酸化炭素は地表と宇宙に向かってそれぞれ熱を50ずつ放射したとすると、再び地表に熱50が戻ってくることになる。

太郎：戻ってきた熱で地球がさらに温まるということですね。

先生：そうなんだ。二酸化炭素の温室効果で地球は生物が過ごしやすい気温を保っているけど、二酸化炭素が増えすぎると、地表への放射が増えすぎてしまうから、地球温暖化につながってしまうんだね。

〔問題２〕**図２**にあるように、地表から出た熱を100とし、大気中の３か所で二酸化炭素がそれぞれ１回ずつ熱を吸収するとする。その後、二酸化炭素は吸収した熱を地表側と宇宙側へ半分ずつ放射すると仮定すると、最終的に宇宙に出ていく熱 x はいくらになるか。

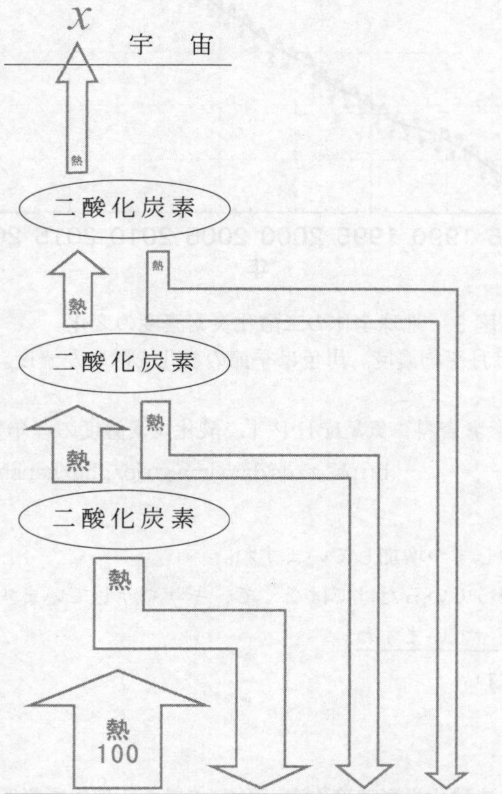

図２　二酸化炭素がふえたときの熱放射

花子：地球上の二酸化炭素はどのくらい増えているんですか。

先生：1750年には空気中に含まれる二酸化炭素は278 ppm（ピーピーエム）だったけど、今では410 ppmと約1.5倍にも増加しているんだ。

太郎：ppmってなんですか。

先生：ppmは空気中の気体のつぶ100万個に対する目的の気体のつぶの個数を表すよ。例えば、空気のつぶ100万個中に二酸化炭素が100個あったら、二酸化炭素の濃度は100 ppmとなる。1985年から今までの観測結果があるから見てみよう。

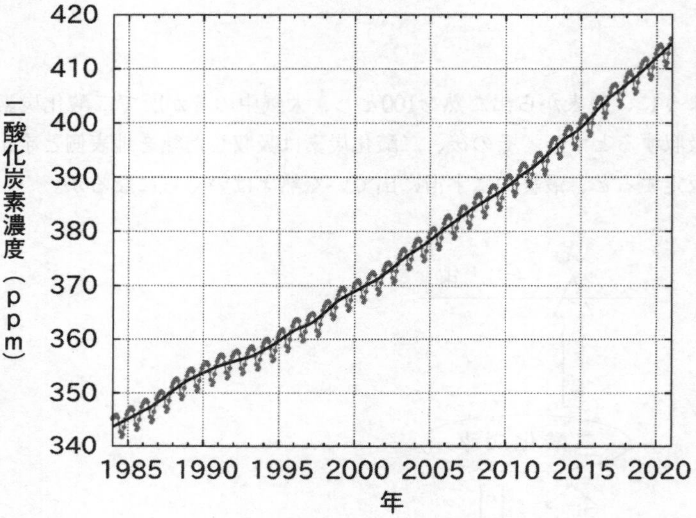

図3　地球全体の二酸化炭素濃度の変化
（灰色は月平均濃度。黒色は季節の変化を除いた濃度。）

参考資料：気象庁ＨＰ「二酸化炭素濃度の経年変化」
https://ds.data.jma.go.jp/ghg/kanshi/ghgp/co2_trend.html

花子：本当だ。二酸化炭素は少しずつ増加していますね。

太郎：灰色のグラフはただ上がっているだけではなくて、ギザギザしています。②二酸化炭素濃度は、夏は下がり、冬には上がっていますね。

先生：いいところに気が付いたね。

〔問題3〕下線部②について、二酸化炭素濃度が夏と冬とで異なる理由を説明しなさい。ただし、説明には夏と冬の植物のすがたと、夏と冬の太陽が出ている時間（日照時間）の長さにふれなさい。

花子：そういえば、二酸化炭素は炭酸飲料にも含まれているって太郎さん言ってたよね。

太郎：水に食塩をとかすと食塩水、砂糖をとかすと砂糖水になるのと同じように、水に二酸化炭素をとかしたら、自分でも炭酸水が作れるのかな。

花子：この間、家《か》電《でん》量《りよう》販《はん》店《てん》に行ったとき、おうちで炭酸水を作れる機械を売っていたよ。

太郎：その機械のカートリッジの中には二酸化炭素がつまっているんだね。

花子：おうちで上手に炭酸水を作るコツってあるのかな。

太郎：食塩や砂糖は、とかす水の温度でとけやすさが変わるって理科の実験でやったよね。

花子：二酸化炭素も同じなのかな。

先生：二人ともいいところに気が付いたね。気体も温度によって水へのとけ方がちがうんだ。以下の実験を考えてみよう。

図4のように、30mLの炭酸水を入れて密閉した三角フラスコを4つ用意しました。実験では、この4つの炭酸水の温度をそれぞれ30℃、40℃、50℃、60℃に設定しました。ただし、それぞれの炭酸水にとけている二酸化炭素の体積は60mLとします。10分間それぞれの温度で発生した二酸化炭素をメスシリンダーで集め体積を測定しました。

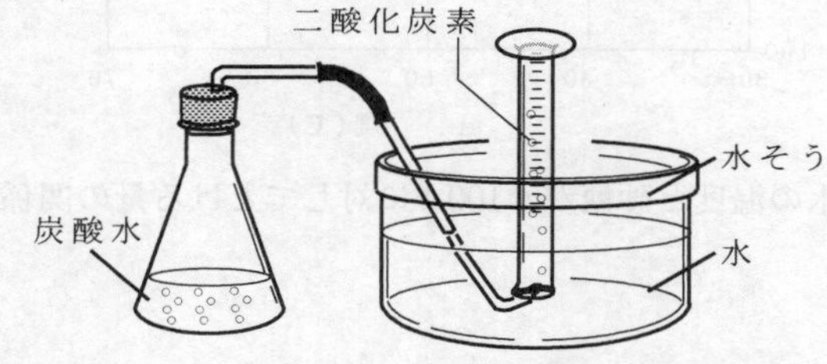

図4　炭酸水から発生した二酸化炭素の体積を測る実験装置

先生：これで炭酸水にとけきれずに発生した二酸化炭素の体積がわかります。

この実験結果は以下の通りになりました。

表　炭酸水の温度と発生した二酸化炭素の体積

温度（℃）	30	40	50	60
発生した二酸化炭素の体積（mL）	15.6	18.6	26.3	35.6

〔問題4〕実験結果から、それぞれの温度で発生した二酸化炭素の体積をグラフに表しなさい。また、それぞれの温度で炭酸水中にとけている二酸化炭素の体積も同じグラフに付け足しなさい。2つのグラフが区別できるように、工夫して表しなさい。ただし、メスシリンダーで集めるときには、水そうの水に二酸化炭素はとけないこととする。

先生：固体の砂糖のとけ方とも比較して考察してみよう。

〔問題５〕水の温度と、砂糖が水100ｇに対してとける量の関係は**図５**のようになります。砂糖の水へのとけやすさと、〔問題４〕の二酸化炭素の水へのとけやすさのちがいを簡潔に説明しなさい。

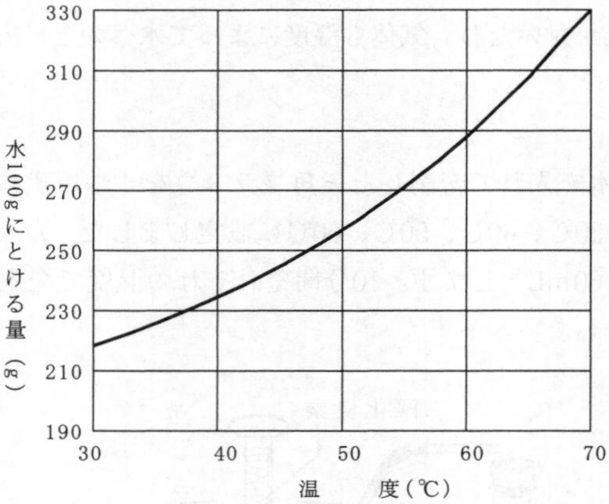

図５　水の温度と砂糖が水100ｇに対してとける量の関係

2　太郎さんと花子さんは、あるピザ屋さんの広告に載っているピザの大きさと値段について考えています。

ピザのMenu表

Ｓサイズ 直径20 cm **800円**　　Ｍサイズ 直径30 cm **1600円**

太郎：ピザのＳサイズは直径20 cmで、ピザのＭサイズは直径30 cmなんだけど、値段は２倍するんだよ。直径は２倍に満たないのに、値段は２倍なんて納得できないね。
花子：そんなことないよ。ピザのサイズは、直径の長さより面積に着目したほうがいいよ。
太郎：面積の割合で考えると、Ｍサイズのほうがお得になるね。

太郎さんは、ピザの値段は面積の割合で考えれば、Ｍサイズを購入したほうがお得だと考え、説明しました。ただし、ＳサイズとＭサイズのピザの形は円であり、ピザの厚さや具材は考えないものとし、円周率は3.14とします。

太郎さんの説明

Ｓサイズと M サイズを比べると、半径の比は、［ア］：［イ］である。
だから、面積の比は、［ウ］：［エ］となる。
よって、Mサイズの面積はＳサイズの面積の［オ］倍だから、Ｓサイズの値段（800円）を基準にして、面積に応じた値段を考えると、Mサイズの値段は、［カ］円となる。
［カ］円は1600円より［キ］ので、Mサイズのピザを買ったほうがお得だとわかる。

〔問題１〕［ア］～［カ］に当てはまる数字を、［キ］には当てはまる語句を答えなさい。
アと**イ**、**ウ**と**エ**の比は、最も簡単な整数の比にすること。

太郎さんは、Mサイズのピザを購入し、何等分かにして、食べようとしたときに、自分が食べるピザの面積を調べてみたいと思いました。まず、太郎さんは、折り紙とコンパスを用いて、直径が30 cmの円を用意しました。

その円（**図１**）を半分に折ったのが、**図２**、**図２**を半分に折ったのが**図３**、**図３**を半分に折ったのが**図４**である。

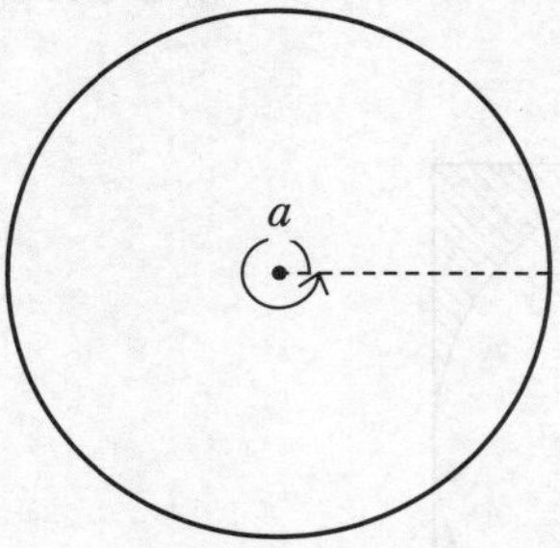

図１

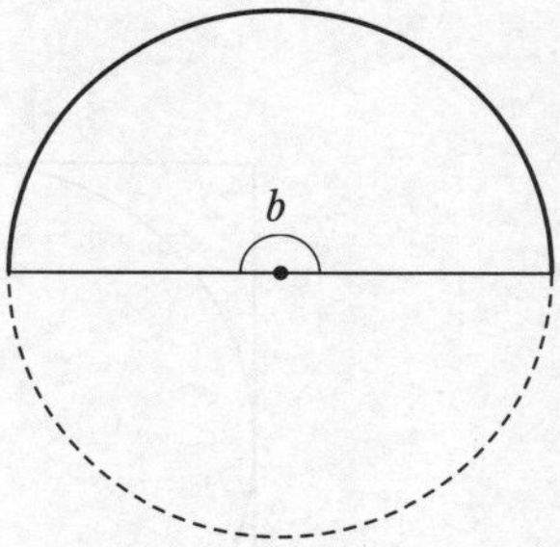

図２

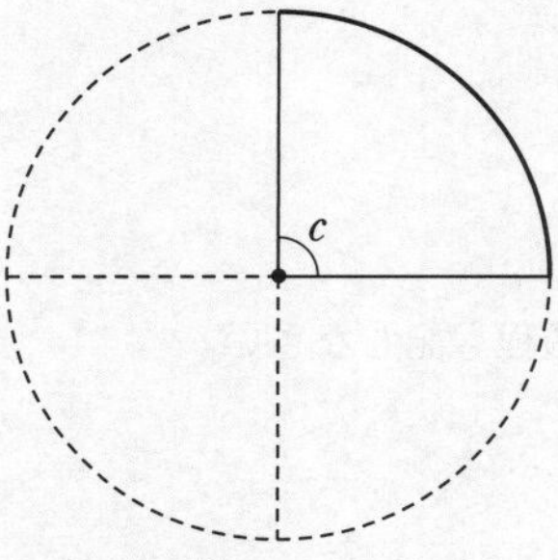

図３

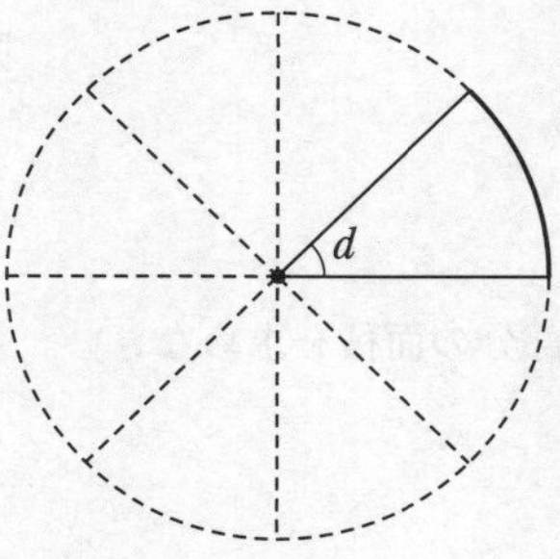

図４

太郎さんは、**図１**の円を折ってできた**図２**、**図３**、**図４**のように、円の２つの半径と弧《こ》（円周の一部である曲線）で囲まれた図形のことを、おうぎ形といい、おうぎ形で、２つの半径が作る角を中心角ということを調べて知りました。また、**図３**の中心角cの角度を分度器で測ると90°であることが分かりました。

〔問題２〕**図１**の円の中心の周りの角度a、**図２**の中心角b、**図４**の中心角dをそれぞれ求めなさい。

〔問題３〕**図３**は、円を４分割したおうぎ形である。円の中心の周りの角度aと**図３**の中心角cとの関係を説明しなさい。

〔問題４〕円の面積からおうぎ形の面積を求める方法を角度に注目して説明しなさい。

〔問題５〕中心角が30°のおうぎ形の面積を求めなさい。ただし、過程も記入しなさい。

花子さんはMサイズのピザを持ち帰るのに、ピザのサイズとぴったりの箱を考えました。それが、**図５**である。

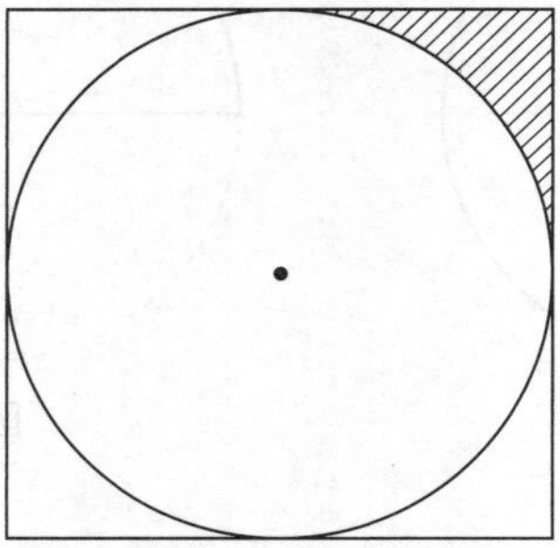

図５

〔問題６〕**図５**の斜線部分の面積を求めなさい。ただし、過程も記しなさい。

[設問一] ——①「ジェンダー（社会的につくられた性差）平等を実現しよう」とありますが、これが実現するとどのような社会になるという意見が出ていますか。文章1の本文中から三十四字で抜き出し、解答らんに合わせて書きなさい。（句読点《くとうてん》もそれぞれ字数に数えます。）

[設問二] ——②「同性同士の結婚を認めない」とありますが、このことによって、性的少数者（ＬＧＢＴ）の方にどのような影響がありますか。文章2の本文中の言葉を用いて、三十字以上四十字以内でまとめなさい。

[設問三] 文章1と文章2は、ＳＤＧｓを含め、多様性を重視する社会の実現について書かれています。その社会を実現するにあたって、あなたが必要だと思うことは何ですか。あなたが実際に経験したことを踏まえて、四百字以上四百五十字以内で書きなさい。ただし、次の条件と【きまり】に従《したが》いなさい。

条件1　三段落構成で書くこと。

条件2　内容を書く際に、あなたが実際に経験して感じたことを、内容やまとまりに応じて自分で構成を考えて書くこと。

【きまり】

○題名は書きません。

○最初の行から書き始めます。

○各段落の最初の字は一字下げて書きます。

○行をかえるのは、段落をかえるときだけとします。会話を入れる場合も行をかえてはいけません。

○句読点（、や。）やカギカッコ（「や」）なども、それぞれ字数に数えます。これらの記号が行の先頭に来るときには、前の行の最後の字と同じます目に書きます。（ます目の下に書いてもかまいません。）

○段落をかえたときの残りのます目は、字数として数えます。

○最後の段落の残りのます目は、字数として数えません。

党内で繰り返されるＬＧＢＴへの差別的言動《げんどう》は無関係には思えない。
先進《せんしん》七カ国では米国、英国、ドイツ、フランス、カナダで同性婚が認められている。
判決が指摘《してき》するように同性カップルへの理解は広がっている。
人権という観点から、もはや無視できない問題である。ボールは立法府に投げられた。

（沖縄タイムスプラス　社説『［同性婚禁止は違憲］時代の変化に沿う判決』　沖縄タイムス社により）

〔注〕

※当事者——その事柄に直接関係している人。

※画期的——これまでとは時代をくぎるほど目覚ましいさま。

※訴訟——紛争《ふんそう》の当事者以外の第三者を関与《かんよ》させ、その判断を仰《あお》ぐことで紛争を解決すること。またはその手続き。

※憲法——国家の基本的事項を定め、他の法律や命令で変更することのできない、国家最高の法規範《ほうきはん》。ここでは日本国憲法を指す。

※札幌地裁——札幌地方裁判所。

※判決——事の是非《ぜひ》、善悪《ぜんあく》を決めること。

※性的指向——その人の恋愛感情や興味関心がどの性別を対象にしているかということ。

※立法府——法律を制定する国家機関。

※裁量権——法規によって行政庁《ぎょうせいちょう》が裁量《さいりょう》処分を行える権限。

※要請——必要なものとして相手に求めること。

※性的少数者——何らかの意味で性のあり方が多数派と異なること。
（ＬＧＢＴ）　Ｌ（女性同性愛者）Ｇ（男性同性愛者）
（ＬＧＢＴＱ）　Ｂ（両性愛者）Ｔ（心と体の性が一致していない者）に加えてＱ（自分の性がわからない者）をあらわす言葉。

※法定相続人——民法で定められた相続人《そうぞくにん》。配偶者と子など。

※尊厳——尊《とうと》くおごそかで侵しがたいこと。

※法制化——法律についての制度。

※違憲——法律・命令・規則・処分などが憲法の規定に違反すること。

※自治体——自治の機能をもつ公共団体。

※該当——一定の条件に当てはまること。

※相当——状態・程度などが釣り合っていること。

文章２

※当事者《とうじしゃ》が声を上げた※画期的《かっきてき》な※訴訟《そしょう》で、時代の変化を踏まえた画期的な判断が示された。

国が②同性同士の結婚を認めないのは※憲法に違反するとして、北海道に住む同性カップル三組が訴えた裁判で、※札幌地裁は、法の下《もと》の平等を定めた憲法十四条に違反すると認定《にんてい》した。

全国五地裁《ちさい》で争われている同様の訴訟では、初の※判決《はんけつ》となる。

注目したいのは、武部知子裁判長が判決理由で指摘したこの言葉だ。「※性的指向《しこう》は自らの意思にかかわらず決定される個人の性質で、性別や人種などと同様」

「同性愛者が婚姻《こんいん》によって生《しょう》じる法的《ほうてき》効果の一部すら受けられないのは※立法府《りっぽうふ》の※裁量権《さいりょうけん》を超え、差別に当たる」

性的指向は本人が選んだり、決めたり、変えたりできるものではないと踏み込み、一人一人の性の在り方を尊重《そんちょう》する姿勢を強く打ち出した内容といえる。多様性を認め合う社会の※要請《ようせい》にも沿うものだ。

判決は「差別」という言葉を使い、※性的少数者（ＬＧＢＴ）の権利保護《ほご》にも触れる。

愛する人と家族になって生きていく権利は誰にとっても重要だ。にもかかわらず同性婚が認められていないため、※法定相続人《ほうていそうぞくにん》になれなかったり、緊急《きんきゅう》手術の署名《しょめい》ができないなどの不利益《ふりえき》は、人としての※尊厳《そんげん》にもかかわる深刻《しんこく》な問題である。

家族の在《あ》り方が多様化する中、国は判決を重く受け止め、※法制化《ほうせいか》を含めた議論《ぎろん》を急《いそ》がなければならない。

※違憲《いけん》判断を後押ししたのは、性的少数者に対する社会の意識の変化や、同性カップルを異性間と同じように受け入れようとする※自治《じち》体《たい》や企業の動きだ。

電通《でんつう》ダイバーシティ・ラボが二〇一九年に発表した六万人アンケートでは、十一人に一人がＬＧＢＴに※該当《がいとう》した。同性婚に賛成する人の割合も八割近くに上った。

ＬＧＢＴのカップルを結婚に※相当《そうとう》する関係と認める「パートナーシップ制度」も約八十自治体で導入《どうにゅう》されるなど広がりを見せている。

消極《しょうきょく》姿勢《しせい》の政府に代わって、住民により近い自治体が、差別を解消し、生きづらさを取り除《のぞ》こうと工夫を凝《こ》らしているのだ。

ただ法的効力を持たないパートナーシップ制度に限界があるのも事実だ。制度の有無《うむ》による地域差も生じている。

日本政府は同性婚について「慎重《しんちょう》な検討を要する」との立場で、導入への議論は進んでいない。

政府が同性カップルに結婚という法的地位を与えないことと、自民

いう※刷《す》り込みを放置すれば※経済格差《かくさ》も広がってしまう。

※ＡＩを使った採用システムが女性を差別する欠陥《けっかん》があることが分かり、企業が運用を取りやめた事例《じれい》もある。ＩＴによる新たな社会基《き》盤《ばん》作りの※担《にな》い手の多様性《たようせい》は、皆が生きやすい未来が実現するかどうかの鍵も握っている。

（東京新聞ＴＯＫＹＯ Ｗｅｂ 月刊ＳＤＧｓ 二〇二一年二月号『性別を超え生きやすい社会に』により）

〔注〕

※蔑視——あなどること。

※国際非政府組織（ＮＧＯ）——地球規模の問題の解決に取り組んでいる民間の団体のこと。

※固定観念——いつも頭から離れないで、その人の思考を拘《こう》束《そく》するような考え。

※人格——人がら。

※日本アドバタイザーズ協会——新聞・雑誌・ラジオ・テレビその他の広告主の広告活動に関する調査研究など広告活動の改善を目的とする社団法人。

※思春期——青年期の前期。

※一般社団法人——一般社団・財団法人法に基づいて設立される、営利《えいり》を目的としない社団法人。

※ＩＴ——情報技術を意味するインフォメーション テクノロジーの略。

※複合的——複数の要因が集まって、一つのものを形成しているさま。

※テクノロジー——科学技術。

※雇用——使用者が労働者を雇《やと》って労働に従事《じゅうじ》させること。

※刷り込み——動物の生活史のある時期に、特定の物事がごく短時間で覚え込まれ、それが長時間持続する学習現象の一種。刻印づけとも呼ばれる。

※経済格差——国同士、または人同士の貧富の差を指す語。

※ＡＩ——人工知能。

※担い手——中心となってある事柄を支え、推し進めていく人。

二〇二二年度 聖望学園中学校

【適性検査Ⅰ】〈第二回・適性検査型試験〉（四五分）〈満点：二〇〇点〉

文章1 と 文章2 を読み、あとの問題に答えなさい。

（※印の付いている言葉には、本文のあとに〔注〕があります。）

文章1

国連のSDGs（持続可能な開発目標）の目標五は「①ジェンダー（社会的につくられた性差《せいさ》）平等を実現しよう」。日本の取り組みが遅れている現状が、森喜朗《よしろう》元首相の女性※蔑視《べっし》発言であらためてあらわになった。

構造的な問題は根深いが、若い世代の挑戦も始まっている。

貧困や差別をなくす活動をしている※国際非政府組織（ＮＧＯ）プラン・インターナショナルのユース（若者）グループは昨年度、「広告でのジェンダーの描かれ方」について十五～二十四歳にネットで意識調査をした。

約四十二％が不快感や違和感《いわかん》を持った広告があると答え、理由で多かったのは男らしさ、女らしさといった「ジェンダーの※固定観念《こていかんねん》の助長《じょちょう》」だった。

グループでは、広告に登場する人物を、性的対象やモノとしてではなく、個性や能力のある※人格として描いているかなどの自主点検を求めるチェックリストを作成。広告主の企業が作る※日本アドバタイザーズ協会に伝えた。

メンバーの高校二年女子の永富さん（十七）＝東京都＝は「※思春《ししゅん》期《き》は自己が確立《かくりつ》する時期。理想像の押しつけは変えていかなくてはと思った」。大学四年女子の中條さん（二十三）＝同＝は活動の先にあるジェンダー平等の実現で「性別を超えて、個々の存在に想像力を働かすことができる優しい社会になる」と考える。

固定観念は進路選択にも影響する。田中沙弥果さん（二十九）は※一般社団《しゃだん》法人「Ｗａｆｆｌｅ（ワッフル）」を設立《せつりつ》し、女子中高生対象のウェブサイト制作教室などを開催《かいさい》している。男性が多い※ＩＴの世界を変えていくためだ。

女子がＩＴ分野を選択しないのは※複合的《ふくごうてき》な背景があると考えている。親が理系を勧《すす》める割合は息子より娘の方が低い。教員などお手本となる理系の女性も周囲に少ない。

共同代表の斎藤明日美さん（三十）は「※テクノロジーが使えるかは※雇用《こよう》においてますます重要性を増す」と指摘する。理系は男子と

2022年度

聖望学園中学校

▶解答

※　編集上の都合により，第２回・適性検査型試験の解説は省略させていただきました。

適性検査Ⅰ　＜第２回・適性検査型試験＞（45分）＜満点：200点＞

解　答

設問一　性別を超《こ》えて，個々の存在に想像力を働かすことができる優しい社会になる　(34字)

設問二　（解答例１）　法定相続人になれない，緊《きん》急手術の署名ができないなどの不利益を被《こうむ》る影響が出る。(38字)　（解答例２）　法定相続人になれなかったり，緊急手術の署名ができなかったりなどの不利益が生じる。(40字)　（解答例３）　緊急手術の署名ができないなどの不利益が生じ，人としての尊厳に関わる影響を与える。(40字)

設問三

（解答例１）

多様性を重視する社会の実現に必要だと思うことは，感受性を豊かにして，他者に対して寛《かん》容な姿勢をとるということだ。なぜなら，他者と自分は違って当たり前であり，互いの違いを受け入れることで，一人ひとりの視野が広がり，多様な生き方ができる社会になると考えるからだ。実際小学校で多様性の大切さを実感した経験がある。私は女子向けのアニメや服装よりも，男子向けのものの方が好きだ。そのことを友達と話していた際，「そんなものばかり好きだなんておかしいよ」と言われた。そのとき，私は深く傷つき，自分は絶対に同じことをしないと決めた。それから私は，相手の好きなものや考え方を否定せず，そういう価値観もあるのだと受け入れるようになった。すると，今まで興味のなかった物事の良さに気づいたり，新たな考え方の存在に気づいたりと，自分の世界が広がっていくことを楽しめるようになった。

この経験から，人々が感受性を身につけ，違いを楽しむことで，多様性を重視する社会に近づけると考える。

（解答例２）

多様性を重視する社会の実現には，固定観念にとらわれず，広い視野で物事をとらえる柔軟な姿勢が大切で，それぞれの考え方を尊重し，寛容な姿勢で他者を受け入れ，さまざまな意見に耳を傾《かたむ》けて互いに理解し合い，違いを認め合うことが必要なのではないかと私は考える。

小学校で生活してきた中で，多様性の大切さを実感したできごとがあった。クラスの男子のうちの一人Ａ君は，言葉遣《づか》いが丁寧《ねい》でとても優しく，女子と一緒《しょ》に話をしたり，リリアンなどの手芸を好んだりしていて，男子たちからは「女みたいだ。」とからかわれたりしていた。ある時，男子の中で仲間われが起こり，一人だけ仲間外れにされた子がいた。一人ぼっちになった子はＡ君のことを誰よりも馬鹿にしていたのに，Ａ君は優しく話しかけ，仲間外れになった子に寄り添《そ》ったのだ。Ａ君の心の広さと人としての優しさにクラスの誰もが驚《おどろ》き「～らしさ」ではなく，本当の強さを教えてもらった。

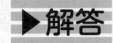

私はその人その人が持つ個性や好みを互いに尊重し，認め合うことが多様性実現への第一歩だと考える。

（解答例３）

文章１は，男らしさ，女らしさというジェンダーの固定観念を変え，多様性を認めることが必要だと述べています。また，文章２は文章１の例ともいえる内容で，これからの時代は同性婚《こん》を認めることが人権の面からも必要だと述べています。

私も幼いころ，動くのが好きだったので，髪の毛はいつも短くしていました。また，スカートよりもズボンをよく履《は》いていました。しかし，私の母は「もっと女の子らしくしなさい」といつも私に言ってくるので，悲しい思いでいました。「動きやすいから，この方がいいんだ」と言っても，母にはなかなか理解されず，悲しい思いでいました。

みなが自分らしく生きるためには，ジェンダーに基づく固定観念を変えることが必要です。そのためには，固定観念が人に不快感を与えることや傷つけることがあることを理解していくことが大切だと考えます。

適性検査Ⅱ ＜第２回・適性検査型試験＞（45分）＜満点：300点＞

解答

1 **問題１**　（例）　ひもの長さが４倍，９倍になると，周期は２倍，３倍になるが，おもりの重さは周期に影響《えいきょう》しない。

問題２　（カ）

問題３　**記号**　（ウ）　**理由**　（例）　文章中の計算をすると，（イ）は10×１＋30×２＋20×３＝130となる。他に計算結果が130となるのは，20×１＋10×２＋30×３＝130となる（ウ）である。よって，（ウ）と（イ）の重心は同じなので，（ウ）の周期は（イ）と同じになる。

問題４　**（ア）**　②　**（イ）**　④

2 **問題１**　（例）　クラス全員から意見を集めること。／意見に対して質問や説明の時間をもつこと。／やりたい人が少なかった意見も無視しないこと。　などから２つ

問題２　⑴　2.97（倍）　⑵　（例）　学校全体の人数で見ると沖縄県を希望した人のほうが多いこと。　⑶　ウ

問題３　⑴　（例）　首都圏（東京都，神奈川県，埼玉県）に移住する人が増えていることや，人口の割合において高齢《れい》者が増えていき，各地域でお祭りなどの文化行事を受け継《つ》ぐ世代の割合が減少していること。　⑵　（記号，考えの順に）　②，（例）　祭りでにぎわうことや参加できることをアピールして移住者を集める／④，（例）　学校で地域の文化などについて高齢者に講習をしてもらう。／⑧，博物館などに祭りや伝統に関する展示物を置き，客を集める。　などから２つ

3 **問題１**　**ア**　12　**イ**　19

問題２　（例）　放送日と放送日の間はすべて７日である。

問題３　**ウ**　152　**過程**　（例）　最初の放送日に７日を足していけば次回の放送日となるので，22回までには間の21回だけ７を足せばよいので，５＋７×21＝５＋147＝152

問題４　**答**　６（月）１（日）　**過程**　（例）　**問題３**で求めた日数から，１月からの各日数を引

いていくと，152－(31＋28＋31＋30＋31)＝1　このことから，１月１日より152日目は６月１日と分かる。

適性検査Ⅲ　＜第２回・適性検査型試験＞（45分）＜満点：300点＞

解答

1 **問題１**　イ，ウ，オ

問題２　12.5

問題３　（例）　夏は日照時間が長く，植物も多く葉をつけるので，植物が光合成をすることで二酸化炭素が少なくなるのに対して，冬は日照時間が短く，植物のつける葉も少なくなるので，植物は光合成をあまり行わず二酸化炭素は多くなるから。

問題４　右の図

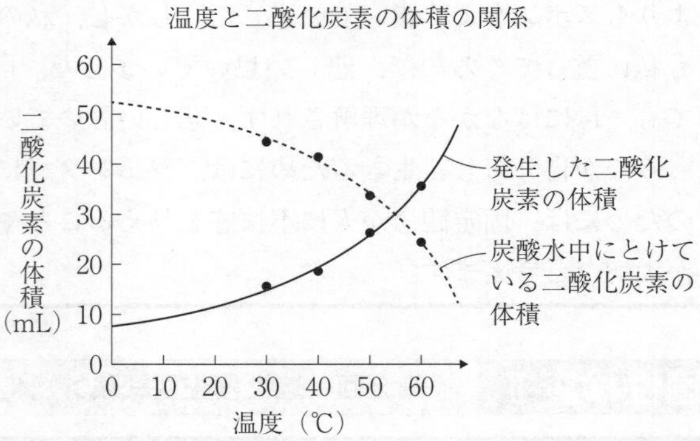

問題５　（例）　砂糖は水の温度が高いほどたくさんとけるのに対して，二酸化炭素は水の温度が低いほどたくさんとける。

2 **問題１**　**ア**　2　　**イ**　3　　**ウ**　4　　**エ**　9　　**オ**　$\frac{9}{4}$　　**カ**　1800　　**キ**　高い

問題２　a　360°　　b　180°　　d　45°

問題３　（例）　角度 a を $\frac{1}{4}$ 倍にしたものが角度 c となっている。

問題４　（例）　円の中心の周りの角度に対しての中心角の割合を考える。円の面積に，この割合をかけたものが，おうぎ形の面積となる。

問題５　58.875cm^2

問題６　48.375cm^2

2022年度　聖望学園中学校

〔電　話〕　(042) 973－1500
〔所在地〕　〒357－0006　埼玉県飯能市中山292
〔交　通〕　JR八高線 ―「東飯能駅」より徒歩13分
西武池袋線 ―「飯能駅」より徒歩15分

〈編集部注：この試験は筆記のほかに面接（最大で20分，満点：30点）を行います。本誌では，筆記のみを掲載しています。〉

【英　語】〈第４回・英語試験〉（40分）〈満点：70点〉

【注意事項】※アルファベットの書き方についての注意が問題の終わりにあります。

1　記述問題《きじゅつもんだい》　例《れい》に従《したが》って、アルファベット順《じゅん》になるように、並《なら》べ替《か》え、解答用紙《かいとうようし》に書《か》きなさい。

例《れい》１：qwerty　→　答《こたえ》：eqrtwy

例《れい》２：ASDFG　→　答《こたえ》：ADFGS

(1)　KRPCG

(2)　wxdih

(3)　BUFJT

(4)　oyeqz

2　記述問題《きじゅつもんだい》　（　　）内《ない》の下線部《かせんぶ》に１文字《もじ》ずつ入《い》れ、与《あた》えられた文字《もじ》で始《はじ》まる単語《たんご》を作《つく》り、意味《いみ》の通《とお》る文《ぶん》を完成《かんせい》させなさい。

(1)　A：When is Christmas?
B：It is on（ D ___ ___ ___ ___ ___ ___ ___ ）25th.

(2)　A：What（ m ___ ___ ___ ___ ）do you like?
B：I like K-pop.

(3)　My sister likes playing（ t ___ ___ ___ ___ ___ ）. My family gets her a new racket and ball every year for her birthday.

(4) I（ w ＿＿ ＿＿ ＿＿ ＿＿ ）movies with my family every Friday night. We saw Toy Story last Friday.

(5) A：Who is the boy in the picture? Is that you?

B：No, he isn't. He is my（ b ＿＿ ＿＿ ＿＿ ＿＿ ＿＿ ＿＿ ）. We are twins.

3

次《つぎ》の（　　）に入《い》れるのに最《もっと》も適切《てきせつ》なものを１～４の中《なか》から選《えら》び、その番号《ばんごう》を答《こた》えなさい。

(1) A：（　　　　）is that tall man, Kumi?

B：He is my science teacher.

１．When　　２．Who　　３．Where　　４．What

(2) Do you know these boys? — Yes,（　　　　）are my classmates.

１．he　　２．she　　３．they　　４．it

(3) He（　　　　）some bread for breakfast this morning.

１．eat　　２．eats　　３．ate　　４．eating

(4) When John came home, my mother（　　　　）dinner.

１．cook　　２．is cooking　　３．cooked　　４．was cooking

(5) A：（　　　　）Amy speak French well?

B：Yes! She is a good French speaker.

１．Can　　２．Will　　３．Must　　４．Is

4

記述問題《きじゅつもんだい》　次《つぎ》の表《ひょう》のＡとＢの関係《かんけい》がＣとＤの関係《かんけい》になるように、（　１　）～（　５　）に入《はい》る単語《たんご》を答《こた》えなさい。

A	B	C	D
drive	drove	meet	（　1　）
we	us	he	（　2　）
more	most	better	（　3　）
sing	singer	swim	（　4　）
old	new	slow	（　5　）

5 次《つぎ》の会話文《かいわぶん》で（　　）に入《い》れるのに最《もっと》も適切《てきせつ》なものを１～４の中《なか》から選《えら》び、その番号《ばんごう》を答《こた》えなさい。

(1)　A：Excuse me. Where is the convenience store?
B：Sorry,（　　　　）
1．It’s about five minutes from here.
2．That is it.
3．I don’t live here.
4．It’s next to that building.

(2)　A：Do you have time next weekend?
B：（　　　　）I need to go to my grandmother’s house in the morning.
1．No problem.
2．I’m free in the afternoon.
3．Can I see you?
4．Shall we go to the park?

(3)　A：Did you enjoy reading the new book?
B：Yeah!（　　　　）
1．My sister didn’t like it.
2．When did you buy it?
3．Where did you buy it?
4．It was the most interesting book.

(4)　A：How was your trip to London?
B：I had a wonderful time.（　　）
A：Please show me the pictures!
1．I will go to London with my friends.
2．The weather was very cold.
3．I visited many famous places.
4．It was a long flight.

6 それぞれの会話《かいわ》を読《よ》み、(1)は Jack がするスポーツを、(2)は Ken が得《え》ようとしているものは何《なに》かを１～４の中《なか》から選《えら》び、その番号《ばんごう》を答《こた》えなさい。

(1) J：Good afternoon. Is Jack there?

F：Who is speaking?

J：This is Junichi. I'm his classmate.

F：Hello, Junichi. This is his father. Jack is not at home right now.

J：I understand. Can I leave a message, Mr Smith?

F：Sure. Go ahead.

J：Tell him our club will meet on Saturday. The club members will meet at the field at ten o'clock. He needs his glove and bat.

F：When is your next game?

J：It's on October 27th at Riverside Sports Park.

F：No problem, Junichi. I'll tell him your message.

１．track and field　　２．tennis　　３．baseball　　４．soccer

(2) S：Hello, Ken! Mei's birthday is this Wednesday.

K：Oh, really? It is soon! Do you have any ideas, Suzu?

S：Yes, I do. We can get her something nice!

K：What does Mei like?

S：She likes hamsters. She likes flowers, too.

K：Does she like music?

S：Yes, she does. She likes rock music.

K：Oh, really?

S：I have a good idea. I'll get her a CD. Can you get her a cute keychain?

K：Yes, I can. I can get her one. That's a great idea.

１．a hamster　　２．some flowers

３．a CD　　４．a cute keychain

7 次《つぎ》の日本文《にほんぶん》の意味《いみ》を表《あらわ》すように、㋐～㋕までの語《ご》を並《なら》べかえて □ の中《なか》に入《い》れなさい。そして、２番目《ばんめ》と４番目《ばんめ》にくるものの最《もっと》も適切《てきせつ》な組《く》み合《あ》わせを１～４の中《なか》から選《えら》び、その番号《ばんごう》を答《こた》えなさい。

(1)　あなたは何時《なんじ》にその駅《えき》に着《つ》く予定《よてい》ですか？

What (㋐ time　㋑ you　㋒ are　㋓ to　㋔ going　㋕ arrive) at the station?

2番目《ばんめ》　4番目《ばんめ》

What □ □ □ □ □ at the station?

1．㋒－㋔　2．㋑－㋓　3．㋔－㋐　4．㋒－㋐

(2)　彼《かれ》の車《くるま》は私《わたし》のよりも新《あたら》しい。

(㋐ than　㋑ car　㋒ mine　㋓ his　㋔ newer　㋕ is).

2番目《ばんめ》　4番目《ばんめ》

□ □ □ □ □ □.

1．㋐－㋔　2．㋑－㋔　3．㋕－㋐　4．㋒－㋑

(3)　あなたは学校《がっこう》まで歩《ある》く必要《ひつよう》はない。

(㋐ to　㋑ walk　㋒ you　㋓ have　㋔ to school　㋕ don't).

2番目《ばんめ》　4番目《ばんめ》

□ □ □ □ □ □.

1．㋓－㋒　2．㋔－㋐　3．㋕－㋒　4．㋕－㋐

8 - A　次《つぎ》の掲示《けいじ》の内容《ないよう》に関《かん》して(1)と(2)の質問《しつもん》に対《たい》する答《こた》えとして最《もっと》も適切《てきせつ》なものを１～４の中《なか》から選《えら》び、その番号《ばんごう》を答《こた》えなさい。

Hanmo Valley Hall and Library

July 21st to August 15th	**9am to 4pm**
August 16th to 20th	**closed**
August 21st to 30th	**8am to 5pm**
August 31st	**closed**

There will be music concerts from August 3rd to 5th in the hall.
Also, a special guest, Jadon Maguire, will show up on the last day!!

Tickets Prices :
◆ Adults : $10
◆ Children 6 to 18 : $7
◆ Children under 6 : Free

You can buy tickets at Hanmo community center.
For more information, call our office at 89-1111.

(1) What time will the hall and the library open on July 28th?

1．At 9 am.
2．At 4 pm.
3．At 8 am.
4．At 5 pm.

(2) When will Jadon Maguire come to the concert?

1．August 2nd.
2．August 3rd.
3．August 4th.
4．August 5th.

8 -B　次《つぎ》のＥメールの内容《ないよう》について、(1)～(3)の質問《しつもん》に対《たい》する答《こた》えとして最《もっと》も適切《てきせつ》なものを１～４の中《なか》から選《えら》び、その番号《ばんごう》を答《こた》えなさい。

From : Jack Luis
To : Emily North
Date : Dec.12,2020 17 : 30
Subject : Christmas Party

Hello, grandma. How are you doing? My family and I are fine! I'm busy with soccer practice every day after school. I had a very important test last week. It was very difficult, but I tried my best. I hope I get a good score.

Also, I want to invite you and grandpa to a Christmas party. We hope to have the party at our house on December 23rd. Do you have any plans on that day? We have already decorated our Christmas tree! My sister and I will try to make a big Christmas cake for the party. Can you teach us how to make it? We would like to make a strawberry cake.

Next week, we will go to the city mall and buy a nice Christmas present for you and grandpa. Please look forward to the party!

See you soon.

Love,

Jack

From : Emily North
To : Jack Luis
Date : Dec.15,2020 9 : 00
Subject : Thank you for the invitation

Jack, thank you very much for the e-mail! We were very happy to hear from you. It is getting cold, but we are very well.

Thank you for inviting us to the Christmas party. We would love to go! We bought a present for you and your sister Sarah. I will bring it on the day of the party. I hope you like it. It is something you can use at school!

Also, about the Christmas cake, how about making a chocolate cake? It is easier to make! I can show you how to make it and grandpa loves chocolate!

We will take the train and be at your house at ten.

See you then!

Love,

Your grandma Emily

(1) What did Jack have last week?

1. He had a Christmas party with his family.
2. He had an important test at school.
3. He had a soccer game.
4. He had to do his homework.

(2) What will Jack and Sarah do next week?

1. They will go to their grandparents' house.
2. They will try to make a Christmas dinner.
3. They will decorate the Christmas tree.
4. They will go and buy a Christmas present.

(3) Why did grandma suggest to make chocolate cake?

1. It's because Jack and Sarah like chocolate.
2. It's because grandma likes chocolate.
3. It's because grandpa likes chocolate.
4. It's because grandma doesn't like strawberries.

8 - C　次《つぎ》の英文《えいぶん》の内容《ないよう》に関《かん》して、(1)〜(5)の質問《しつもん》に対《たい》する答《こた》えとして最《もっと》も適切《てきせつ》なものを１〜４の中《なか》から選《えら》び、その番号《ばんごう》を答《こた》えなさい。また、(6)は指示《しじ》に従《したが》って英文《えいぶん》を書《か》きなさい。

My Best Friend

Hello, my name is Megan. Let me tell you about my best friend, Suzu. She and I like many things, but we are also very different. I'll explain how we are not the same.

First, Suzu is eleven years old and I am nine. She is two years older than me. We are not the same age, but she is still kind to me. She is kind to anyone she meets.

Second, Suzu has two brothers in her family. They are twins and they are in high school. When I visit her home, I play video games with Suzu and her brothers. We have fun and her brothers don't get angry. I like visiting Suzu's home. It's because I don't have any brothers or sisters.

Third, Suzu and I like to talk about music. Our favorite music group is the Korean idol group, SBT. Suzu can sing songs very well. I'm not good at singing, but I can play the piano. Suzu feels happy when I play the piano. She visits my home every Saturday after school. When Suzu visits my home, I play our favorite songs on my piano and she sings with me. My dream is to be in a band with my best friend.

Suzu and I may be different, but we like each other very much.

(1) How old is Megan?

1. She is 10 years old.
2. She is 11 years old.
3. She is 9 years old.
4. She is 2 years old.

(2) What does Megan do at Suzu's home?

1. She gets angry at Suzu and her brothers.
2. She plays music at Suzu's home.
3. She sings songs at Suzu's home.
4. She plays games with Suzu and her brothers.

(3) How many brothers does Megan have?

1．She has no brothers.

2．She has one brother.

3．She has one sister.

4．She has two brothers.

(4) When does Suzu visit Megan's home?

1．She visits when Megan plays the piano.

2．She visits after school on Saturday.

3．She visits when her brothers play video games.

4．She visits after school on Sunday.

(5) What is Megan's dream?

1．She wants to be a singer.

2．She wants to be a pianist.

3．She wants to be in a band.

4．She wants to be a gamer.

(6) 本文《ほんぶん》を参考《さんこう》にして、友達《ともだち》の紹介《しょうかい》を英語《えいご》５文以上《ぶんいじょう》で書《か》きなさい。ただし、like(s), play(s), have(has) を必《かなら》ず使《つか》うこと。

例《れい》：My friend Taro likes sports.

※下《した》にあるアルファベットの正《ただ》しい例《れい》を参考《さんこう》にして書《か》いて下《くだ》さい。

良《よ》くない例《れい》	正《ただ》しい例《れい》	正《ただ》しい例《れい》
a	a	u
h	h	n
r	r	n
v	r	v
u	n	u
d	a	d
t	f	t
c	o	c

2022年度

聖望学園中学校

▶解答

※　編集上の都合により，第４回・英語試験の解説は省略させていただきました。

英　語　＜第４回試験＞（40分）＜満点：70点＞

解　答

1 (1)　C G K P R　　(2)　d h i w x　　(3)　B F J T U　　(4)　e o q y z

2 (1)　[D]ecember　　(2)　[m]usic　　(3)　[t]ennis　　(4)　[w]atch　　(5)　[b]rother

3 (1)　2　　(2)　3　　(3)　3　　(4)　4　　(5)　1

4 (1)　met　　(2)　him　　(3)　best　　(4)　swimmer　　(5)　fast

5 (1)　3　　(2)　2　　(3)　4　　(4)　3

6 (1)　3　　(2)　4

7 (1)　1　　(2)　2　　(3)　4

8－A (1)　1　　(2)　4

8－B (1)　2　　(2)　4　　(3)　3

8－C (1)　3　　(2)　4　　(3)　1　　(4)　2　　(5)　3　　(6)　My friend's name is Hanako.　She has a pet dog.　She can play the piano very well and likes to sing.　We are good friends.　We want to travel around many countries when we get older.

※2の，与えられている語頭の文字を[　]で表記しています。

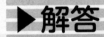

Memo

Memo

2025年度用
中学スーパー過去問

■編集人 声の教育社・編集部
■発行所 株式会社 声の教育社
〒162-0814 東京都新宿区新小川町8-15
☎03-5261-5061㈹ FAX03-5261-5062
https://www.koenokyoikusha.co.jp

※本書の内容についての一切の責任は当社にあります。内容・解説・解答・その他は当社ホームページよりお問い合わせ下さい。

カコを追いかけ
ミライをつかめ
「今の説明、もう一回」を何度でも
web過去問
ストリーミング配信による入試問題の解説動画
もっと古いカコモンないの?
カコ過去問
「さらにカコの」過去問をHPに掲載(DL)
声の教育社
詳しくはこちらから

ストリーミング配信による入試問題の解説動画

2025年度用web過去問　ラインナップ

■ **男子・女子・共学（全動画）見放題**
36,080円（税込）

■ **男子・共学 見放題**
29,480円（税込）

■ **女子・共学 見放題**
28,490円（税込）

● 中学受験「声教web過去問（過去問プラス・過去問ライブ）」（算数・社会・理科・国語）

3〜5年間 **24校**

過去問プラス

麻布中学校	桜蔭中学校	開成中学校	慶應義塾中等部	渋谷教育学園渋谷中学校
女子学院中学校	筑波大学附属駒場中学校	豊島岡女子学園中学校	広尾学園中学校	三田国際学園中学校
早稲田中学校	浅野中学校	慶應義塾普通部	聖光学院中学校	市川中学校
渋谷教育学園幕張中学校	栄東中学校			

過去問ライブ

栄光学園中学校	サレジオ学院中学校	中央大学附属横浜中学校	桐蔭学園中等教育学校	東京都市大学付属中学校
フェリス女学院中学校	法政大学第二中学校			

● 中学受験「オンライン過去問塾」（算数・社会・理科）

3〜5年間 **50校以上**

東京	青山学院中等部	東京	国学院大学久我山中学校	東京	明治大学付属明治中学校	千葉	芝浦工業大学柏中学校	埼玉	栄東中学校
	麻布中学校		渋谷教育学園渋谷中学校		早稲田中学校		渋谷教育学園幕張中学校		淑徳与野中学校
	跡見学園中学校		城北中学校		都立中高一貫校 共同作成問題		昭和学院秀英中学校		西武学園文理中学校
	江戸川女子中学校		女子学院中学校		都立大泉高校附属中学校		専修大学松戸中学校		獨協埼玉中学校
	桜蔭中学校		巣鴨中学校		都立白鷗高校附属中学校		東邦大学付属東邦中学校		立教新座中学校
	鷗友学園女子中学校		桐朋中学校		都立両国高校附属中学校		千葉日本大学第一中学校	茨城	江戸川学園取手中学校
	大妻中学校		豊島岡女子学園中学校	神奈川	神奈川大学附属中学校		東海大学付属浦安中等部		土浦日本大学中等教育学校
	海城中学校		日本大学第三中学校		桐光学園中学校		麗澤中学校		茗渓学園中学校
	開成中学校		雙葉中学校		県立相模原・平塚中等教育学校		県立千葉・東葛飾中学校		
	開智日本橋中学校		本郷中学校		市立南高校附属中学校		市立稲毛国際中等教育学校		
	吉祥女子中学校		三輪田学園中学校	千葉	市川中学校	埼玉	浦和明の星女子中学校		
	共立女子中学校		武蔵中学校		国府台女子学院中学部		開智中学校		

web過去問 Q&A

過去問が動画化！
声の教育社の編集者や中高受験のプロ講師など、
過去問を知りつくしたスタッフが動画で解説します。

Q どこで購入できますか？

A 声の教育社のHPでお買い求めいただけます。

Q 受講にあたり、テキストは必要ですか？

A 基本的には過去問題集がお手元にあることを前提としたコンテンツとなっております。

Q 全問解説ですか？

A 「オンライン過去問塾」シリーズは基本的に全問解説ですが、国語の解説はございません。「声教web過去問」シリーズは合格のカギとなる問題をピックアップして解説するもので、全問解説ではございません。なお、「声教web過去問」と「オンライン過去問塾」のいずれでも取り上げられている学校がありますが、授業は別の講師によるもので、同一のコンテンツではございません。

Q 動画はいつまで視聴できますか？

A ご購入年度２月末までご視聴いただけます。
複数年視聴するためには年度が変わるたびに購入が必要となります。

よくある解答用紙のご質問

01

実物のサイズにできない

　拡大率にしたがってコピーすると，「解答欄」が実物大になります。配点などを含むため，用紙は実物よりも大きくなることがあります。

02

A3用紙に収まらない

　拡大率164％以上の解答用紙は実物のサイズ（「出題傾向＆対策」をご覧ください）が大きいために，Ａ３に収まらない場合があります。

03

拡大率が書かれていない

　複数ページにわたる解答用紙は，いずれかのページに拡大率を記載しています。どこにも表記がない場合は，正確な拡大率が不明です。

04

１ページに２つある

　１ページに２つ解答用紙が掲載されている場合は，正確な拡大率が不明です。ほかの試験回の同じ教科をご参考になさってください。

聖望学園中学校

【別冊】入試問題解答用紙編

解答用紙は本体からていねいに抜きとり、別冊としてご使用ください。

※　実際の解答欄の大きさで練習するには、指定の倍率で拡大コピーしてください。なお、ページの上下に小社作成の見出しや配点を記載しているため、コピー後の用紙サイズが実物の解答用紙と異なる場合があります。

●入試結果表

— は非公表

年度	回	項目	国語	算数	社会	理科	2科合計	4科合計	2科合格	4科合格
2024	第１回	配点(満点)	100	100	50	50	200	300	最高点	最高点
		合格者平均点	57.2	50.5	32.6	33.2	105.3*	173.5	171	262
		受験者平均点	55.0	48.4	31.8	32.3	101.2*	167.5	最低点	最低点
		キミの得点							90	135
	回	項目	適性Ⅰ	適性Ⅱ	適性Ⅲ			3科合計		3科合格
	第２回適性検査型	配点(満点)	200	300	300			800		最高点
		合格者平均点	153.5	135.4	154.3			443.2		690
		受験者平均点	152.6	133.2	152.9			438.7		最低点
		キミの得点								—
	〔参考〕：第４回英語の合格者最高点・最低点、合格者平均点、受験者平均点は非公表です。									
年度	回	項目	国語	算数	社会	理科	2科合計	4科合計	2科合格	4科合格
2023	第１回	配点(満点)	100	100	50	50	200	300	最高点	最高点
		合格者平均点	49.3	57.9	34.1	37.6	105.1*	178.9	153	264
		受験者平均点	47.5	56.2	33.3	37.2	101.0*	174.2	最低点	最低点
		キミの得点							90	135
	回	項目	適性Ⅰ	適性Ⅱ	適性Ⅲ			3科合計		3科合格
	第２回適性検査型	配点(満点)	200	300	300			800		最高点
		合格者平均点	137.9	183.6	176.0			497.5		719
		受験者平均点	136.7	181.6	174.5			492.8		最低点
		キミの得点								—
	〔参考〕：第４回英語の合格者最高点・最低点、合格者平均点、受験者平均点は非公表です。									
年度	回	項目	国語	算数	社会	理科	2科合計	4科合計	2科合格	4科合格
2022	第１回	配点(満点)	100	100	50	50	200	300	最高点	最高点
		合格者平均点	—	—	—	—	—	—	—	—
		受験者平均点	—	—	—	—	—	—	最低点	最低点
		キミの得点							87	131
	回	項目	適性Ⅰ	適性Ⅱ	適性Ⅲ			3科合計		3科合格
	第２回適性検査型	配点(満点)	200	300	300			800		最高点
		合格者平均点	—	—	—			—		—
		受験者平均点	—	—	—			—		最低点
		キミの得点								—
	〔参考〕：第４回英語の合格者最高点・最低点、合格者平均点、受験者平均点は非公表です。									

※　表中のデータは学校公表のものです。ただし、２～４科合計は各教科の平均点を合計したものなので、目安としてご覧ください(*は学校公表のもの)。

声の教育社

2024年度　　聖望学園中学校

算数解答用紙　第１回

番号		氏名		評点	／100

1

(1)　　　(2)

(3)　　　(4)

2

(1) (順に)　　　(2)　km

3

(1) ５人の平均点　点，Dさんと E さんの平均点　点

(2) 最高点　点，最低点　点　　(3)　通り，　点

4

(1) 全部で　個，白のご石　個　　(2)　個

(3)　個

5

(1)　cm^3,　L　　(2)　cm,　分

(3)　分後,　cm

(注) 実際の試験では、問題用紙の中に設けられた解答欄に書く形式です。
この解答用紙は使いやすいように小社で作成いたしました。

〔算　数〕100点(推定配点)

1～4　各６点×12　5　各７点×４

2024年度　聖望学園中学校

社会解答用紙　第１回

番号		氏名		評点	／50

1

問１		問２	
記号	名前	番号	名前

問３		問４	問５
（１）	（２）		

2

問１	問２	問３	問４

問５	問６	問７	問８

3

問１	問２		問３

問４	問５

問６		問７
A	B	満　　　　歳

問８

（注）この解答用紙は実物を縮小してあります。Ａ３用紙に155％拡大コピーすると、ほぼ実物大で使用できます。（タイトルと配点表は含みません）

〔社　会〕50点（推定配点）

1～3　各２点×25〈3の問６は完答〉

2024年度　聖望学園中学校

理科解答用紙　第１回

番号		氏名		評点	／50

1

問１	問２	問３

問４	問５	問６

問７

2

問１	問２	問３	問４	問５	問６

問７	問８
秒	秒

3

問１		
①	②	③

問２	問３

問４	問５	問６

問７	問８

（注）この解答用紙は実物を縮小してあります。Ａ３用紙に152％拡大コピーすると、ほぼ実物大で使用できます。（タイトルと配点表は含みません）

〔理　科〕50点（推定配点）

1～3　各２点×25

二〇二四年度　聖望学園中学校

国語解答用紙　第一回

番号　氏名　評点 /100

一

① む　② らす
③　④
⑤ う　⑥ わす
⑦　⑧
⑨　⑩

二

問一

問二　だから。

問三

問四

問五

問六　Y　Z

問七

問八

三

問一

問二　X

問三　Y

問四

問五　①　②

（注）この解答用紙は実物を縮小してあります。170％拡大コピーすると、ほぼ実物大で使用できます。（タイトルと配点表は含みません）

〔国　語〕100点（推定配点）

一　各２点×10　二　問１～問３　各５点×３　問４　７点　問５，問６　各５点×３　問７　８点　問８　５点
三　各５点×６

2024年度　聖望学園中学校　第２回・適性検査型

適性検査Ⅱ解答用紙　No.1

1

〔問題１〕

フロントギア　段

リアギア　段

〔問題２〕　※「フロントギア」「リアギア」という言葉を必ず用いて説明してください。

〔問題３〕　※計算や言葉を使って説明してください。

個

（注）この解答用紙は実物を縮小してあります。Ａ３用紙に155％拡大コピーすると、ほぼ実物大で使用できます。（タイトルと配点表は含みません）

適性検査Ⅱ解答用紙　No.2

2

〔問題１〕

①

でプレーすることを難しくする

②

が大切だと考えられていた…

〔問題２〕

(1)

(2)

(3)

（注）この解答用紙は実物を縮小してあります。Ａ３用紙に150％拡大コピーすると、ほぼ実物大で使用できます。（タイトルと配点表は含みません）

適性検査Ⅱ解答用紙　No.3

番号		氏名		評点	／300

3

〔問題１〕

（足りない実験器具）

（どのように使うか）

〔問題２〕

(1)

(2)

℃

〔問題３〕

（順番）

→

（１つ目の過程での変化）

（２つ目の過程での変化）

（注）この解答用紙は実物を縮小してあります。Ａ３用紙に150％拡大コピーすると，ほぼ実物大で使用できます。（タイトルと配点表は含みません）

〔適性検査Ⅱ〕300点（推定配点）

1　問題１，問題２　各30点×２　問題３　40点　2　各20点×５　3　問題１　各15点×２　問題２　(1)　20点　(2)　10点　問題３　順番…10点　変化…各15点×２

適性検査Ⅲ解答用紙　No.1

1

〔問題１〕

〔問題２〕

(1)

(2)　　　　　　と

〔問題３〕

（速く転がるもの）

（判断した理由）

〔問題４〕

(注) この解答用紙は実物を縮小してあります。Ａ３用紙に144％拡大コピーすると、ほぼ実物大で使用できます。（タイトルと配点表は含みません）

2024年度　聖望学園中学校　第２回・適性検査型

適性検査Ⅲ解答用紙　No.2

番号		氏名		評点	／300

2

〔問題１〕

（正方形の板の一辺の長さ）

mm

（正方形の板の枚数）

枚

〔問題２〕

（図４の続きの記入）

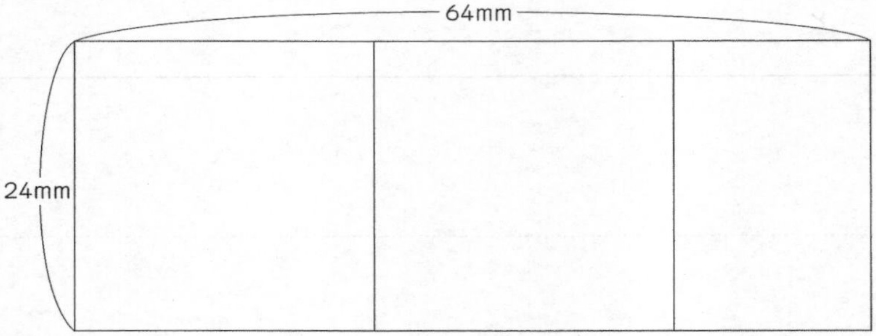

〔問題３〕

（正方形の板の一辺の長さ）

mm

（正方形の板の枚数）

枚

〔問題４〕

（ア）　（選んだひとつを丸で囲みなさい）　縦の長さ　・　横の長さ

（イ）

（ウ）

（注）この解答用紙は実物を縮小してあります。Ａ３用紙に148％拡大コピーすると、ほぼ実物大で使用できます。（タイトルと配点表は含みません）

〔適性検査Ⅲ〕300点（推定配点）

1　問題１，問題２　各30点×３　問題３　30点　問題４　30点　2　問題１　各20点×２　問題２　40点　問題３　各20点×２　問題４　各10点×３

二〇二四年度　聖望学園中学校　第一回・適性検査型

適性検査Ⅰ解答用紙

番号		氏名		評点	/200

設問1

50字　60字

設問2

30字　34字　から。

設問3

400字　450字

(注) この解答用紙は実物を縮小してあります。210%拡大コピーすると、ほぼ実物大で使用できます。(タイトルと配点表は含みません)

〔適性検査Ⅰ〕200点(推定配点)

設問1　60点　設問2　40点　設問3　100点

2024年度　聖望学園中学校

英語解答用紙　第4回

番号		氏名		評点	/70

1

(1)	(2)
(3)	(4)

2

(1) A	(2) s
(3) b	(4) f
(5) w	

3

(1)	(2)	(3)	(4)	(5)

4

(1)	(2)
(3)	(4)
(5)	

5

(1)	(2)	(3)	(4)

6

(1)	(2)

7

(1)	(2)	(3)

8 - A

(1)	(2)

8 - B

(1)	(2)	(3)

8 - C

(1)	(2)	(3)
(4)	(5)	(6)

(7)

I'll tell you about my hobby.

（注）この解答用紙は実物を縮小してあります。180%拡大コピーすると、ほぼ実物大で使用できます。（タイトルと配点表は含みません）

〔英　語〕70点(推定配点)

1　各1点×4　2　各2点×5　3　各1点×5　4　各2点×5　5　各2点×4　6　各2点×2　7　各2点×3　8　A　各1点×2　8　B　各2点×3　8　C　(1)～(6)　各1点×6　(6)　9点

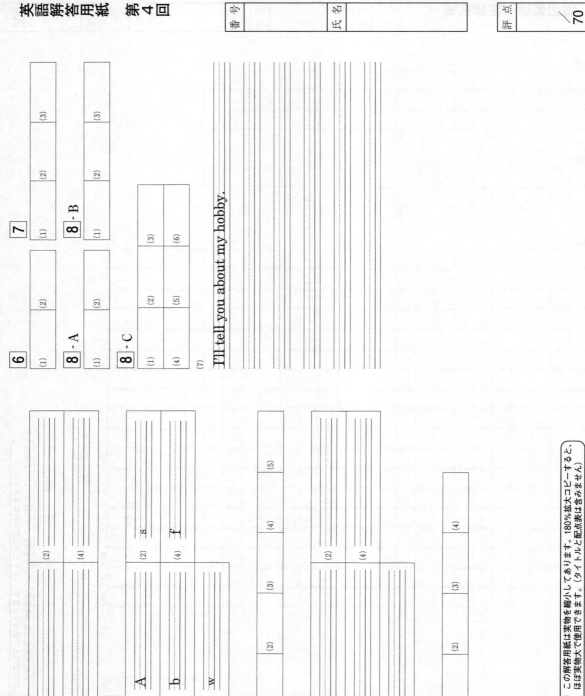

2023年度　聖望学園中学校

算数解答用紙　第１回

番号		氏名		評点	／100

1

(1)	
(2)	
(3)	
(4)	

2

(1)	cm,　　　　cm^2
(2)	定価は　　　円，原価は　　　円

3

(1)	通り
(2)	通り
(3)	通り

4

(1)	cm^3,　　　　L
(2)	分後

(3)

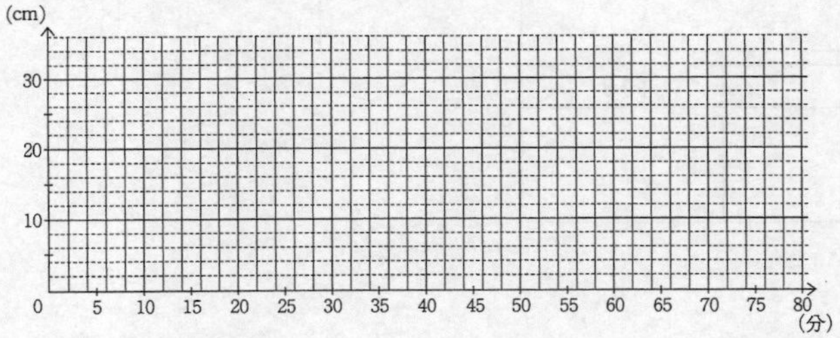

(4)	分

5

(1)	
(2)	奇数は　　　，　　　行　　　列目
(3)	行　　　列目

(注)実際の試験では、問題用紙の中に設けられた解答欄に書く形式です。
この解答用紙は使いやすいように小社で作成いたしました。

〔算　数〕100点(推定配点)

1～3　各６点×９　4　(1)～(3)　各６点×３　(4)　７点　5　各７点×３

2023年度　　聖望学園中学校

社会解答用紙　第１回

番号		氏名		評点	／50

1

問１	問２	問３	問４

問５	問６

問７

2

問１	問２	問３

問４	問５	問６	問７

問８	問９

3

問１	問２	問３	問４	問５
			税	%

問６	問７	問８
年		歳

（注）この解答用紙は実物を縮小してあります。Ｂ４用紙に119％拡大コピーすると、ほぼ実物大で使用できます。（タイトルと配点表は含みません）

〔社　会〕50点（学校配点）

1　各２点×８　2，3　各２点×17

2023年度　聖望学園中学校

理科解答用紙　第1回

番号		氏名		評点	／50

1

問1	問2	問3	問4

問5

問6	問7
つなぎ	

2

問1	問2	問3

問4		
(1)　　と	(2)　　と	(3)

問5	問6	問7

3

問1	
①	②

問2		問3	
アルミニウム	鉄	アルミニウム	鉄

問4	問5	問6

（注）この解答用紙は実物を縮小してあります。A３用紙に145％拡大コピーすると、ほぼ実物大で使用できます。（タイトルと配点表は含みません）

〔理　科〕50点（推定配点）

1～3　各２点×25

二〇二三年度　聖望学園中学校

国語解答用紙　第一回

番号　　氏名　　評点 ／100

一

① える　② く　③　④　⑤ い　⑥ ねる　⑦　⑧　⑨　⑩

問六　Ⅰ　Ⅱ　Ⅲ　Ⅳ　Ⅴ　Ⅵ

問七　A　B　C　D

問八

二

問一

問二

問三

問四

問五　最初　～　最後　時代。

三

問一

問二

問三

問四　(3)　(4)

問五

問六

問七

(注) この解答用紙は実物を縮小してあります。A3用紙に161％拡大コピーすると、ほぼ実物大で使用できます。（タイトルと配点表は含みません）

〔国　語〕100点(推定配点)

一 各2点×10　二 問1，問2　各5点×2　問3，問4　各3点×2　問5　5点　問6，問7　各2点×10　問8　4点　三 各5点×7＜問4は完答＞

2023年度　聖望学園中学校　第２回・適性検査型

適性検査Ⅱ解答用紙　No. 1

番号		氏名		評点	／300

1

〔問題１〕
（選んだもの）

（理由）

〔問題２〕

〔問題３〕

2023年度　聖望学園中学校　第２回・適性検査型

適性検査Ⅱ解答用紙　No. 2

2

〔問題１〕

（選択した写真）

（選択した理由）

〔問題２〕

(1)

(2)

〔問題３〕

(1)

(2)

2023年度　聖望学園中学校　第２回・適性検査型

適性検査Ⅱ解答用紙　No. 3

3

〔問題１〕

〔問題２〕

〔問題３〕

ア	イ	ウ	エ
オ	カ	キ	

〔問題４〕

（注）この解答用紙は実物を縮小してあります。Ａ３用紙に142％拡大コピーすると、ほぼ実物大で使用できます。（タイトルと配点表は含みません）

〔適性検査Ⅱ〕300点（推定配点）

1　各25点×３　2　問題１　25点　問題２　⑴　20点　⑵　25点　問題３　⑴　20点　⑵　25点　3　問題１，問題２　各25点×２　問題３　各５点×７　問題４　25点

2023年度　聖望学園中学校　第２回・適性検査型

適性検査Ⅲ解答用紙　No. 1

番号		氏名		評点	／300

1

〔問題１〕

出生率	死亡率

〔問題２〕

ア	イ	ウ

〔問題３〕

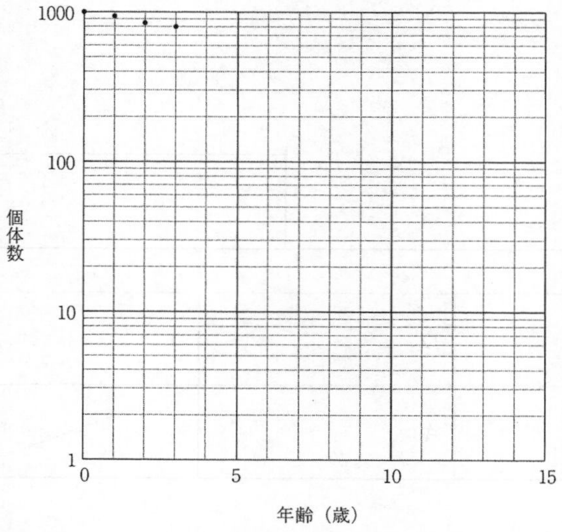

〔問題４〕

(1)

(2)

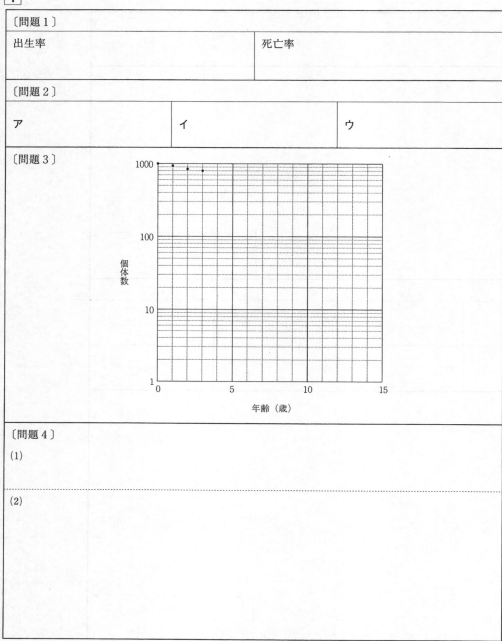

2023年度　聖望学園中学校　第２回・適性検査型

適性検査Ⅲ解答用紙　No. 2

2

〔問題１〕

ア	イ	オ	カ
ウ		エ	

〔問題２〕

回

〔問題３〕

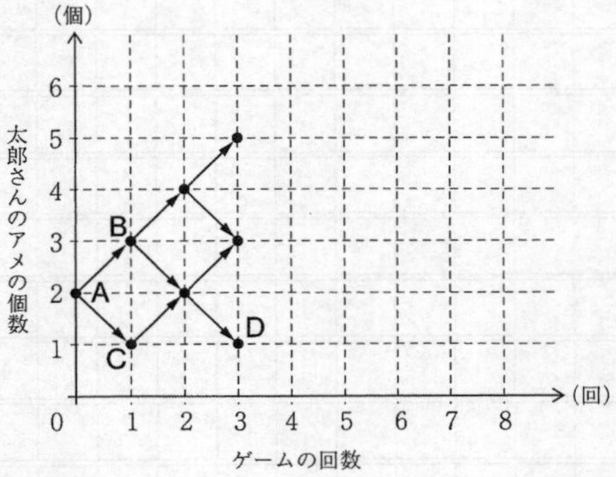

図３

〔問題４〕

通り

(注)　この解答用紙は実物を縮小してあります。Ａ３用紙に142％拡大コピーすると、ほぼ実物大で使用できます。(タイトルと配点表は含みません)

〔適性検査Ⅲ〕300点(推定配点)

1　問題１，問題２　各15点×５　問題３　30点　問題４　(1)　15点　(2)　30点　2　問題１　各10点×６　問題２～問題４　各30点×３

二〇二三年度　聖望学園中学校　第二回・適性検査型

適性検査Ⅰ解答用紙

番号　　氏名　　評点　／200

設問1

40字

45字

設問2

30字

33字

設問3

400字

450字

(注) この解答用紙は実物を縮小してあります。184%拡大コピーすると、ほぼ実物大で使用できます。(タイトルと配点表は含みません)

〔適性検査Ⅰ〕200点(推定配点)

設問1　40点　設問2　60点　設問3　100点

2023年度　聖望学園中学校

英語解答用紙　第4回

番号　　氏名　　評点 ／70

1 (1) (2) (3) (4)

2 (1) m (2) s (3) d (4) O (5) u

3 (1) (2) (3) (4) (5)

4 (1) (2) (3) (4) (5)

5 (1) (2) (3) (4)

6 (1) (2)

7 (1) (2) (3)

8-A (1) (2)

8-B (1) (2) (3)

8-C (1) (2) (3) (4) (5) (6)

（注）この解答用紙は実物を縮小してあります。178%拡大コピーすると、ほぼ実物大で使用できます。（タイトルと配点表は含みません）

〔英　語〕70点(推定配点)

1　各1点×4　2　各2点×5　3　各1点×5　4　各2点×5　5　各1点×4　6　各1点×2　7　各2点×3　8　A　各1点×2　8　B　各2点×3　8　C　(1)〜(5)　各2点×5　(6)　11点

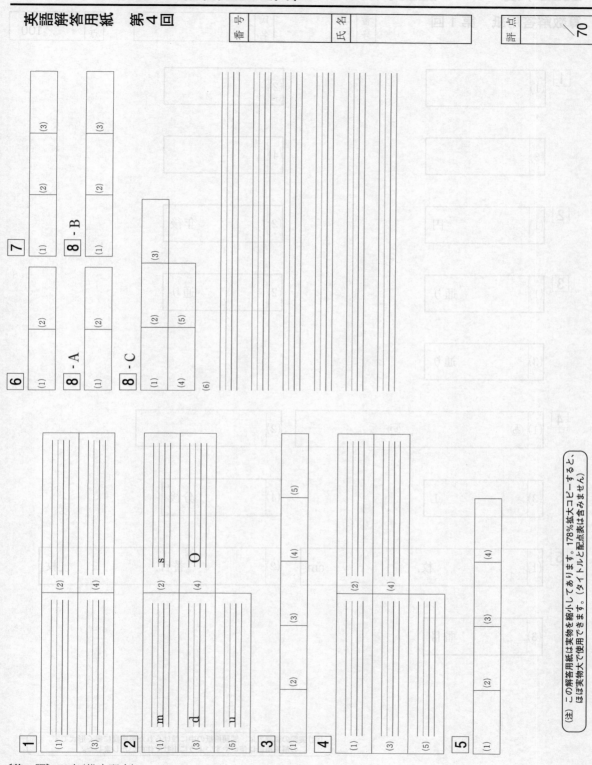

2022年度　聖望学園中学校

算数解答用紙　第１回

番号		氏名		評点	／100

1

(1)	(2)
(3)	(4)

2

(1)　円	(2)　年後

3

(1)　通り	(2)　通り
(3)　通り	

4

(1) ㋐　, ㋑	(2)　:
(3)　L	(4)　分後

5

(1)　枚,　cm	(2)　番目,　枚
(3)　番目	

(注)実際の試験では、問題用紙の中に設けられた解答欄に書く形式です。
この解答用紙は使いやすいように小社で作成いたしました。

〔算　数〕100点(推定配点)

1～3　各５点×９　4　各５点×５　5　各６点×５

2022年度　聖望学園中学校

社会解答用紙　第１回

番号		氏名		評点	／50

1

問１			
① 大陸	② 大陸	③	④

問２			
① X	Y	Z	②

2

問１	問２	問３	問４
遺跡			

問５	問６	問７	問８

問９
古墳

3

問１		問２
〔何月何日〕　月　日	〔祝日の名称〕	

問３	問４	問５
		歳

問６	問７	問８

（注）この解答用紙は実物を縮小してあります。Ａ３用紙に146％拡大コピーすると、ほぼ実物大で使用できます。（タイトルと配点表は含みません）

〔社　会〕50点（推定配点）

1，2　各２点×17　3　問１　各１点×２　問２～問８　各２点×７

2022年度　聖望学園中学校

理科解答用紙　第１回

番号		氏名		評点	／50

1

問１	問２	問３

問４	問５	問６

問７

2

問１	問２	問３	問４	
			あ	い

問５	問６

3

問１	問２	問３	問４	問５	問６

(注)　この解答用紙は実物を縮小してあります。A３用紙に109%拡大コピーすると、ほぼ実物大で使用できます。(タイトルと配点表は含みません)

〔理　科〕50点(推定配点)

1　問１～問３　各２点×３　問４，問５　各３点×２　問６，問７　各２点×２　2　問１～問４　各２点×５　問５，問６　各３点×２　3　各３点×６

二〇二二年度　聖望学園中学校

国語解答用紙　第一回

番号		氏名		評点	／100

一

① く
②しい
③
④
⑤ い
⑥ いる
⑦
⑧
⑨
⑩

問五

問六

問七

二

問一 A　B

問二

問三

問四 I　II

三

問一

問二

問三

問四

問五

問六

（注）この解答用紙は実物を縮小してあります。A３用紙に156%拡大コピーすると、ほぼ実物大で使用できます。（タイトルと配点表は含みません）

〔国　語〕100点(推定配点)

一　各２点×10　二　問１，問２　各４点×３　問３　９点　問４　各５点×２　問５　９点　問６，問７　各４点×４　三　各４点×６

適性検査Ⅱ解答用紙　No. 1

番号		氏名		評点	／300

1

〔問題１〕

〔問題２〕

〔問題３〕
（記号）

（理由）

〔問題４〕

（ア）	（イ）

適性検査Ⅱ解答用紙　No. 2

2

〔問題1〕

〔問題2〕

(1)

______ 倍

(2)

(3)

〔問題3〕

(1)

(2)

番号 ______

番号 ______

適性検査Ⅱ解答用紙　No. 3

3

〔問題１〕

ア

イ

〔問題２〕

〔問題３〕

ウ

〔問題４〕

月　日

(注) この解答用紙は実物を縮小してあります。Ａ３用紙に136％拡大コピーすると、ほぼ実物大で使用できます。(タイトルと配点表は含みません)

〔適性検査Ⅱ〕300点(推定配点)

1　問題１　20点　問題２　20点　問題３　記号…５点　理由…15点　問題４　各20点×２　2　問題１　20点　問題２，問題３　各15点×６　3　問題１　15点×２　問題２～問題４　各20点×３

2022年度　聖望学園中学校　第２回・適性検査型

適性検査Ⅲ解答用紙　No. 1

番号		氏名		評点	／300

1

〔問題１〕

〔問題２〕

〔問題３〕

〔問題４〕

〔問題５〕

2022年度　聖望学園中学校　第２回・適性検査型

適性検査Ⅲ解答用紙　No. 2

2

〔問題１〕

ア	イ	ウ	エ
オ	カ	キ	

〔問題２〕

a °	*b* °	*d* °

〔問題３〕

〔問題４〕

〔問題５〕

cm²

〔問題６〕

cm²

（注）この解答用紙は実物を縮小してあります。Ａ３用紙に136％拡大コピーすると、ほぼ実物大で使用できます。（タイトルと配点表は含みません）

〔適性検査Ⅲ〕300点(推定配点)

1　問題１，問題２　各15点×２　問題３～問題５　各30点×３　2　問題１，問題２　各10点×10　問題３～問題６　各20点×４

二〇二二年度　聖望学園中学校　第一回・適性検査型

適性検査Ⅰ解答用紙

番号　　氏名　　評点　／200

設問1

34字

設問2

30字　40字

設問3

400字　450字

（注）この解答用紙は実物を縮小してあります。A3用紙に179％拡大コピーすると、ほぼ実物大で使用できます。（タイトルと配点表は含みません）

〔適性検査Ⅰ〕200点（推定配点）

設問1　40点　設問2　60点　設問3　100点

2022年度　聖望学園中学校

英語解答用紙　第4回

番号		氏名		評点	/70

1 (1) (2) (3) (4)

2 (1) D　(2) m　(3) t　(4) w　(5) b

3 (1) (2) (3) (4) (5)

4 (1) (2) (3) (4) (5)

5 (1) (2) (3) (4)

6 (1) (2)

7 (1) (2) (3)

8 -A (1) (2)

8 -B (1) (2) (3)

8 -C (1) (2) (3) (4) (5) (6)

（注）この解答用紙は実物を縮小してあります。A３用紙に168％拡大コピーすると、ほぼ実物大で使用できます。（タイトルと配点表は含みません）

〔英　語〕70点(推定配点)

1　各１点×４　2　各２点×５　3　各１点×５　4　各２点×５　5　各１点×４　6　各２点×２　7　各２点×３　8　A　各１点×２　8　B　各２点×３　8　C　(1)～(5)　各２点×５　(9)　9点

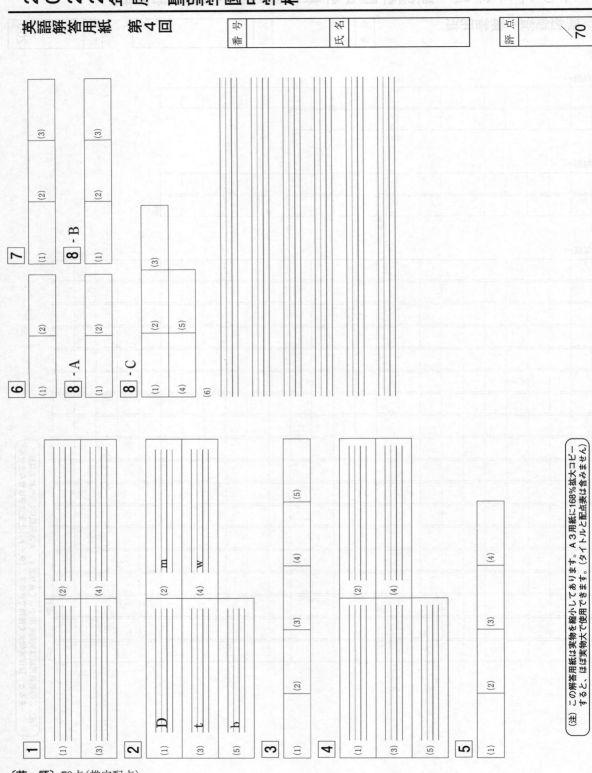

Memo

Memo

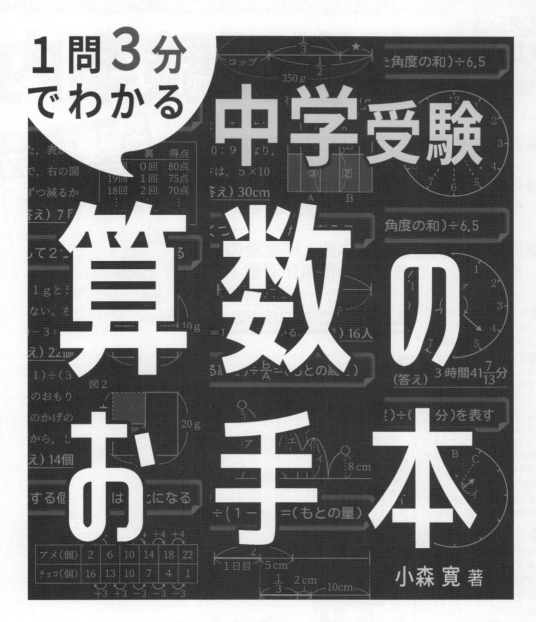

東京都／神奈川県／千葉県／埼玉県／茨城県／栃木県ほか

2025年度用
声の教育社版

中学受験案内

■全校を見開き2ページでワイドに紹介！

■中学～高校までの授業内容をはじめ部活や行事など、6年間の学校生活を凝縮！

■偏差値・併願校から学費・卒業後の進路まで、知っておきたい情報が満載！

私立・国公立353校掲載

Ⅰ 首都圏（東京・神奈川・千葉・埼玉・その他）の私立・国公立中学校の受験情報を掲載。

合格情報
近年の倍率推移・偏差値による合格分布予想グラフ・入試ホット情報ほか

学校情報
授業、施設、特色、ICT機器の活用、併設大学への内部進学状況と併設高校からの主な大学進学実績ほか

入試ガイド
募集人員、試験科目、試験日、願書受付期間、合格発表日、学費ほか

Ⅱ 資　料

(1)私立・国公立中学の合格基準一覧表（四谷大塚、首都圏模試、サピックス）
(2)主要中学早わかりマップ
(3)各校の制服カラー写真
(4)奨学金・特待生制度，帰国生受け入れ校，部活動一覧

Ⅲ 大学進学資料

(1)併設高校の主要大学合格状況一覧
(2)併設・系列大学への内部進学状況と条件

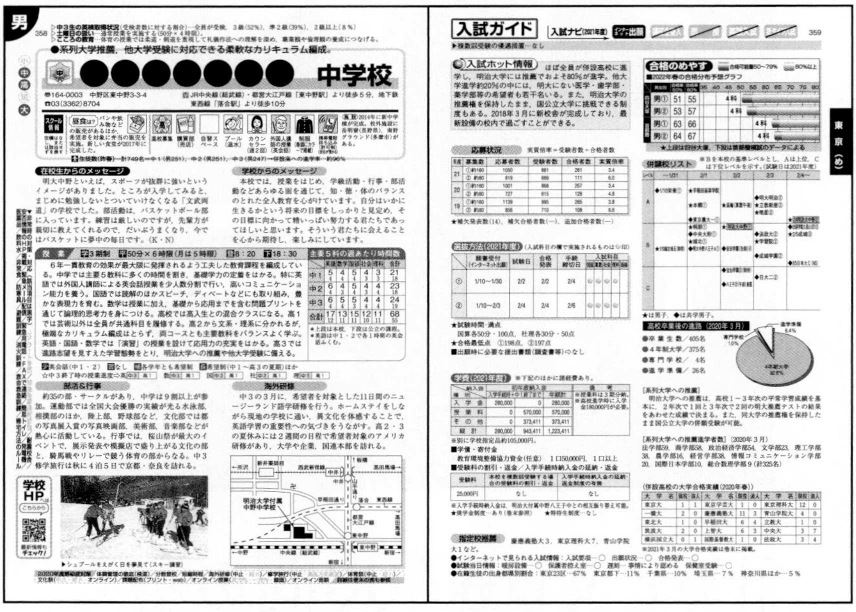

志望校・併願校を この１冊で選ぶ！決める!!

過去問で君の夢を応援します
声の教育社
〒162-0814　東京都新宿区新小川町8-15
TEL.03-5261-5061　FAX.03-5261-5062
https://www.koenokyoikusha.co.jp